浙江省普通高校"十三五"新形态教材

21 世纪旅游管理学精品图书

TOURISM PLANNING PRACTICE

旅游策划实务

主编 顾雅青 郎富平

ZHEJIANG UNIVERSITY PRESS
浙江大学出版社

图书在版编目（CIP）数据

旅游策划实务 / 顾雅青，郎富平主编. —杭州：
浙江大学出版社，2021.2（2025.7 重印）
ISBN 978-7-308-20906-9

Ⅰ. ①旅… Ⅱ. ①顾… ②郎… Ⅲ. ①旅游业—策划
—高等学校—教材 Ⅳ. ①F590.1

中国版本图书馆 CIP 数据核字（2020）第 248046 号

旅游策划实务

主　　编　顾雅青　郎富平
副主编　陆　霞　华　钢

责任编辑	王元新	
责任校对	阮海潮	
封面设计	春天书装	
出版发行	浙江大学出版社	
	（杭州市天目山路 148 号　邮政编码 310007）	
	（网址：http://www.zjupress.com）	
排　　版	杭州好友排版工作室	
印　　刷	杭州高腾印务有限公司	
开　　本	787mm×1092mm　1/16	
印　　张	12.25	
字　　数	312 千	
版 印 次	2021 年 2 月第 1 版　2025 年 7 月第 6 次印刷	
书　　号	ISBN 978-7-308-20906-9	
定　　价	39.00 元	

前　言

随着旅游业的高速发展,旅游者的需求也在不断发生着变化,人们已经不再满足于传统的观光旅游,转而追求更丰富的旅游产品、更深层次的旅游体验。旅游策划正是随着旅游实践的快速发展而发展起来的一门综合性、实践性的学科,是旅游管理专业的一个新兴领域,正在引起旅游行政管理部门、旅游投资商、旅游项目运营商和旅游高等院校的重视。

近年来在旅游投资与开发的热潮之下,众多旅游策划规划机构、旅游项目投资与运营商纷纷面向市场与高校寻求旅游策划人才。众多高等院校也开设了相关课程,但是在教学的过程中发现,旅游策划考验人们创意创新的能力、视野的宽度和思维的深度,做好一个旅游策划项目,既需要熟悉各种相关理论知识和国家标准,又需要洞悉市场的现状和趋势。目前的高等教育教学教材,有些显得重理论面轻实用;有些则偏重实用知识,缺少理论指导;有些程序清晰却缺乏创意,教材的编写和实际教学之间尚存在一些差距。基于以上背景,借助浙江大学出版社提供的出版机会,并结合编写团队自身多年教学经验和实践经验,编写了本书。本教材具有以下特点:第一,兼顾理论知识与实践指导;第二,博采众长,注重旅游策划流程,形成较为系统完整的旅游策划程序;第三,结合实际案例,体现规范性和可操作性,切合实际需要;第四,目标驱动,注重创新创意;第五,新形态一体化教材,趣味性与应用性突出。

本书涵盖旅游策划的内容和流程,突出案例分析与实践,包涵认识旅游策划和旅游策划的基本原理两个理论基础模块,以旅游产品策划、节事活动策划、形象策划、促销策划、创新营销策划、景区项目策划等六个理论加实践任务模块,注重基本理论基本知识的介绍和基本技能的训练,力求内容全面、结构合理、观点鲜明、资料详实。

全书由顾雅青(杭州师范大学钱江学院副教授)和郎富平(浙江旅游职业学院副教授)任主编,确定写作的基本思想、思路和大纲,并负责全书的统稿,陆霞(太原旅游职业学院教授)和华钢(杭州师范大学钱江学院副教授)担任副主编协助统稿。具体参与撰写的人员有:刘杨蒂(浙江旅游职业学院讲师)撰写了第一章和第二章,顾雅青、陈万本(日照职业技术学院副教授)撰写了第三章,华钢撰写了第四章和第五章,陆霞、刘艳平(太原旅游职业学院讲师)撰写了第六章,顾雅青撰写了第七章,郎富平撰写了第八章;叶向卿(杭州西溪湿地发展有限公司)撰写了实践案例,顾雅青、郎富平、吴雪飞(浙江旅游职业学院副教授)参与了新形态视频拍摄。

本书重视理论,突出实践,强调分析,培养思维,易于自学,每单元配有二维码视频、动画等资源,立体化练习、延展性阅读及实用性案例,做到理论与实践结合、教学与科研结合,可以作为高等院校旅游管理、酒店管理、旅行社管理、景区管理、会展管理等专业的教学用书,也可作为旅游行业管理和旅游企业经营管理实践的案头工具。

　　本书在编写过程中参考和引用了国内外的一些相关文献资料,以及一些成熟的观点,谨向这些文献资料和所引观点的作者致以诚挚谢意。浙江旅游职业学院 TC 智苑旅游策划工作室的王康、吴啸吟、徐嘉龙、董旭霞、周彩云、韦洁、庄思佳、张雨欣、周怡宁、谢晓芸等同学对资料的收集和更新做出了贡献,在此一并表示衷心的感谢。对关心与支持我们工作的杭州师范大学钱江学院、浙江旅游职业学院、太原旅游职业学院的同仁表示衷心的感谢。由于编者水平有限,书中难免存在疏漏、谬误之处,恳请各位同仁、读者不吝赐教。

目　　录

第一章　旅游策划概述

第一节　策划的概念与分类

一、策划概况

（一）策划的重要性

每一个成功的事件后面都有一个精心的策划!

　　策划与其说是一种设计、一种安排、一种选择,或一种决定,倒不如说它是一张改变现状的规划蓝图,它并不如你想象的那样困难,也不是你以为的那样复杂。策划不过是一场演出,策划家便是这场演出的导

演。对某个产品而言,它可以点石成金,可以立断生死,甚至可以把一个毫不起眼的物品变成一个供不应求的产品。任何人都能在妇女用品商店里找到时髦,在博物馆里找到历史,而创造性的策划家却能在五金店里找到历史,在飞机场上找到时髦。

（二）策划的发展历史

　　追本溯源,策划活动并不是近代的产物,它已有几千年的历史。相对于策划活动而言,“策划”一词出现比较晚,并且在古代常常以“策”“谋”“筹”“算”“划”等单个字来表达策划之意。

1. 策

　　根据《辞海》和《现代汉语词典》,“策”的释义主要包括如下几种:
①指马鞭,古代赶马用的棍子,一端有尖刺,如策马;②通“册”,指古代用于写字的竹片或者木片,即记事之书,这些记事的竹片或者木片成编后称为“策”,如简策;③指古代考试的一种文体,多就政治和经济问题发问,应试者作答,如策试、策问、对策等;④指我国数学上曾经用过的一种工具,形状跟“筹”相似,如清代初期,把乘法的九九口诀写在上面以计算乘除和开平方;⑤指拐杖,如扶策而行;⑥指计谋、办法,如上策、献策、束手无策;⑦姓的一种,如蒙古

族的策·乌力吉;⑧指计算、谋划、筹划,如策反、策应。

2．划

根据《辞海》和《现代汉语词典》,"划"的释义主要有如下几种:①指用尖锐的东西把别的东西分开或在表面上刻过去、擦过去,如划根火柴、手上划了一个口子等;②指拨水前进,如划船、划桨;③指合算,如划得来、划算;④指划分,如划界、划定红线范围;⑤指划拨,如划付、划账;⑥指计划,如筹划。

(三)策划的概念

"策划"的含义,主要是取"策"字的第⑧义,即计算、谋划、筹划,以及"划"字的第⑥义,即计划,其词义主要是指计划、筹划、谋划。当然,这只是"策划"的词义。事实上,现代意义上的"策划"是一门科学,更是一种艺术。21世纪是策划的世纪,策划是"第四产业"(或称知识产业)中一个神奇的"生产驱动力"。策划这种古老、神秘而又充满生机的筹谋活动,已经进入了产业化运作时期,并已发展成一门独立的科学,越来越广泛地受到人们的重视和利用。

现代学者对策划的研究日益重视,但他们对策划的内涵和外延的理解角度不同、标准不一,归纳起来,主要有以下几种:

1．策划就是出谋划策、筹划和谋划

周黎民在《公关策划》一书中写道:"策划,也称作策画,是出主意、想办法、出谋划策,它与谋略、创造、运筹、决策紧密相关。"

2．策划是一种创造性的思维活动

刘振明在《商用谋略:策划老手》一书中指出:"策划的含义应该是:为实现特定的目标,提出新颖的思路对策,并制定出具体实施方案的思维活动,策划归根结底是一项创造性的思维活动。"这种定义强调和突出的是策划的"活动"特征。

3．策划是一种战略体系和一个系统工程

王承英在《策划为王》一书中指出:"策划是企业为达到商业目标所特别构筑的企业发展总体规划战略体系,是创造企业优势与竞争优势的系统工程。"

4．策划是一种程序,是一种沟通企业的方式或工具

美国"哈佛企业管理丛书"中的《企业管理百科全书》一书在阐述策划概念时写道:"策划是一种程序,在本质上是一种运用脑力的理性行为。""策划的步骤是以假定目标为起点,然后订出策略政策,以及详细内部作业计划,以求目标之达成。最后还包括策划成效的评估及反馈,而返回到起点,开始下一个策划的循环。"

5．策划即是管理

在管理学中,策划与组织、计划、决策等职能一起,共同构成了管理的职能。策划能影响管理者的决策、预算、调整、意见沟通、机构等问题,简言之,策划即是管理。

6．策划是左右将来行动路线的决策

哈罗德·孔茨(Harold Koontz)和希瑞·奥多纳(Cgril O'Donnell)在《管理原理——管理功能的分析》一书中指出:"策划是管理者从各种方案中选择目标、政策、程序及事业计划的机能。因此,策划也就是左右将来行动路线的决策。它是思维之过程,是决定行动路线之意识,是以目的、事实及深思熟虑所作判断为基础的决定。"

以上关于策划的定义都有各自的特色,也都不同程度地存在着不足,或内涵和外延过于

传统、过于狭窄,难以与现代多层次、多角度的策划相融合;或过分强调和突出了思维主体运用知识、智慧和能力进行思考运筹的过程,而忽略了思维活动的成果;或过于强调"谋"与"断"的分离,而忽略了"谋"与"断"的相互制约。

本教材倾向于这样一种定义:策划是人们为了达到特定的目的,在调查分析相关信息的基础上,对未来的工作或事件进行科学、系统的筹划和部署的一种创造性思维活动。

二、策划的分类

策划的科学分类是一项系统工程,其分类依据策划的存在形态、表现形态、应用领域等。策划的形成和演进,本质上即是多种类型的历史文化、社会制度、国民心理结构、经济结构、产业结构、企业形态的一种具体而微的缩影。缘于不同的视角,策划可以有多种分类标准和分类方案。

(一)按策划的层次划分

1. 总体策划

总体策划是从宏观层次上对事情作战略性的部署和安排,主要解决思路问题,确定大方向、划分大步骤、制定大方针,基本上不涉及操作层面的细节。

2. 深度策划

深度策划主要是解决操作性问题,即从微观层面对单个的项目、单独的某一个阶段等进行详细的计划,并按照这一计划能够直接实施。

(二)按策划目标的时间长短划分

1. 短期策划

短期策划一般是指从策划谋略思想的提出到策划的完全实施,时间不超过一年的策划。比如景区"狂欢节"单项促销活动的策划、国庆"黄金周"的旅游产品策划、酒店的圣诞主题活动策划等。

2. 中期策划

中期策划一般是指从策划谋略思想的提出到策划的完全实施,时间不超过三年的策划。比如某景区一个建设期为两年的景点开发策划、某旅游主管部门提出的乡村旅游整改三年行动计划、新生景区企业的一个三年营销布局策划等。

3. 长期策划

长期策划一般是指从策划谋略思想的提出到策划的完全实施,时间超过三年的策划。如企业文化建设策划、某地旅游业发展战略研究等。

(三)按策划的内容划分

1. 政治策划

政治策划是指为了达成某种特定的政治目的,特别是为了强化政府权威、树立政府形象、提高政府工作效率、提高政治地位、赢得选举等,依据各种条件而进行的一些思维策划活动。

2. 军事策划

军事策划是指为了达成某种特定的军事目的,特别是关于作战的目的、方式、时机的选择,依据各种条件进行的一些思维策划活动。比如诸葛亮利用空城计智退司马懿、李世民利用玄武门之变夺得帝位等。

3. 经济策划

经济策划是指为本国、本地区、本企业的经济发展而进行的策划。在经济策划中,根据具体的内容所涉及的不同经济部门,又可以分为工业策划、农业策划、商业策划、旅游策划、交通策划等。

4. 文化策划

文化策划是指在社会文化领域,针对有关文化及其相关问题所采取的策划行为,包括一般文化策划和具体文化策划。一般文化策划主要指针对总体的文化发展方向、发展措施、发展步骤等进行的策划。具体文化策划是针对微观的文化领域所进行的策划,如影视策划、图书策划、体育策划、新闻策划等。

除了以上三种常用的分类方法之外,还有学者根据策划机构、策划目的、策划服务的对象等标准对策划进行分类。

第二节　旅游策划的概念与类型

一、旅游策划的概念与任务要求

（一）旅游策划的概念

结合前述策划的概念与内涵,旅游策划的概念可定义为:旅游相关团队或个人为了达到特定的旅游发展目标,在综合调查分析相关信息的基础上,依托创新思维,整合各类旅游资源,实现资源、环境、交通与市场的优化拟合,实现旅游业发展目标的创造过程。

（二）旅游策划的任务

根据旅游策划的概念,可知旅游策划的任务为:针对明确而具体的目标,建设特定主题或内涵的项目内容,形成游憩方式、产品内容、主题品牌、商业模式,从而形成独特的旅游产品,或全面提升和延续老旅游产品的生命力,或建构有效的营销促销方案,并促使旅游地获得良好的经济效益、社会效益、文化效益和生态效益。

二、旅游策划的功能和特征

（一）旅游策划的功能

同其他领域的策划一样,旅游策划也具有辅助竞争、决策参考、构思计划、预测未来、管理创新等五个方面的功能。

（二）旅游策划的特征

旅游策划作为策划的一种,具有一般策划的基本特征,但也有其特殊性,在很多时候,旅游策划的特殊性要超越策划的普遍性。如果对旅游业的特殊性没有深入研究,用策划的普遍原理和方法来解决旅游业的特殊问题,是难以获得令人满意的结果的。旅游策划除了具备一般策划所具有的目标性、系统性、科学性、客观性、时效性、信息性、效益性之外,还具有如下一些显著特征。

1.谋略性

谋略性是一般策划活动的根本特征,也是旅游策划的最基本特征,是旅游策划与旅游决策之间最重要的区别。旅游策划通常需要对委托的事项进行运筹、谋划、构思和设计,高瞻远瞩,放眼未来,把握全局,或灵活变化,或坐收渔利,或趁势而上,提出相应的创意、计策、谋略或捷径,创造性地解决看似不可能解决的问题,实现看似不可能实现的目标。它要求策划人员具备渊博的知识、丰富的经验、宽阔的视野、灵活的思维,善于开动脑筋,另辟蹊径,化难为易,解决问题。

2.创造性

从创造学的观点来看,旅游策划活动是根据旅游需求特点对旅游资源、相关旅游经营资源与相关素材的创造性加工过程。创造性是旅游策划活动的本质特征,是旅游策划活动的生命力所在,也是旅游策划区别于旅游(工作)计划的根本特征。它要求策划人员灵活运用各种非逻辑思维方法去创造性地审视旅游资源的价值和旅游需求的变化,充分运用内部可控资源和外部可拓资源,通过发散思维、巧妙组合与精心选择,实现旅游资源与需求的最佳对接,发挥旅游资源的价值最大化。旅游创意所产生的化"腐朽"为"神奇"、化"对立"为"共存"、化"小事"为"大势"的效果就是创造性在旅游策划中最好的体现。

3.体验性

旅游活动是游客在异地获得的不同于惯常生活的体验,成功的旅游策划必须能够为游客创设一种独特而丰富的旅游感受或经历。体验性是旅游策划区别于广告策划、新闻策划、地产策划等策划类型的最明显特征。例如,广告策划主要是利用摆事实、列数据、讲道理等方法通过寻求适当的诉求点将产品的信息传达给公众,说服他们购买某一产品;而旅游策划主要是通过设计旅游吸引物、旅游服务、旅游活动来组织旅游产品,向潜在市场提供一种独特的体验,以此吸引人们进行旅游消费。这一特征决定了体验经济的理念是旅游策划的基本思想方法,体验设计的方法是旅游策划的一般技术方法。

4.艺术性

旅游策划除了需要科学的理性分析、多元化的技术方法之外,在很大程度上还需要一定的艺术加工。在旅游景观策划、形象、商品、娱乐策划等领域和环节中,艺术加工与创作占有相当重要的地位,不仅可以大大提升旅游资源的价值与功能,为普通的旅游产品增添更多的精神内涵,提供无穷的回味空间,还能够创设出独特的体验意境和体验方式,更好地满足游客的审美与逃避体验需求。这一特征要求旅游策划人员具有较为扎实的美学基础和较高的艺术修养,对传统文化特别是诗词、楹联、书画、园林、哲学等有较为深刻的理解,方能形成具有艺术性的创意和策划方案。

5.操作性

委托方提出编制旅游策划的动议一般都是解决实际问题或实现既定目标,他们的出发点是通过旅游策划方案来指导未来的生产、经营与管理活动。因此旅游策划的成果必须具有操作性,没有操作性的旅游策划文案对委托方而言不过是废纸一堆。操作性是旅游策划区别于旅游创意、点子的重要特征。旅游策划的操作性主要体现在三个方面:一是作为策划依据的信息必须是客观的、准确的,必须运用科学的方法对外部环境、旅游资源、市场需求进行调查分析,并搜集所需的资料;二是策划方案必须具有政策、法律、环境、经济和技术上的可行性,实现预期的效益目标;三是策划方案应该可以指导委托方的实践活动,有时策划书应包括方案实施方面的内容,以便于委托方实施。

6. 风险性

旅游策划是一种常规条件下的旅游预谋,不确定因素很多,既有旅游组织自身条件变化等因素,又有旅游组织外部客观环境变化等因素。加之旅游业是一个服务性行业,具有易进入性和脆弱性等特点,一件小事或者一个根本看不出联系的因素都有可能直接或间接地影响旅游策划方案的实施。因此,旅游策划具有典型的风险性特征。旅游策划一般以大型活动或大型项目居多,小型项目很少。因此,旅游策划风险往往都是大风险。

7. 智力性

旅游策划的智力性主要表现在以下方面:第一,旅游策划融高知识、高智力及现代高新技术为一体。第二,智力在旅游策划中起主导作用。传统工业经济需要大量资金和设备,有形资产起主导作用。知识经济更依赖于智力、知识和信息,无形资产起主导作用。策划是一项利用他人智慧和金钱为自己创造利益的活动,所以在策划界,策划又有"外脑"之称。第三,智力在旅游策划中起基础作用。旅游策划是旅游策划者想象力的施展、主观的冲动、创新的欲望,以及对目标的好奇心和孜孜不倦的探索精神。旅游策划者只有具备高超的智慧,才能将各种知识融汇于排列有序、新奇独特的构想之中,使策划血肉丰满,富有强大的感召力和鼓动性。

8. 竞争性

旅游策划的目的是通过精心策划,在未来激烈的市场竞争中提升旅游组织的竞争力,使之赢得竞争的主动地位。因此,竞争性是旅游策划的又一显著特征。旅游策划是旅游组织提高生存能力、发展能力和竞争能力的一种有效手段,是旅游组织敢于竞争、善于竞争和富有竞争力的意识与精神的集中体现。旅游策划竞争归根结底是旅游精神、旅游思想和旅游智慧的竞争。思想冲破牢笼,方能柳暗花明;思想自由飞翔,才能足智多谋。当人的思维完全被限制在现实问题的框架中时,就难以看到问题的全貌,无法找到改变目前被动局面的关键点。衡量旅游策划方案优劣的标准只有一个,那就是策划方案是否凸显竞争力。

三、旅游策划的主要类型

(一)按层次划分

1. 旅游总体策划

在旅游规划或项目建设之前导入总体旅游策划,可以解决深度研究、确立核心吸引力以及准确定位市场、主题、形象等问题;优化拟合资源、环境、交通与市场等资源,形成表现吸引力的产品形态,落实战术和行动计划。

2. 旅游深度策划

一个好的规划,必然要高屋建瓴,高瞻远瞩,但由于规划的任务在于把握规划的长期的发展目标,而且涉及产业要素配套、用地控制与平衡、经营与管理等方向性的大问题,所以存在操作性上的欠缺。因此,在旅游规划或概念性策划完成之后,需要进一步进行旅游深度策划,以将总体规划或策划的大理念,结合全新的战略和形势,从而转变为具体的产品、项目、行动计划。

（二）按时间长短划分

1．短期旅游策划

短期旅游策划一般是指从策划创意的提出到策划方案的出台,再到策划方案的实施不超过一年的旅游策划。短期旅游策划比较适宜于各类节会活动策划、宣传促销活动策划、招商活动策划等能够在短时间内策划并实施到位的策划。

2．中期旅游策划

中期旅游策划是指从策划创意的提出到策划方案的出台,再到策划方案的实施一般在一年以上但不超过三年的策划。中期策划比较适宜于客源市场策划、企业形象策划、企业管理策划等方面的事项。

3．长期旅游策划

长期旅游策划是指从策划创意的提出到策划方案的出台,再到策划方案的实施超过三年的策划。长期策划比较适宜于政府旅游发展战略策划、企业品牌策划、景区（景点）转型升级策划等长期性的投资与发展事项的策划。

（三）按内容不同划分

1．旅游战略策划

旅游战略策划是指为了旅游业的长远发展和总体利益所进行的策划。战略策划是一个系统工程,它涉及方方面面的工作,需要各种配套的准备工作。战略策划的时间一般要求也比较长,从时间上来看,战略策划一般为中长期策划。旅游战略策划既适用于政府机关、旅游管理机构,也适用于旅游企业。

2．旅游管理策划

旅游管理策划是指以加强政府旅游行业管理、旅游公共服务管理和旅游企业经营管理等为目标而进行的旅游策划。旅游管理策划的目标是加强管理,目的是以最小的管理成本换取最大的旅游收益。

3．旅游营销策划

旅游营销策划是指以提升策划者或委托策划者的形象,增强其市场竞争力、扩大市场销售为目标所进行的策划。旅游营销策划方案通常包括旅游产品定位、市场定位、价格定位、渠道定位、促销手段等内容,是增强旅游业竞争力的重要方式,也是目前旅游行业使用得比较多的一种策划方式。

4．旅游公关策划

旅游公关策划是指以加强旅游业与社会特别是与游客的沟通,增强旅游业的社会信任度、美誉度,树立良好的公众形象为目标所进行的策划。旅游公关策划首先要考虑的对象是游客,其次是媒体,然后才是与策划者或委托策划者相联系的各行各业。

5．旅游广告策划

旅游广告策划是指以增强旅游广告的效果为目标所进行的策划。旅游业是一个关联产业,也是面向公众的产业,广告是旅游业扩大销售、增强影响的重要手段,旅游广告策划虽然其目标仅仅是做好旅游广告,但仍需要有充分的市场调研和高水准的广告创意设计。

6. 旅游形象策划

旅游形象策划是指以提升旅游企业形象为目标所进行的策划,也可以称之为旅游企业形象战略策划或旅游企业形象识别系统策划。旅游企业形象策划包括旅游企业理念识别(MI)策划、旅游企业行为识别(BI)策划和旅游企业视觉(VI)策划三大方面。

7. 旅游品牌策划

旅游品牌策划是指以打造旅游强势品牌为目标所进行的策划。在旅游市场竞争日益加剧的今天,品牌的竞争也日益加剧,强势品牌已经成为在市场竞争中获胜的王牌。旅游品牌的策划按其所涉及的范围又可分为旅游城市品牌策划、旅游饭店品牌策划、旅行社品牌策划、旅游景区(景点)品牌策划、旅游商品品牌策划等。

8. 旅游活动策划

旅游活动策划是指以开展某项特定主题旅游活动为目标所进行的策划。随着现代旅游业的发展,旅游产品的主题化、旅游消费的体验化日益明显。主题鲜明、内容丰富、普适性强的旅游活动必然深受客源市场的欢迎,也将同步带给旅游企业或旅游目的地巨大收益。

9. 旅游招商策划

旅游招商策划是指以加速旅游地的发展、加快旅游业的开发、扩大旅游业相互之间和旅游业与相关行业之间的合作为目标所进行的策划。旅游招商已经成为加快旅游业发展的一个十分重要的途径,旅游招商策划也就成了旅游策划一个十分重要而又特别的类型。

10. 旅游产品策划

旅游产品策划是指以整合、建设、推广、组织游客感兴趣的旅游产品为目标所进行的策划。旅游者进行旅游不管是随团旅游还是自助旅游,产品的选择总是必不可少的。为游客提供符合其个性需求的旅游产品是旅游业的重要职责,也是旅游策划的重要内容。

(四)按策划对象划分

根据旅游策划所指向的对象,旅游策划可以分为城市旅游策划、乡村旅游策划、海洋旅游策划、景区(景点)旅游策划、旅游饭店策划等。

四、旅游策划的相关概念

(一)旅游策划与旅游规划

在具体的旅游策划实践中,人们经常将旅游策划和旅游规划混为一谈。其实旅游策划与旅游规划之间虽然有着许多的共性和联系,但两者之间的区别也是显而易见的。具体来说,旅游规划必然涉及旅游策划的一些内容。因为旅游规划是从总体和全局来考虑的,对旅游产品的生产和开发有一个全面的安排,对旅游策划有一个总体的构想,进而为以后具体的旅游策划提供资料、依据和指导思想。由此可见,旅游规划并不完全包含旅游策划的内容。

(二)旅游策划与旅游计划

旅游策划的概念也常常与旅游计划的概念相混淆。旅游策划关注的是旅游组织或旅游产品的全面、整体性战略,而旅游计划则强调旅游组织或产品具体的可操作性方案。具体来说,旅游计划是旅游策划具体的实施细则,任何旅游策划都必须计划化,即最终落实到一个或多个计划来实施。但并非所有的旅游计划都隶属于某一旅游策划,有的旅游计划是长远的目标打算,不具备现实的操作性;有的旅游计划是常规的工作流程,不具备创新性。

（三）旅游策划与旅游决策

旅游策划不同于旅游决策。决策是一种判断,是为了实现目标,是通过改变环境而进行的一种设计、选择和决定,重在选择方案。可以说,选择、决定、判断是决策的本质特征。策划则重在谋划和设计方案。就两者的关系来说,策划为决策进行创意和设计,对决策起着补充说明的作用,或者说,策划通常是决策的基础和前提;而决策是对策划进行的选择和决定。两者目标相同,相互制约,贯穿于社会管理的全过程。

本章重点提示

所谓策划,就是人们为了达到特定的目的,在调查分析相关信息的基础上,对未来的工作或事件进行科学、系统的筹划和部署的一种创造性思维活动。

策划的科学分类是一项系统工程,其分类依据取决于策划的存在形态、表现形态、应用领域等。策划的形成和演进,本质上即是多种类型的历史文化、社会制度、国民心理结构、经济结构、产业结构、企业形态的一种具体而微小的缩影。缘于不同的视角,策划可以有多种分类标准和分类方案。

同其他领域的策划一样,旅游策划也具有辅助竞争、决策参考、构思计划、预测未来、管理创新等五个方面的功能。

旅游策划作为策划的一种,具有一般策划的基本特征,但也有其特殊性。旅游策划除了具备一般策划所具有的目标性、系统性、科学性、客观性、时效性、信息性、效益性之外,还具有谋略性、创造性、体验性、艺术性、操作性、风险性、智力性、竞争性等特征。

按照不同的标准,旅游策划可以分为不同的类型,按照层次可以分为总体旅游策划和深度旅游策划;按照时间的长短可以分为短期旅游策划、中期旅游策划和长期旅游策划;按照旅游策划所指向的对象可分为城市旅游策划、乡村旅游策划、海洋旅游策划、景区(景点)旅游策划、旅游饭店策划等。

旅游规划与旅游策划、旅游计划、旅游决策在概念上有不同。旅游规划是从总体和全局来考虑的,对旅游产品的生产和开发有一个全面的安排,对旅游策划有一个总体的构想,进而为以后具体的旅游策划提供资料、依据和指导思想。旅游规划并不完全包含旅游策划的内容。旅游策划关注的是旅游组织或旅游产品的全面、整体性战略战术,而旅游计划则强调旅游组织或产品具体的可操作性方案。选择、决定、判断是决策的本质特征。策划则重在谋划和设计方案。

【思考与训练】

1. 旅游策划与旅游规划之间的联系与区别是什么?
2. 旅游策划有着怎样的发展趋势?
3. 请举例说明你对旅游策划类型的认识。

第二章　旅游策划的原理与方法

【学习要求】

通过本项目的学习与实践,要求学生达到如下目标:

➢ 能熟练掌握旅游策划的原理,熟练运用旅游策划的原理分析和解决实际问题

➢ 能深入理解旅游策划的基本原则和核心程序,在从事旅游策划时能熟知旅游策划的各个阶段,提高风险意识

➢ 能掌握旅游策划的创新技巧,能运用旅游策划的创新技巧从事旅游策划活动

第一节　旅游策划原理

一、需求导向原理

市场是旅游产品的试金石,能否发现并满足市场需求是决定旅游策划成功与否的关键条件。一个旅游策划成功的原因有很多,最重要的是顺应了旅游市场需求,如哈尔滨冰雪大世界、西部影视城等策划;旅游策划失败的理由也有很多,其中最重要的就是不能满足市场需求,三峡集锦(宜昌)、世界遗产公园(丽江)就是典型案例。需求导向原理的主要内容如下。

(1)旅游策划应以现实的旅游需求为依据,并充分考虑旅游需求的发展趋势,全面认识人性,把握旅游者的深层心理,从需求的角度评价旅游资源,并寻求旅游资源与旅游需求之间的最佳对接点,以使策划出来的产品符合心理学规律和市场需求。策划人员应考虑旅游产品能够带给旅游者什么样的利益和价值,这种利益和价值是否符合旅游者需要。在此基础上,策划人员应挖掘产品的潜在价值,创造产品的新价值,建立产品的价值链。

(2)弗洛姆在分析人的存在的矛盾性的基础上,归纳了人的五种非生理需要,即定向的需要、关联的需要、回归的需要、超越的需要、同一感的需要。这对于理解现代旅游活动的本质与旅游者的需要具有重要启发。与此相关,3N(即 Nature 自然、Nostalgia 怀旧、Nirvana 涅槃)反映了现代旅游活动的普遍追求,应引起旅游策划人员的高度重视。

(3)马斯洛提出的需要层次理论把人的需求归结为生理、安全、归属、受尊重、自我实现等五个层次。建立在该理论基础上的休闲阶梯模型把旅游休闲需求分为五个等级:涉及生理的需求、安全与保障的需求、关系发展与延续的需求、具体兴趣和自我发展的需求、自我实现的需求。旅游需求的层次性、多样性和变动性为策划人员把握旅游需求的特点与发展趋

势带来了挑战,同时也为策划人员提供了无限的空间。

(4)研究游客心理、决策过程、行为规律,从而发现旅游需求是旅游策划的基础性工作之一。这些通常通过深入细致的市场调查完成。市场调查与预测具有严格的工作程序和专门的技术方法。市场调研一般分为五个步骤进行:确定调研对象、选择调研方式、设计调研方案、实施调研以及调研后的信息处理。采用的调研方法主要有文案调研法、现场调研法等。

(5)顺应需求是旅游策划的基本思路,激发需求、引导需求是中级层次,创造需求属于高级层次。社会的高速发展使人类的需要和欲望变为可以诱导、改变和创造,策划人员的任务就是把握旅游者潜在需求的发展脉络,在恰当时机、恰当地点,以恰当的创新手段去挖掘和显化需求,继而提供相应的产品来满足他们。韩国利用影视剧冲击中国市场继而将影视剧拍摄地包装成观光点,就是创造需求的例子。

在引人瞩目的“焦作现象”中,迎合市场需求是其成功的根本原因。丽江世界遗产公园则是一个违反需求导向原理导致失败的典型案例,被称为丽江历史上最失败的策划。

二、意义生产原理

寻求意义并在任何具体形式中赋予价值意义,是人类内心最深层的呼唤。人对意义的追求非常明显地体现在旅游消费活动中。意义是无形的,必须寓于一种载体之中,代表某种意义的载体就是符号。人们会把自己的旅游消费活动当作展现某种意义的舞台,把旅游消费品当作展现某种意义的道具,旅游消费及消费品就成为某种社会意义或文化意义的符号。从这一角度出发,旅游策划就是意义生产,就是打造文化符号,就是创造符号价值。意义生产原理的主要内容如下。

(1)在意义消费的条件下,旅游策划要以创造满足旅游消费者意义需求的符号价值为主,为顾客创造符号价值。旅游产品符号价值的建构过程可以分为下列四个阶段:确立景观的“标志”阶段(通过专家鉴定、权威认证、制度安排等手段凸显特色,使其区别于一般景观);“标志”的“神圣化”(建立与特定“意义”的联系,如真实的、生态的、民族的、历史的、时尚的);精品展览阶段(通过塑造景观、场景再现、舞台设计、完善服务等手段,建构旅游“标志”符号体系);强化阶段(通过价格定位、市场营销、专家检验、政策支撑等途径使该产品保持与同类产品的距离)。

(2)根据符号吸引理论,旅游吸引物形成过程可以分为命名、取景与提升、神圣化、机械复制、社会复制等五个阶段。有鉴于此,旅游资源开发可以分为四个环节:评估与命名(在考察、考据、鉴定的基础上评估旅游资源价值并给予适当称号)、框限与构架(确定外部边界,明确内部不同功能区之间的界限,并形成一个包括景物、设施、活动与服务在内的综合体)、神圣化再强化(提升景物内涵与神圣程度,提升旅游功能与等级)、复制与社会化(建立与消费者的关系,成为社会生活的重要组成部分)。

(3)对文化符号的提炼和运用程度是影响旅游产品生命力和旅游文化经济发展水平的重要因素。文化符号增值有赖于深厚的人文素养和专业的知识储备,只有立足于文化根脉和学术传统的“符号”才能带来思想和经济双重财富,具有真正的生命力;反之,则似无源之水、无本之木。旅游策划人员强化应对本土文化的寻根意识和文化自觉,尽量使文化符号打造根植于学术传统及其发展之中。

(4)深入把握原型理论,全面认识12种具有普适意义的原型。“原型”最早源于荣格的集体无意识理论,指沉淀于人类心灵底层的、普遍共同的人类本能和经验遗存,见于一切文化创造领域。一种原型可以被认为是生命的一种符号或象征。肯特·沃泰姆曾列出12种原型的神话档案:终极力量、塞壬、英雄、反英雄、创造者、变革大师、权力经纪人、智慧老人、忠诚者、圣母、小骗子、哑谜形象。马克·皮尔森也曾列出12种原型:天真者、探险家、智者、英雄、亡命之徒、魔法师、凡夫俗子、情人、弄臣、照顾者、创造者、统治者。旅游策划人员可以借助这些原型创作故事、选择主题、塑造品牌形象。

(5)注重品牌塑造和品牌营销。只有旅游品牌这一包容性很强的符号才有能力将旅游产品、服务和意义整合到一起。品牌营销的实质,就是建立某种产品与意义之间的特定联系,以意义上的差异性作为区别同类旅游产品的基本手段,同时借助意义上对满足旅游消费者心理和精神需求的作用来实现对消费欲望的刺激,从而促进旅游产品的销售。

三、体验塑造原理

旅游是人们满足了基本生理需求和物质需求之后追求的更高更新的精神需求,讲求的是旅游者的一种愉悦、求知的心理历程和一种愉悦、快乐的体验经历。就其实质而言,是一种旅程和暂居的体验,与体验经济有着千丝万缕的联系。因此,旅游策划的最终任务就是为游客创造旅游体验。旅游体验原理的主要内容如下。

(1)旅游经济就是人们去异地体验全过程的服务经济,旅游消费实质是一种体验消费。旅游策划人员应结合策划对象实际和旅游需求为游客创造丰富而独特的旅游体验。如果把旅游活动比喻成一场演出,那么策划人员就是编剧,其任务是创作精彩的剧本。

(2)旅游体验包括娱乐体验、教育体验、遁世体验和审美体验,让人感觉最丰富的体验是四者交叉的"甜蜜地带"。为了体现特色、突出差异,旅游体验需要确定明确的主题,同时以最小的成本获得最丰富的体验是游客的普遍心理。旅游策划人员应注意把握旅游体验主题独特性与体验类型多样化之间的关系。

(3)体验经济的快乐剧场模型是体验企业的产品与服务具备多种戏剧特征。体验剧场拥有与舞台产品一样的构成要素:演员、观众、设施、前台、后台与表演。演员(员工)是为观众(客户)生产体验的人,设施(体验环境)是表演活动或者创作体验的展示场地。演员是在前台面对客户从事活动的,所以需要后台的大力支持。设施能保证演员与观众的面对面交流,或者为他们提供远距离交流的途径。演出的整体表现是演员、观众与设施之间动态互动的结果。

(4)富有吸引力的旅游体验是需要精心塑造的。塑造旅游体验的基本方法包括以下五种:选择一个好的主题、以正面线索塑造形象、消除负面因素、提供纪念品、重视感官刺激。此外,还应注意合理划分功能分区、涉及参与性活动、加强全面质量管理。

(5)旅游体验塑造中还应把握前台、帷幕、后台的关系。在文化旅游开发与体验塑造中,"前台"是商业文化空间,"后台"是原生文化空间,"帷幕"是两者之间的过渡区;从"前台"到"帷幕"再到"后台"应该是文化商业化氛围逐渐减弱,文化"真实性"逐渐增强的过程。这有利于文化遗产的保护和多种旅游需求的满足。

由于对旅游活动体验属性的重新认识,塑造体验就成为旅游产品开发的核心问题,旅游体验原理也因此成为具有方法论意义的原理。体验策划法就是以这一原理为基础而产生的旅游策划方法,它采用三个层面(主题—线索—活动)、四类体验(娱乐、教育、逃避现实和审美）、五种感觉（视觉、听觉、嗅觉、味觉、触觉）的策划框架，让旅游活动场所有说头、有看头、有玩头、有学头、有吃头、有买头，这为旅游策划特别是旅游产品和旅游景观策划提供了一种基本方法。

第二节　旅游策划的原则与程序

一、旅游策划的基本原则

（一）创新性原则

既然旅游策划是一项创新思维活动，那么旅游策划的创新性必然是其首要原则。换句话说，如果旅游策划不具有创新性，也就没有必要进行旅游策划。创新性原则主要体现在形式创新与功能创新两个方面。

1．形式创新

形式创新是指将已有的旅游内容或元素（如活动、项目、文化等）引入，保持其基本功能不变，但在表现形式上给予较大的创新。目前，主题公园里面的过山车就是通过创新演化成多种同类的项目，如深圳的雪山飞龙、香港海洋公园的越矿飞车、苏州乐园的古旧金矿矿车等，均属于不同程度的形式创新，其实质就是过山车。

2．功能创新

功能创新是指重新策划或设计一个之前所没有的内容或元素，或将原有的内容或元素进行功能拓展。如杭州市在旅游资源开发过程中，将一些特色社区、老旧厂房、仓库码头等在功能上进行了创新，成为独具特色的旅游接待产品。

（二）特色性原则

旅游的本质就是追求与自己原有的生活环境、生活习俗、工作状态等不同的感受和观感。而当前市场，已经明显处于买方市场的情况下，旅游企业如何在既有众多旅游供给市场中脱颖而出呢？必须创造出与其他旅游企业所不同的东西。简言之，就是在旅游策划过程中，要坚持"人无我有，人有我优，人优我特"。而要做到这一点，则必须做好两大基础工作：一是围绕策划的主题内容，系统搜集、分析当前该主题内容的发展现状与特色；二是全面分析评价策划实施主体的优势、劣势、机遇与挑战，以寻求最佳的特色发展路线。

（三）人本性原则

旅游策划是一项典型的对客服务，无论是旅游项目策划、旅游产品策划、旅游活动策划，还是旅游形象策划、旅游促销策划等，其最终目的均是以满足人们的精神和文化需求为目标。因此，旅游策划应"以人为本"。一方面，要满足策划发起人的心理需要。作为一名策划者，既要了解策划发起人（或委托方）的心理需要，又要满足方案实施者的心理需要，这样才能确保策划方案的顺利实施，推动企业生产目标的实现。另一方面，要充分了解策划方案实施对象的心理需要，这样才能更好地提升硬件设施与软件服务水平，提高游客的满意度。

（四）可行性原则

旅游策划并不是天方夜谭，而是一项现实性较强的工作，要求在经济、技术、效益、人力、社会等各方面均有可操作性。首先,要进行周密的考察和资料收集,充分利用所能获得的一切信息,进行严谨和科学的分析,对未来的发展形势作出准确的研判;其次,旅游策划应立足微观实际,从策划发起人自身的资源禀赋、资金设备、人力物力、市场基础等方面来评价和衡量所开展的旅游策划案是否具有一定的现实性;第三,可以采取逐步推进的办法,通过小范围内试运营,看是否能取得较好的效果,根据试验效果再决定是继续修改完善还是直接推广实施。

（五）一致性原则

首先,要坚持短期效益与长期效益的一致性。无论是短期的旅游活动策划、旅游促销策划,还是长期的战略策划,其根本目的都是推进企业的健康、持续、快速发展或旅游目的地的转型升级。因此,在进行旅游策划时,一定要洞察策划发起人或委托方的长远发展目标,不能就事论事。其次,要坚持局部利益与整体利益的一致性。比如在进行旅游项目策划时,要服务全国的、区域的旅游经济发展需要,不能盲目地、不切实际地超前发展,应从整体功能定位与共同的利益诉求来进行策划设计;景区项目的建设风格也要与周边总体生态环境相符,不能过于突兀,在景区开发与建设在满足旅游者需求的同时,也要实现旅游业的可持续发展。

（六）前瞻性原则

既然旅游策划是一项针对未来的创新活动,那么旅游策划必须对未来各种发展、变化的趋势进行预测,必须对所策划的结果进行事前事后的评估,也就是说,旅游策划必须具有前瞻性。只有如此,才能使策划的成果符合未来实际发展的需求,才能在未来出现意外情况时采取有效的应急处理措施。比如在进行旅游节事活动策划时,就必须综合考虑节事活动举办期间可能出现的天气变化、人流量变化、安全事故发生等突发事件。

二、旅游策划的核心程序

旅游策划根据是否委托第三方单位分为有委托旅游策划和无委托旅游策划。无委托旅游策划是指该项旅游策划由策划的发起人或主体自身进行;有委托旅游策划是指该项旅游策划由策划发起人委托第三方单位进行。有委托旅游策划和无委托旅游策划各有优缺点。无委托旅游策划的优点是策划组成员对自身情况较为熟悉,而且可以节约费用;缺点是对行业整体形势或其他行业不太了解,容易落入狭隘、偏执的思维定式,难以提出新的创意。有委托旅游策划的优点是可以借助外部智力资源,特别是经验丰富的专业策划机构,能够达到更好的策划效果;缺点是外部专家团队对委托方的情况并不熟悉,提出的创意可能缺乏可操作性,并且需要支付一笔不菲的费用。

无委托旅游策划和有委托旅游策划的区别在于:无委托策划不需要招投标程序或筛选策划单位的过程,而旅游策划的其他程序都差不多(见图2-1),具体如下。

（1）旅游策划的项目立项。在确立旅游策划项目或明确委托单位之后,就应着手组建旅游策划项目团队,明确项目推进的日程安排,落实任务分工。在组建项目团队时,应根据具体策划项目的不同,组建由相关专业背景的专家或企业人士、政府人士共同组成的团队。

（2）项目团队成员展开系统调研分析。这是指在特定的项目环境下,系统地收集、分析和报告有关项目信息的过程。旅游策划要作出正确的决策,就必须通过项目调研,准确及时

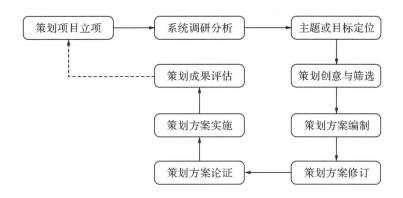

图 2-1　旅游策划的核心程序

地掌握资源、市场和环境情况,使决策建立在坚实可靠的信息基础之上,才能降低策划案的风险程度。

（3）策划主题定位或发展目标的确立。这是旅游策划的核心与灵魂。在特定的策划背景下,通过对旅游资源条件现状的综合分析与评价,需要提出明确的主题定位或策划目标。

（4）围绕主题或目标展开创意,新颖的设计思路是旅游策划的血肉,也就是所谓的构成全新旅游景区的吸引亮点,同时也要根据其可行性进行创意筛选。旅游策划团队成员依据前面既定的主题定位与发展目标,提出具体的实施创意和方法。然后根据现行的技术、经济、环境、法律等各个方面进行可行性筛选,并最终确定可供操作的创意。

（5）编制旅游策划文书的初稿。在（1）至（4）的基础上,编制旅游策划案的初稿。编制方案通常由项目负责人制定并分解落实,各项目组成员根据负责人的要求共同完成初稿的编制,并由项目负责人统筹审核。

（6）旅游策划文案的试验、讨论、反馈与修改。在方案初稿的基础上,可通过试验或试行、邀请相关专家或部门相关人员参与讨论,并形成对方案的反馈、修改意见。项目团队根据反馈或修改意见,对策划方案进行完善。

（7）组建方案评审专家组审核方案。在前期方案修改完善的基础上,可邀请相关专家或部门相关人员组成评审或论证专家组,对方案最后的实施进行综合评估,包括方案在技术上是否能达到策划任务书的要求、在未来执行过程中的风险系数等。

（8）旅游策划方案的实施阶段。基于动态策划的思想,在实施过程中,还可以根据具体的实施情况,及时发现方案中的失误或外界条件的变化,起到反馈信息的作用,为进一步调整和修改策划方案提供新的依据。

（9）策划方案实施后的综合评估。待整个策划方案全部实施完毕或在实施过程中,可组建相应的评估小组或团队,围绕方案的既定目标与时间节点,对方案实施的综合效益进行系统评估,以确定该策划是否达到预期目标,并为下一轮策划案奠定基础。

第三节　旅游策划创新技巧

一般而言,一个完整的创新过程可以分为三个阶段:一是"问题",即发现了现实工作或生活中需要解决的某个问题;二是"构想",即在头脑中构想解决这个问题的方法;三是"实施",即把头脑中构想的解决方案付诸实践,从而使问题得到完满的解决。在这三个阶段中,最重要也是最困难的就是头脑中的"构想",即创新思维的阶段。旅游策划的核心技术或方法就是创新思维。因此,创新思维是进行旅游策划的依托,是旅游策划方案产生的源泉,也是我们后面任务学习的前提。

一、创新思维

(一)创新思维的概念

创新过程首先起始于人的创新意识,即创新思维。创新的核心是创新思维,人们在社会实践活动中,通过对客观事物的认识,不断产生不满足感和创新的欲望,并通过创新思维活动产生有别于现状的设想,然后将设想付诸实施,从而完成创新过程。由此可以看出,创新思维是整个创新活动的关键,没有创新思维就不可能有创新想象,更不会有创新成果。因此,创新思维是人们进行创新活动所必须具备的重要心理要素,是创新活动能否成功的基础。

思维是人脑对客观事物本质属性和内在联系的概括和间接反映。以新颖独特的思维活动揭示客观事物本质及内在联系并指引人去获得对问题的新的解释,从而产生前所未有的思维成果称为创新思维,也称创造性思维。它给人带来新的具有社会意义的成果,是一个人智力水平高度发展的产物。创新思维与创造性活动有关,是多种思维活动的统一,而发散思维和灵感在其中起着重要作用。

(二)创新思维的特点

创新思维既有一般思维的特点,又有不同于一般性思维的优秀思维品质。

(1)创新思维是具有求异性和独创性的思维。创新思维是思维的高级过程,是人们在已有经验的基础上,在某些事物中寻找新关系和新答案的思维过程。它首先表现为思维的求异性和独创性,不人云亦云,不盲目信奉,不囿于现有解决问题的方法,而是在虚心吸取他人经验的基础上,独立思考,大胆想象,走前人没有走过的路。

(2)创新思维是具有广阔性和深刻性的思维。思维的广阔性表现为善于从多方面思考问题,既抓住关键问题,又不忽略个别重要的细节;既看到矛盾的一般性和普遍性,又看到矛盾的特殊性和具体性。从不同的知识领域进行思考,借他山之石,攻己之玉。思维的深刻性表现为善于透过问题的现象看到本质,抓住事物的规律,预见事物的发展进程和结果。

(3)创新思维是具有灵活性和敏捷性的思维。思维的灵活性表现为思维活动依据客观情况的变化而变化,善于按照事物发展变化的具体情况提出切合实际的解决问题的方法,不拘泥于传统习惯的束缚,克服惯性思维、定势思维的弊端和功能固着的影响。

二、创新思维的培养与训练

创新思维有许多技术层面的问题。为了打破思维枷锁、拓展思维视角、激发思维潜能,我们还需要培养一定的创新思维。

（一）发散思维

发散思维，又称辐射思维、放射思维、扩散思维或求异思维，是指大脑在思维时呈现的一种扩散状态的思维模式，它表现为思维视野广阔，思维呈现出多维发散状。如用"一题多解""一事多写""一物多用"等方 式，培养发散思维能力。不少心理学家都认为，发散思维是创造性思维最主要的特点，是测定创造力的主要标志之一。常见的发散思维包括横向思维、侧向思维、逆向思维、立体思维等。

1. 横向思维

横向思维是相对于纵向思维而言的。纵向思维是按部就班的逻辑思维，即从纵向的发展上延伸，依照各个步骤和发展阶段进行思考，从 上一步想到下一步，从而设想、推断出下一步的发展趋势，确定研究内容和目标。比如，在挖井的时候，越挖越深，不见水不收工。横向思维是非逻辑的跳跃式思维，它将运用毫不相关的信息，试图开辟多条路径，采用不同的方法，寻找新的解决路径。仍以挖井为例，此处不见水，那么就换个地方挖。因此，横向思维，又称多路思维。要掌握和运用横向思维，策划者必须要扩大视野的范围，提高感知事物的敏感性。对于旅游策划者而言，通常可以学着从不同季节、不同角度、不同游客群体等来剖析旅游资源，以求得新的创意。

2. 侧向思维

侧向思维又称为旁通思维，是发散思维的又一种表现形式。侧向思维的思路、思维方向不同于正向思维、多向思维或逆向思维。它是沿 着正向思维的旁侧开拓出新思路的一种创造性思维。简单地讲，侧向思维就是利用其他领域里的知识和信息，从侧面迂回地解决问题的一种思维形式。

3. 逆向思维

逆向思维又称为逆反思维，是与正向思维或常规思维相反的方向，即以对立、颠倒、逆转、反面等方式去认识问题或解决问题的思维或方案。总之，逆向思维就是从相反的方向去思考问题，探寻解决问题的方向。逆向思维在现实生活中的作用十分广泛，是创造性思维的重要形式之一。常见的逆向思维类型有原理逆向、属性逆向、方向逆向、尺寸逆向和常识逆向等。

4. 立体思维

立体思维要求人们在思考问题时，要跳出点、线、面的限制，能从上 下左右、四面八方去思考问题，即把常规的平面型思维模式扩展到空间，把二维思维扩展到三维思考，排除固定观念，突破一切框框，全方位进行新的思考。

（二）想象

想象是大脑在过去感知的基础上对所感知的形象进行加工、改造，创建出新形象的心理过程。其生理基础是大脑中原有的没有关联的事物经过重新组合、搭配，构成新的有联系的事物的思维过程。想象在旅游策划中非常重要，比如可以转换角色，把自己当成游客来评价所策划项目是否符合市场需求。想象的主要方法包括原型启发法、类比法、联想法。

1. 原型启发法

原型启发法是利用已知并熟悉的事物为启发原型，与新思考的对象相联系，从相似关系中得到启发而解决问题的一种想象方法。原型与思考对象之间，必须有相类似的特征，有时两者之间跨度太大，想象的难度就高，当然想象成果水平也高。

2. 类比法

根据两个对象某些属性相同或相似，而且已知其中一个对象还具有其他属性，从而推出另一个对象也应具有其他属性的思维方式，即为类比法。类比法有直接类比法、拟人类比法、象征类比法和幻想类比法。

3. 联想法

联想是由一个事物想到另一个事物的心理过程。联想法是在创造过程中运用概念的语义属性的衍生、意义的相似性，来激发创造性思维的方法。联想可以唤醒沉睡的记忆，把当前的事物与过去的事物有机地联系起来，产生创造的设想。联想法具体又包括接近联想法、相似联想法、对比联想法、强行联想法、置换联想法、因果联想法等。

（1）接近联想法

接近联想法，又叫相关联想法，是将两个时间上或空间上接近的概念加以对照产生联想。这是逻辑推理中不可缺少的环节和途径。如玻璃→镜子→理发店→服装店→模特→演员→话剧→电视剧→《康熙王朝》……

（2）相似联想法

相似联想法，即具有相似的特点、性质或功能的事物形成的联想。与接近联想法不同，它不受两个事物是否接近的限制。如在形状方面相似，有西瓜—帽、蝴蝶—结。在旅游策划过程中，经常可以利用自然界的某些主题物品策划具有相似形状或性质、功能的旅游服务接待设施或娱乐设施，如苹果状的小木屋。

（3）对比联想法

对比联想法，又叫相反联想法，即把两个完全相反的观念、事物或现象进行对比、对照，形成联想。如黑—白、水—火、大—小、过去—现在—未来等。

（4）强行联想法

强行联想法是指把无关的事物强制性地联系起来进行创造性思考，从而产生新的观念、新的思路、新的概念。例如，把男士与倒垃圾强行联系起来会有什么新创意？有些地方的男士不愿意倒垃圾，有人就分析，男士们喜欢什么？男士喜欢足球、打猎、饮酒、军事等，但这些爱好均与倒垃圾无关。若提出男士倒垃圾十次就可以免费看一次足球赛，思路较新，但操作困难，即谁在垃圾箱旁给男士记数？谁发足球赛的票？假如派上漂亮的女郎上岗管理垃圾，结果男士们就会积极主动地去倒垃圾，并帮垃圾站做一些事。

（5）置换联想法

置换联想法是指把具有同样功能的不同事物联系起来，实行相互之间的替代。在各种置换中，可以原理置换、结构置换、材料置换、工艺置换、方法置换等，总之是研究的对象置换。比如湖南卫视最早推出的水上大冲关活动，可否在森林里、沙漠中或悬崖边进行？

（6）因果联想法

因果联想法是指由事物之间存在的因果关系而引起的联想。如由冰想到冷、由风想到凉、由科技想到经济发展等。

（三）灵感思维

1. 灵感思维的概念

所谓灵感思维，又称顿悟，是人们借助直觉启示所猝然迸发的一种领悟或理解的思维形式。诗人的"神来之笔"、军事指挥家的"出奇制胜"、思想家的"豁然贯通"、科学家的"茅塞顿开"等，都说明了灵感的这一特点。它是在经过长时间的思索，问题没有得到解决，但突然受到某一事物的启发，问题一下子解决的思维方法。灵感来自于信息的诱导、经验的积累、联想的升华、事业心的催化。

2. 灵感思维的特征

灵感具有突发性、偶然性、独创性、瞬时性等特征。①突发性：灵感往往是在出其不意的刹那间出现，使长期苦思冥想的问题突然得到解决；在时间上，它不期而至，突如其来；在效果上，突然领悟，意想不到。这是灵感思维最突出的特征。②偶然性：灵感在什么时间可以出现，在什么地点可以出现，或在哪种条件下可以出现，都难以预测，因而带有很大的偶然性，往往给人以"有心栽花花不开，无意插柳柳成阴"的感觉。③独创性：定义灵感思维的必要特征。不具有独创性，就不能叫灵感思维。④瞬时性：灵感的产生往往是闪现式的，而且稍纵即逝，它所产生的新线索、新结果或新结论常使人感到模糊不清。

3. 灵感思维的应用

灵感通常包括外部机遇引发的灵感（另辟新径、触类旁通、豁然开朗、原型启示、见微知著、巧遇新迹、急中生智）和内部积淀引发的灵感（如自由遐想、久思而至、梦中惊成、潜意识活动产生的思想闪光）。其具体应用介绍如下：①另辟新径，即思维主体在科学研究过程中，课题内容与兴奋中心都没有发生变化，但寻解定势却由于研究者灵机一动而转移到与原来解题思路相异的方向。②触类旁通，即人们偶然从其他领域的既有事实中受到启发，进行类比、联想、辩证升华而获得成功。③豁然开朗，主要是通过语言表达的一些明示或隐喻获得，其中的思想点化，一般来说要"有求""存心""善点"和"巧破"等四个条件。④原型启示，即在触发因素与研究对象的构造或外形几乎完全一致的情况下，已经有充分准备的研究者一旦接触到这些事物，就能产生联想，直接从客观原型推导出新发明的设计构型。⑤见微知著，即从别人不觉得稀奇的平常小事上，敏锐地发现新生事物的苗头，并且深究下去，直到做出一定成就为止。⑥巧遇新迹，即由灵感而得到的创新成果与预想目标不一致，属意外所得。⑦急中生智，即情急之中做出了一些行为，结果证明，这种行为是正确的。⑧自由遐想，是指研究者自觉放弃僵化的、保守的思维习惯，围绕科研主题，依照一定的随机程序对自身内存的大量信息进行自由组合与任意拼接。经过数次乃至数月、数年的意境驰骋和间或的逻辑推理，完成一项或一系列课题的研究。⑨久思而至，是指思维主体在长期思考竟日不就的情况下，暂将课题搁置，转而进行与该研究无关的活动；而恰好是在这个"不思索"的过程中，无意中找到答案或线索，完成久思未决的研究项目。⑩梦中惊成，梦是以被动的想象和意念表现出来的思维主体对客体现实的特殊反映，是大脑皮层整体抑制状态中，少数神经细胞兴奋进行随机活动而形成的戏剧性结果；并不是所有人的梦都具有创造性的内容。

本章重点提示

旅游策划的原理包括需求导向原理、意义生产原理、体验塑造原理。市场是旅游产品的试金石,能否发现并满足市场需求是旅游策划成功与否的关键条件。旅游策划就是意义生产,就是打造文化符号,就是创造符号价值。

在旅游策划过程中,应坚持创新性原则、特色性原则、人本性原则、可行性原则、一致性原则、前瞻性原则。其核心程序包括旅游策划项目立项、系统调研分析、主题或目标定位、策划创意于筛选、策划方案编制、策划方案修订、策划方案论证、策划方案实施以及策划成果的评估等。

创新思维是人们进行创新活动所必须具备的重要心理要素,是创新活动能否成功的基础。创新思维既有一般思维的特点,又有不同于一般性思维的优秀思维品质。创新思维是具有求异性和独创性的思维,是具有广阔性和深刻性的思维,是具有灵活性和敏捷性的思维。

创新思维有许多技术层面的问题,为了打破思维枷锁、扩展思维视角、激发思维潜能,我们还需要一定的思维技术。常用的思维技术包括发散思维、想象、灵感思维等。

【思考与训练】

1. 旅游产品的创新可以从哪几个方面考虑?
2. 创意创新对现代旅游产业发展的影响有哪些?
3. 请运用逆向思维,设计以"不做广告"为名义的广告。

第三章　旅游产品策划

第一节　旅游产品

什么是旅游产品? 游客需要什么类型、价位、特征又符合其需求的旅游产品? 只有了解了这些,才能真正做好旅游产品的策划。因此,在正式开展旅游产品策划的项目之前,我们要先来认识一下旅游产品,包括旅游产品的内涵、层次构成、类型及特点等。

一、旅游产品的内涵

(一)产品

产品是指能够提供给市场,被人们使用或消费,并能满足人们某种需求的任何东西(如一辆汽车、一碗面条、一本书),包括有形的物品,无形的服务、企业文化、品牌或它们的组合。产品一般可以分为三个层次,即核心产品、形式产品、延伸产品。核心产品是指整体产品提供给购买者的直接利益和效用;形式产品是指产品在市场上出现的物质实体外形,包括产品的品质、特征、造型、商标和包装等;延伸产品是指整体产品提供给顾客的一系列附加利益,包括运送、安装、维修、保证等在消费领域给予消费者的好处。

无论是历史上,还是当前社会,很多企业要么仅仅生产有形的物品,要么仅仅生产无形的服务,也可能既生产有形的物品又生产无形的服务。唯独旅游业比较特殊,无论在什么时候,无形的服务必然是其产品生产的重要组成部分。当游客向旅行社购买包价旅游产品时,他们不仅购买了景区、饭店、餐馆、航班等产品的使用权,同时购买了多项服务,如旅行社为他们制定的游览线路、安排的宾馆和交通、沿途为他们提供的帮助等。事实上,当游客决定向旅行社购买旅游产品,而不是选择自助游时,目的就是得到这些服务。

(二)旅游产品

对于不同的主体而言,旅游产品的内涵是有所不同的。因此,我们可以从两个角度理解旅游产品的概念,即从旅游产品的生产提供方和旅游产品的消费购买方。

从旅游产品的消费购买方的角度看,旅游产品是指旅游者为了获得物质与精神上的满足和实现旅游过程,支付一定的货币购买的有形的物质产品和无形的服务。

从旅游产品的生产提供方的角度看,旅游产品是指能够提供给客源市场并引起人们的注意、获取、使用或消费,以满足人们的旅游欲望或需要的任何东西,包括各种有形物品、设施设备、个性服务、组织文化和想法等。

无论从哪个角度看,旅游产品都既包括旅游资源和设施等有形产品,也包括各种服务、企业文化等无形产品。因此,旅游产品的策划既包括通常作为核心旅游吸引物的旅游资源的开发与策划,也包括让旅游者充分体验旅游资源魅力的配套设施设备的设置,当然还包括贯穿于旅游活动始终、构成旅游体验重要部分的旅游服务体系设计。

二、旅游产品的层次构成

上面分别从企业与旅游者两个角度认识了旅游产品的内涵,归纳起来,即旅游产品包括资源、设施和服务三项构成要素。旅游者真正需要的是不是也是这三项要素的组合呢? 这需要我们从四个层次上研究旅游产品:核心产品、配套产品、衍生产品和扩展产品(见图 3-1)。

图 3-1　产品的层次构成

(一)核心产品

真正打动旅游者购买企业旅游产品的核心是什么? 这就是旅游产品最核心、最基本的层次——核心产品。正像所有成功的牛排馆都深谙“别卖牛排,卖哧哧声”、咖啡馆“别卖咖啡,卖香味"一样。对于旅游而言,旅游者真正需要的并不一定是美妙的景观,也不一定是舒适的服务,而是在特定情形下因美妙景观、人物或活动等而产生的审美愉悦,是由恰当的服务而感受到的轻松惬意。旅游产品策划必须能够识别旅游产品给特定旅游者带来的核心利益。

虽然在特定情形下,部分旅游者的满意度并不受旅游资源的品级、景观的美妙程度与服务技能的娴熟程度等影响,但是大部分旅游者的满意度还是直接与美妙的景观、恰当的服务直接相关。因此,旅游产品的核心利益必须依托有形的旅游资源才能得以彰显,这个资源即为旅游吸引物。旅游吸引物是指一切能够对旅游者产生吸引力的旅游资源及各种条件,它是旅游者选择旅游目的地的决定性因素,也是一个区域能否进行旅游开发的先决条件和构成旅游产品的基本要素。旅游吸引物可以是某个物质实体,如名山大川、文物古迹,也可以是某个事件或习俗,如泸沽湖的走婚习俗、蒙古族的那达慕大会。旅游吸引物的区位、数量和质量等因素的综合很大程度上决定了旅游产品的市场规模。

（二）配套产品

配套产品是指旅游者在购买消费核心产品时必须得到的配套物品或服务。没有配套产品,旅游者就无法消费核心产品或者旅游体验会大受干扰。例如,某游客因马尔代夫的"蓝天白云、水清沙白、椰林树影"而去休闲度假,则该游客在消费马尔代夫优质自然资源的同时,必然需要有内部交通、度假小屋、特色餐饮、海洋娱乐等配套设施。因此,在策划旅游产品时,除了需要了解目标细分市场对产品核心利益的期望外,还需要了解他们对配套产品的相应要求。

（三）衍生产品

衍生产品是针对核心产品所追加的代表额外利益的产品部分,它起到与竞争产品相区别的作用。作为一个完整的旅游产品,它一定包含核心产品和配套产品,这样才能使旅游者充分体验其核心利益,但并不是每个旅游产品都包含衍生产品。例如,杭州黄龙饭店等客人入住登记后,酒店的智能管理系统就能自动引导该游客进入客房;部分旅游景区也逐步推进智慧景区的建设,利用手机 APP 软件、二维码、无线网络等信息技术,进一步提升管理水平与个性化服务水平。这些都是整个旅游产品中的衍生产品。

事实上,配套产品和衍生产品的边界并不总是很清楚。对不同的目标细分市场而言,在不同的产品竞争中,它们可以相互转换。例如,在 21 世纪初期,宽带网络刚刚进入办公场所和家庭时,酒店客房提供宽带上网服务是一项衍生产品,它可以吸引更多需要方便上网的商务型游客,酒店提供这项服务就是为了支持作为核心产品的客房。而现在,大部分酒店(含经济型连锁酒店)都提供宽带上网服务,甚至是免费的无线网络服务。因此,大部分游客已经将酒店配备网络服务作为配套产品,而不再是衍生产品了。

理想的产品策划必须使核心产品设计具有竞争优势,并且拥有不容易被竞争对手复制的衍生产品。值得注意的是,衍生产品应该具有专业的水准,以保证整个旅游产品的质量。提供非专业的衍生产品,有可能导致画蛇添足、弊大于利。也就是说,作为整个产品的配套产品或衍生产品,其产品质量必须与核心产品一致,否则就会张冠李戴。例如,某主题游乐型旅游景区,基本上不具备幽静的休闲度假条件,而硬要推出针对游客的配套休闲或住宿型产品,其结果可想而知。

要确保衍生产品发挥竞争优势,就必须针对目标细分市场的旅游消费行为特征,系统、科学地设计并积极落实到位,必须满足甚至超过游客的期望,才能收到积极的效果,真正履行衍生产品在产品整体中的功能——提供更多的竞争优势。

（四）扩展产品

扩展产品通常包括可进入性或易得性、消费氛围、旅游者与服务人员的互动、旅游者参与,以及旅游者之间的互动等可以强化旅游体验的因素。旅游产品的策划应尽力强化扩展产品的功能。但有很多因素不受企业的直接控制,有时甚至是计划外的产品内容,例如旅游团队中一位游客因为随身携带的休闲娱乐装备丢失,导致无法参与景区组织的具体活动,而对整个团队游客的旅游体验造成了影响,并留下了不好的印象和回忆。

从策划的角度看,核心产品提供了旅游产品策划的主题或焦点,它是产品存在的基础,也是给旅游者一个购买的理由;配套产品是将产品核心价值转移给旅游者所必不可少的;衍生产品是竞争市场中使产品保持竞争优势的重要内容。

三、旅游产品的类型

旅游产品是一个以旅游者的消费需求为中心的整体概念,通常包括"吃、住、行、游、购、娱"六大功能要素。需求不同,对旅游产品的功能要求不同,对各个要素的组合要求也不同,于是形成了不同类型的旅游产品;地域不同,旅游产品的功能、形态及表现方式也不同;价格不同,旅游产品的质量等级也存在较大差异。

（一）旅游产品的功能分类

按照旅游产品的功能,可以将其划分为观光游憩旅游产品、休闲度假旅游产品、文化娱乐旅游产品、商贸购物旅游产品等。

1. 观光游憩旅游产品

观光游憩旅游产品是指旅游者以观赏和游览自然风光、名胜古迹、城市风光、节庆赛事等为目的的旅游产品,它构成了世界旅游产品的最主要又最基础部分。通过观光旅游可获得美的享受,愉悦身心,有利健康。观光旅游产品又可分为传统观光游憩旅游产品和新兴观光游憩旅游产品两种,前者主要有自然风光、城市风光、名胜古迹等,后者主要包括国家公园、主题公园、野生动物园、海洋观光、城市观光等。

2. 休闲度假旅游产品

休闲度假旅游产品是指旅游者利用非工作时间进行休养、消遣和娱乐的旅游产品,强调休闲和度假。要求旅游企业利用休闲度假旅游地自然景色优美、气候温和宜人、住宿设施令人满意、娱乐设施齐全完善、餐饮富有特色、交通便捷、通信便利等条件。休闲度假旅游产品有海滨度假、乡村度假、森林度假、野营度假、滑雪度假、高尔夫度假、游艇度假、温泉度假等众多种类,已成为国内外最受旅游者欢迎的旅游产品之一。

3. 文化娱乐旅游产品

文化娱乐旅游产品是指以旅游者了解、参与异国他乡文化或某类主题文化为目的的旅游产品,通常蕴含着较为深刻而丰富的文化内涵或较为突出的主题内涵。文化旅游可以使旅游者对异国他乡的文化艺术、风土人情、生活方式进行比较全面的了解,以扩大视野、丰富知识。产品种类繁多,主要有民俗旅游、艺术欣赏旅游、博物馆旅游、怀旧旅游、修学考察旅游、宗教旅游等。娱乐旅游产品可使旅游者对某类主题文化内涵深入了解,可以是传统文化民俗,也可以是现代乃至未来特定主题的文化活动。

4. 商贸购物旅游产品

商贸购物旅游产品是指满足人们经营洽谈、商务活动、交流信息、商品购物等需要的旅游产品类型。它强调旅游设施和服务的舒适、便捷和档次,活动计划性强,包括参加会议、奖励旅游、大型商业性活动、公务出差、节庆会展等众多类型。商贸购物旅游产品是传统性比较强的产品类型,但随着现代旅游经济的发展,商贸购物旅游越来越频繁,相关旅游设施和服务也迅速向现代化发展。当前,商贸购物旅游在现代旅游产品结构中占有重要地位。

(二)旅游产品的要素分类

旅游产品是一种综合性产品,由饭店、餐馆、景区、交通等企业生产的单项产品组合而成。旅游者在根据自己的需要购买旅游产品时,既可以选购整体旅游产品,也可以购买组合产品中不同的单项产品。按照综合性旅游产品的组成要素,旅游产品可分为旅游餐饮产品、旅游住宿产品、旅游交通产品、旅游游览产品、旅游购物产品和旅游娱乐产品等种类。

1. 旅游餐饮产品

2012年5月,中央电视台播出美食类系列纪录片《舌尖上的中国》,迅速成为大江南北的热点话题。因此,餐饮美食必然是游客关注的产品内容之一。旅游餐饮产品有两个层次的功能:一是为了满足旅途中的基本生理需要;二是包含着品尝异国他乡的风味美食,体验不同地区、不同民族的饮食文化差异的需要。所谓"民以食为天",中国饮食文化历史悠久、源远流长,民众基础深厚。在策划旅游餐饮产品时,应当注重地方特色饮食文化的开发,使其对旅游者产生文化吸引力,实现第二个层次的功能。

2. 旅游住宿产品

旅游住宿产品主要是为了满足旅游者身心休息、恢复体力等基本生理需要。但在现代旅游活动中,住宿设施在满足旅游者基本生理需要之外,还设有购物、康体、娱乐等丰富多样的服务项目,以满足旅游者精神享受的需要。特别是在度假旅游中,度假酒店通常是旅游者活动的中心点,它通常向旅游者提供多种选择的综合性旅游产品。一些著名的度假酒店本身就是一个独立的旅游吸引物,如迪拜的帆船酒店、新加坡滨海湾金沙酒店、阿拉伯的阿布扎比皇宫酒店等。

住宿设施的多少和服务质量的高低,往往成为评价一个国家或地区旅游接待能力的重要指标。旅游者需求的多层次性决定了旅游住宿设施也必然是多种多样的。就使用特点而言,旅游住宿设施分为汽车旅馆、商务酒店、会议酒店、度假酒店、公寓式酒店、经济型连锁酒店、乡村民宿等;按质量等级分,我国有一星级饭店到五星级饭店五个档次,它们有严格的星级质量标准,不同星级的饭店所提供的服务项目也存在较大的差异。值得注意的是,近年来国内外主要旅游城市均出现了特色文化主题酒店,即酒店是以某一特色文化为主题,来彰显酒店的建筑风格和装饰艺术及特定的文化氛围,让顾客获得富有个性的文化感受;同时将服务项目融入特色文化主题,以个性化的服务取代一般化的服务,让顾客获得欢乐、知识和刺激。

3. 旅游交通产品

旅游交通产品能为旅游者提供由常驻地到旅游目的地的往返服务及在旅游区内的往返服务,其核心功能是帮助旅游者实现空间位移。旅游者购买旅游交通产品,是购买了从一地安全地到达另一地的交通服务,而不是交通工具本身,旅游交通部门在旅途过程中为旅游者提供的特殊体验也构成了旅游交通产品的一部分。一个国家或地区的旅游交通产品越丰富越优良,就越有利于旅游业的发展。事实上,随着旅游者消费观念的转变,旅游交通工具以及道路交通设施亦逐步成为新型的旅游吸引物,如浙江宁海的国家登山健身步道与徐霞客古道,已经吸引了国内外诸多游客慕名而来。

4. 旅游游览产品

旅游游览产品主要指旅游吸引物。游览观光是旅游活动的核心内容和主要目的,游览观光的对象就是各种旅游吸引物。旅游资源是旅游吸引物的基础条件,一个国家或地区的旅游业兴旺与否,一方面取决于它客观上拥有旅游资源的丰富程度,另一方面还取决于它在主观上开发、利用和保护这些旅游资源的程度和合理性。旅游者的兴趣爱好多种多样,其旅游动机也各不相同,单一的旅游资源、单调的游览产品难以满足旅游者的多层次需求。因此,多元化进行旅游资源开发和旅游景点建设是一种趋势,这主要表现在三个方面:一是强调自然资源、人文资源的综合开发;二是强调互补的旅游景点组合;三是注重旅游资源的创新性开发。

5. 旅游购物产品

旅游购物产品是指旅游者在旅游活动中所购买的对旅游者具有实用性、纪念性、礼品性的各种物质形态的旅游商品。旅游者到达旅游目的地后大多要购买一些旅游纪念品、工艺美术品、土特产品及生活用品。这些商品大部分在旅游结束后留作纪念、欣赏或使用,或作为馈赠亲友的礼品,具有某种纪念意义。旅游购物产品从某种意义上是旅游活动的延伸。在吃、住、行、游、购、娱等旅游收入中,前四项收入是基本消费,而旅游购物产品是非基本消费。只要旅游者喜欢,他的购物消费是没有上限的。从这点看,旅游购物产品可挖掘的经济效益潜力巨大。因而世界上旅游业发达的国家和地区都十分重视发展旅游购物,鼓励旅游者在短暂的旅游期间购买本国或本地区的产品,以增加整体的经济效益。

6. 旅游娱乐产品

旅游娱乐产品是指满足旅游者在旅游活动过程中娱乐需要的产品。旅游者在旅途中,特别是晚间,需要通过娱乐来放松精神,加深旅游者之间的交流。因此,旅游娱乐产品成为大多数旅游者的一种基本需要。娱乐产品的体验化、多样化、新颖化、趣味化和知识化,可以充实旅游产品的内涵,从而更广泛地吸引具有各种爱好的旅游者,为旅游目的地增加旅游收入。

想一想

2019年8月27日,国务院办公厅印发《关于加快发展流通 促进商业消费的意见》,提出要活跃夜间商业和市场。"夜间经济"仿佛一夜之间成为当下最时髦的概念。

北京、上海、广州、天津、重庆、南京等城市相继出台促进夜间经济发展的相关举措,而且这种势头由一二线城市逐渐向三四线城市辐射。这一顶层设计的出台是对中国夜间经济发展历史与现实的考量,也将进一步激发发展夜间经济的有利要素和巨大潜力。

请思考:夜间经济对旅游意味着什么?

四、旅游产品的特点

与大多数产业的产品相比,旅游产品具有几个明显不同的特性。这些特性使得旅游产品的策划也具有与其他产品策划所不同的侧重点。因此,我们还必须清楚地认识到旅游产品所具有的特殊性。

（一）有形与无形的统一性

大多数产业的产品都以有形产品为主、以无形的服务为辅,它们看得见、摸得着,有时还能被闻到,被品尝。有形产品有重量、占空间。如一辆山地车、一双登山鞋、一盒牛奶都是有形产品。而旅游产品则是有形与无形产品的统一体。部分旅游产品是有形的,比如你在酒店所用的美食、你所购买的旅游商品;而大部分旅游产品是无形的,如景区的导游讲解、乘坐飞机飞行、乘游船观光、参观艺术博物馆或观赏名山大川等体验过程,游客均只能一次性体验,而不能据为己有。虽然飞机的舱位、旅游吸引物等都是有形的物体,但它们是用来辅助创造旅游体验的,它们决不是旅游者所追求的目标。旅游者希望从旅游中得到的是由旅游体验所带来的无形收益:快乐、放松、方便、兴奋等。在旅游中购买有形产品只是为旅游者得到他们所追求的无形体验提供一条通道而已。

因此,旅游产品的大部分内容具有无形性,少部分内容具有有形性。在旅游产品的策划过程中必须重视产品的核心利益,而且要用有效的方式尽量将其效用和优点形象地展示出来。同时,还必须认识到,同样的旅游产品对于不同的旅游者产生的体验可能是不同的。例如,商务旅游者把入住酒店看作完成工作任务的必要组成部分,而休闲度假者把它看作是逃离日常生活环境的一次体验。

（二）生产和消费的同时性

大多数旅游产品是在相同的地方同时生产和消费的。当游客进入景区时,景区内部的导游讲解服务开始生产(讲解)的同时,也正式游客开始消费导游讲解服务这一产品的时候;当飞机飞行时,游客正同时消费飞行旅游产品,即旅游者参与到了同时生产和消费的环节之中。旅游产品生产和消费的同时性促使旅游企业和旅游者之间相互依赖,彼此之间可通过互动关系塑造独特的旅游体验。此外,旅游产品生产和消费的同时性,导致其产品质量很难严格控制,产品的生产过程很难完全实现标准化管理。由于不同旅游者的需求、偏好、个性各不相同,使每位旅游者都满意的旅游产品不可能有相同的质量标准。所以,旅游企业和服务人员需要针对不同的需求提供不同的个性化产品,以提高游客满意度。为了保证旅游产品能获得一个稳定的满意度,旅游产品策划将面临更高的质量要求和更加灵活的质量监控技术。

（三）不可储存性

旅游产品的无形性、生产和消费的同时性使其不存在独立的生产过程,所以具有不可储存性。只有当旅游者购买并消费时,旅游资源、设施与服务相结合的旅游产品才得以存在。有形产品有一个相当长的保存期限,在这一期间它们能够被销售出去,其价值即得以实现。而旅游产品不可能像普通产品那样能够被不断生产而储存起来,这意味着旅游产品在生产时,就需要考虑怎样同时将其消费掉。酒店每晚都有一定数量的客房供出租,如果晚间还有剩余客房无人入住,则销售这些客房当晚使用权的机会将永远失去,这一产品可能带来的利润也随之永远消失了。因此,旅游产品策划时要充分考虑产量与旅游者数量的匹配性。

（四）季节性或时间性

季节性是指旅游需求或旅游供给在一年中不同时间段呈现的波动状态。一方面,是由于旅游产品供给要素的季节性影响。比如,只有在春天才能看到武汉大学的樱花,只有在夏天才能感受到莫干山的清凉,只有在秋天才能欣赏到香山红叶,只有在冬天才能开展自然状态下的滑雪运动。另一方面,是由于旅游市场需求的季节性影响。这其中又有两层因素:客观上讲,受自然气候因素影响,游客在一年四季中的出游较有规律,每年春暖花开或秋高气爽之际,全国各地的适游指数较高,出游人数也最多;主观上讲,受各个国家或地区的放假制度影响,使得游客只能在特定时间内集中出行。旅游产品的季节性影响,必然会给旅游产品的生产带来较大压力,表现为旺季的超负荷与淡季的闲置浪费。

（五）部分产品的独特性

部分有形旅游产品具有可复制性或批量生产的特点(如特色旅游商品),而大部分旅游产品,尤其是无形旅游产品均拥有竞争对手无法复制的特有资源,比如长城景区、故宫博物馆、九寨山水等,没有竞争对手有能力再造一个世界奇迹,它们给旅游者带来了其他地方无法提供的独特体验。因此,旅游产品策划应尽可能地强调产品的独特性,这将有助于潜在旅游者识别产品独特的吸引力和利益,也有助于他们在同类产品中独树一帜。

（六）大部分产品的同质性

不是所有的旅游企业和旅游地都有幸拥有垄断性资源,大部分旅游产品(尤其是酒店、餐馆、交通、购物产品)具有很高的同质性。各旅游企业之间、各旅游城市之间往往提供基本相同的产品。比如,同样品牌下的经济型连锁酒店,在各个旅游城市的装修风格、服务内容因其标准化的生产过程,导致两者之间没有区别。为了使旅游产品在市场上取得成功,旅游产品策划必须非常重视同质性的问题,关键在于使你的产品与竞争对手的产品相区别,即使这种区别并不具有实际的意义。值得注意的是,除了旅游资源的垄断性带来的产品差异外,旅游产品的其他差异往往能够被很快地复制,比如优秀的服务、特殊的活动。所以,旅游产品策划还需要建立一个长期的、不断更新的旅游项目库,以维持产品的差异,确保对游客的吸引力。

（七）旅游产品的互补性

旅游者基本不可能只购买单个旅游产品,对一个旅游产品的购买会引起一连串的购买行为。例如,游客到旅游景区观赏游玩时,则可能顺便会光顾景区附近农家餐馆、购物点,也可能会去附近其他景区游玩。虽然这些旅游企业的所有权是不同的,但它们的命运紧紧相连。旅游产品之间的这种密切关系就是互补性。旅游企业和旅游目的地越来越意识到这种互补性在市场竞争中的重要作用,越来越多的旅游产品策划在跨区域、跨企业、跨行业合作的背景下开展,如他们联合进行产品策划、联合进行市场推广。例如,经常入住某连锁酒店品牌的顾客,如果得到足够积分,可以免费享受出租车或机票打折待遇;景区与附近农家乐旅游点串联起来,欣赏优美风景和体验农家民俗组合起来,丰富游客的旅游体验,增强产品的竞争力。

第二节　旅游产品策划的内容

一、旅游产品策划程序

旅游产品策划一般包括市场调研、创意形成、创意筛选、市场分析与定位、概念成型和市场可行性分析。旅游产品策划是一项理性的思维活动,它基于详实的市场调查,始于创意形成,经过创意筛选、市场分析与定位、概念成型和市场可行性分析,为产品的后续开发或组合开发做好先导工作。

(一)创意形成

产品的策划始于创意形成,而创意的来源则往往需要通过系统捕捉。在旅游企业中,好的创意往往需要从众多普通想法中发掘。寻找创意的过程应该系统化,而不是几个随意产生的"点子",否则企业就要在寻找创意的过程中冒险,因为有些"点子"可能与企业的业务类型或市场的需求结构不协调。为了得到源源不断的产品创意,作为一项系统的工作,企业必须选择几个好的创意源泉。

1. 旅游资源

旅游资源是旅游产品策划的原材料,是衡量旅游产品对旅游者吸引力大小的重要因素,较大程度地制约着旅游产品的功能和开发方向,是产品创意的重要前提与基础。在旅游产品的创意策划中,挖掘资源本身固有的特色十分重要,它使得旅游产品通过传承和彰显具有比较优势的资源属性以获得市场的竞争优势。如峨嵋天下秀、青城天下幽、华山天下险,这"秀"、"幽"、"险",既是它们的资源特色,也是它们的竞争优势,使得这三座山始终保持着我国旅游名山的地位。

值得注意的是,旅游资源的特色是资源自身特有的属性,并不一定都能转化为产品,即使转化为产品,也不一定能得到市场认可。所以,产品创意还不能只是分析旅游资源的特色,还要根据市场需求、分布区位、可进入性、竞争状况等各个要素综合考虑,将这些特色与市场需求相匹配,形成市场卖点。

 练一练

请以某种水果为主题,通过对旅游资源属性的分析,列举可供开发的属性特征,提出可能开发的旅游产品,并画出发散思维图。

2. 旅游需求

游客的需求是企业最为直接的创意源泉,大约有 28% 的产品创意来自对顾客的观察和征询。通过旅游者的调查,可以了解旅游者的需求和欲望。旅游企业通过分析旅游者的问题和投诉,可以发现既有产品存在的不足、未来新产品的开发方向。管理人员和营销人员可以通过观察或与旅游者直接交谈、向旅游者发放调查问卷来听取他们的意见和建议。旅游者常常会产生对旅游体验的期望,这些期望常常包含着新产品的创意。发现这些创意,企业就可以把它们推向市场,并从中获利。

3. 竞争对手

所谓"知己知彼，百战不殆"，只有充分了解行业供给信息（即竞争对手的信息），才能生产出别具特色的产品或新产品。大约 27％ 的产品创意来自对竞争对手的分析。许多旅游企业都专门派人购买或体验竞争对手的产品，借以了解其产品内容、质量水平和市场反映，以判断自己产品的竞争能力和市场地位，并决定自己是否要开发相似产品、开发新产品或改进老产品。旅游企业也非常关注竞争对手的广告和其他渠道传出的竞争信息，这些都是获取产品创意的线索。当采用竞争对手的创意时，企业应该保证至少做得和竞争对手一样好，甚至比他们做得更好。旅游企业的管理人员专门到其他同类企业消费，如餐厅管理人员常常到其他餐厅就餐，景区管理人员常常到其他景区考察，以便激发更多创意。

4. 内部来源

旅游企业可以通过正式的调查与分析过程来发现新的创意。有研究显示，超过 55％ 的产品创意来自企业内部。旅游企业的一线服务人员和销售人员都是很好的创意来源，因为他们每天都与旅游者或公司客户直接接触，非常清楚旅游者需求的变化。

5. 分销商与供应商

分销商与市场联系紧密，能接触大量的旅游企业和客源市场，他们有许多可能引发创意的最新信息。在旅游业中，旅行社是最常见的分销商。对于景区而言，旅行社通常也是他们获取竞争对手和客源市场信息最方便的渠道。供应商能告诉企业一些新概念、新技术和新材料，这些可用于开发新产品。如饭店装修公司能告诉饭店其他饭店正在进行什么风格的装修，灯光工程公司能告诉景区其他景区的迷人灯光效果是如何产生的。

6. 其他来源

企业还应该保持与行业杂志、展销会、研讨会、政府机构、专业咨询机构、广告公司、营销调研机构、大学及科研机构等组织的接触，他们通常也会给企业带来创意源泉。

（二）创意筛选

不是所有的创意都能转化为产品，也不是所有创意产品都能为企业带来经济效益。创意形成阶段的目的在于促进各种想法的大量涌现，而创意筛选却是要减少想法的数量，准确地抓住能转化为市场效益的好创意，尽可能剔除那些没用的甚至可能给企业带来高风险的想法。

筛选创意需要一个合理的标准，企业需要对产品、目标市场、竞争状况分别进行分析，并对市场规模、产品价格、产品开发时间和成本以及回报率作一些粗略的估计，此外还需要考虑：这个创意与企业的战略目标是否吻合？企业有没有足够的资源（包括人力、设备、资金等）来保证创意的实现？

在创意筛选阶段，刚好可以仔细地审视一下产品线的关联性问题。在策划新产品时，一个常见的错误是策划了一个与企业原有产品组合关联性不高的产品。为了加强策划中新产品与原有产品组合的关联性，我们需要考虑这项产品：是否符合企业的战略目标？是否保护和促进企业的核心业务？是否强化了企业与重要客源的联系？是否更有效地利用了现有资源？是否提高了现有产品组合的竞争力？

练一练

请以前述水果为主题的产品开发发散思维图,设计出相应的筛选标准,并提出切实可行的开发产品。

（三）市场分析与定位

大多数旅游产品的同质性或替代性较高。因此,在旅游产品策划过程中必须要突出某些特点或属性,使其产品特征在目标细分市场的消费者心中留下深刻的印象,并最终成为顾客进行比较选择和做出购买决策的重要依据。值得注意的是,这些突出的特点或属性只是消费者心目中的印象,而不是企业对自己产品的标榜。

在产品的正式定位之前,首先要分析当前市场的供求关系。假如某一细分目标市场份额较大,但市场已经有了很多大型的产品供应商,则你要开发同类产品并占据一席之地也较难;而某些细分目标市场份额虽然较小,但可能一直没有相应的产品供应,说不定蕴含着较大的商机。其次,要分析该目标细分市场的需求特征,包括其旅游消费需求的频率、时空特征、饮食爱好、住宿习惯等。值得注意的是,之所以成为目标细分市场,必然拥有与其他细分市场不同的特征,这些特征才是最值得关注的。

只有充分了解并锁定了目标细分市场,并深入分析其市场供求关系及其需求特征,我们的旅游产品才能被旅游者识别并认同。旅游企业的产品定位一般有 6 种可供选择的方法。

1. 根据产品自有特色进行定位

根据产品自有特色进行定位是最为常见的一种定位方法,即根据自己产品的某种或几种优点,或者说根据目标顾客所看中的某种或几种利益去进行定位。例如,对于景区来说,这些优点或利益可以体现为资源优势,如独特的景观、珍贵的历史遗存、丰富的资源组合等;对于饭店来说,这些优点或利益可以体现为饭店的建筑风格、便利的交通服务、房间的装饰风格等,或者这些方面的任何组合。

2. 根据价格与质量之间的联系进行定位

采用这种方法进行产品定位的企业将产品价格作为反映其质量的标识。众所周知,价格的重要作用之一便是表征产品质量。产品性能越好,服务质量越佳,其价格也越高。例如,对于一个文化内涵突出、品牌影响巨大、服务设施俱佳的主题酒店来说,住宿价格定得高一些,会对游客起到一种知觉暗示,即他们在这里可以得到别样的乐趣。

3. 根据产品用途进行定位

企业根据产品的某种特别用途进行市场定位。例如,一家饭店拥有足够大的会展场地和完备的会议设施,则可以把自己定位在适合举办大型的会展或召开大规模的会议,当会议和会展组织者甚至某些演出活动的主办者寻找会展场所时,这家饭店就能够进入他们的候选名单,从而有了中选的可能;一个休闲农庄拥有各类动漫主题游乐设施,则可以把自己定位在适合开展亲子游活动的农庄型景区。

4. 根据产品使用者进行定位

企业通过营销努力,特别是通过公关活动,同某些社会阶层或社会名流建立起良好、紧密的顾客关系,则会为某些类型的消费者所关注。如在莎士比亚的故乡,莎士比亚剧场附近有一家餐馆,规模很小,服务方面也谈不上有什么令人称道之处,但由于同莎士比亚剧场的

演员关系较好,这些演员经常光顾该餐馆,以至于很多对莎剧特别是对其演员感兴趣的人也纷纷前来光顾,该餐馆因此成为前来此地观光的游客必去的地方之一。

5. 重新划分产品类别进行定位

重新划分产品类别进行定位是指企业可通过变换自己产品类别的归属来进行定位,从而扩大或控制自己的目标市场范围。工业企业中有很多运用这种方法进行定位的成功案例。例如,一些酿酒厂商所生产的本来是酒精含量较低的啤酒产品,但它们不将其定位为啤酒,而是定位为软饮料,使其产品打入更广阔的消费市场,有效地扩大了产品的市场规模。在旅游业,有些度假酒店不将自己定位为酒店,而定位于温泉疗养中心之类的场所,从而吸引了大量前来疗养休闲的游客。同样值得注意的是,目前国内很多乡村旅游点纷纷开展创建 A 级旅游景区活动,目的就是使之进入大众旅游市场,以获取更稳定的客源。

6. 借助竞争对手进行定位

借助竞争对手进行定位是指企业可根据自身的发展目标与资源情况,通过对同类市场中的企业进行分析,筛选出自己的"影子",并借助竞争对手的知名度来实现自己的定位。通常做法是通过推出比较性广告,说明本企业产品与竞争性产品在某一个或某一些产品性能与特点方面的相同之处,从而达到引起消费者注意并在其心中形成印象的目的。例如,苏州乐园早期的形象宣传口号就是"迪士尼太远,去苏州乐园"。

(四)产品概念成型

产品概念是指产品创意的具体化,并用能被消费者理解的术语来加以表述。要知道,旅游者要的并不是一个创意,也不在乎你是如何定位的,而是实实在在的旅游体验。如何将创意转化为旅游者的体验?在前述创意筛选、市场分析与定位的基础上,需要把产品创意进一步具体化为产品概念。有了产品概念,产品的各方面就基本确定了。具体可以从"5W1H"着手进行产品的概念成型。

1. WHY(产品核心价值)

旅游者为什么要购买你的旅游产品,这是产品的核心价值。西奥多·莱维特曾经指出:顾客并不是要买 1/4 英寸的钻头,而是要买 1/4 英寸的钻孔。产品策划必须赋予产品明确的核心价值,其核心价值是根据旅游者的需求信息来提炼的。所以,在产品策划过程中,必须站在旅游者的角度来思考问题。

2. WHAT(产品具体内容)

旅游者在消费旅游产品时,将获得何种具体的经历和体验,这就是产品的内容。它是一个非常重要的策划环节,成功的产品策划应该将产品的核心价值完整地传递给旅游者,使旅游者在经过精心策划的旅游经历中充分地体验到这一价值。从产品的功能而言,就要考虑旅游者在未来的体验过程中,具体需要哪些产品,比如吃什么、住什么、玩什么、购什么、乐什么,而这些内容都必须与产品的核心价值直接或间接相关。

3. WHO(产品目标市场)

确定谁是产品的主要消费者,这些目标市场有什么特殊的旅游需求,而这些旅游需求应该是与产品的市场定位、核心价值相匹配的。

4. WHEN(产品上市时间)

产品的上市时间主要有两点:一是产品在什么时间推出广告、上市销售,旅游者在什么时间购买,什么时间消费,如季节性旅游、假日旅游、淡季旅游、旺季旅游、周末旅游等;二是旅游者的购买频率和数量,即多久买一次、一次买多少等,如人们去热带海滨旅游的时间往往集中在冬季,且以家庭出游和公司奖励旅游的方式居多。

5. WHERE(产品销售渠道)

确定旅游产品信息通过何种途径到达旅游者,通常需要回答以下几个问题:是否通过旅行社销售? 通过一家还是多家旅行社销售? 这些旅行社需要在哪些细分市场具有优势? 如果不通过旅行社销售,采用网络销售还是直接销售?

6. HOW(如何生产产品)

如何生产产品是旅游产品生产的初步流程设计,其中的关键是服务质量的确定。服务质量必须支持市场定位的实现,所以应满足目标市场的旅游需求。评价服务质量高低的最终标准是"顾客满意度",服务质量没有绝对的"规格",只有相对于目标市场顾客的"适用性"。顾客满意度基于旅游者的实际体验和对旅游经历的期望两项主要因素产生。因此,策划服务质量要十分重视目标市场对旅游产品的期望。

(五)市场可行性分析

企业一旦对产品概念做出决策,接下来就需要对该项产品是否能为企业带来预期的收益做出分析预测。旅游产品的市场可行性分析涉及潜在规模、成本和利润前景的预测,旨在确定它们是否符合企业的各项发展目标。如果符合,产品策划就取得了初步的成功,可以进入产品开发阶段了。

1. 产品市场前景

产品市场前景包括产品市场的大小、打入市场的可能性、需求的持久性、仿制的困难性、此类产品的发展趋势等。

2. 销售前景

销售前景包括产品的需求量和需求时间、产品的销售范围和目标市场、此类产品的销售数量和市场占有率、潜在旅游者数量及旅游者实际购买力、旅游者对新产品的要求和希望、季节变动对销售的影响、与企业现有产品的关系、产品的销售渠道等。

3. 竞争态势

竞争态势包括生产和销售类似产品的竞争者数量,各竞争对手的销售数量、产品系列、产品特点、产品差异程度、竞争策略、竞争变化情况、市场占有率、价格差,以及潜在竞争对手和他们加入该种新产品市场的可能性等。

4. 价格

价格包括竞争产品价格的变动情况,旅游者对此类产品价格的意见和要求,此类产品的价格弹性等。

5. 内部条件

内部条件包括企业设计、开发此项产品所需人、财、物的保证程度,企业的信誉与管理水平,所需各种服务设施的供应能力和服务质量等。

二、旅游专项产品策划

（一）游览线路策划

1. 游览线路策划必须符合景区游览心态

在介绍景区布局时，提到游览线路设计必须自然流畅、结合景观、有收有放、有节奏性，而且景与景之间也要有过渡，符合景区游览心态，对于范围更大的景区，游览线路策划更为复杂。

2. 游览线路策划最好采用闭合线路

从游览线路的形态来说，主要有闭合线路、组团线路、联点线路和单点线路4类，这4类线路往往并存于同一个景区。但是从总体框架上说，景区游览线路策划最好采用闭合线路。闭合线路最大的优点是不走回头路，能够让旅游者得到最多的体验。有的景区游览线路是直线形的，按照游览线路走过去，还必须按照原路返回来。这种做法可谓犯了游览线路策划的大忌。在闭合线路的基础上，结合组团线路、联点线路和单点线路进行策划也是必要的。有时还可结合景区区划，形成数个闭合线路。

3. 游览线路策划必须注意空间的合理组织

既要尽可能减少不必要的迂回，以缩短行程，同时也要保证旅游者能够游览最多的景点以及拥有最多的游览时间。当这些目标相互冲突时就必须做出选择。空间的合理组织还包括游览的空间顺序，虽然很多景点无法移动，但是旅游线路的编排要使得景点之间具有逻辑，符合旅游者的心理和生理规律。

4. 游览线路策划必须充分考虑安全因素

要避开气象灾害区、地质灾害区和人为灾害区，避免游客拥挤、碰撞、阻塞线路，甚至造成事故。在旅游线路上应设置必要的安全保护措施和救护措施。游览线路策划必须充分考虑生态环境和旅游资源的保护，要避开生态敏感区和脆弱区，减少对旅游资源的损害，使景区能够实现可持续发展

实际上，在景区游览线路策划中也应包括对旅游线路产品的策划。旅游线路策划有三个层次，景区内游览线路策划只是其中空间范围最小的一个层次。其他两个层次是目的地之间的组合线路策划（各个旅游目的地的组合线路）以及目的地组合线路策划（从旅游中心地到各旅游景区的线路）。

（三）旅游娱乐项目策划

旅游景区的娱乐是借助景区工作人员和景区活动设施给游客提供的表演欣赏和参与性活动，使游客得到视觉及身心的愉悦。如果说游览观光是旅游活动的基础，那么娱乐则是对旅游活动的提升。在现代旅游活动中，娱乐活动占有越来越重要的地位。旅游景区娱乐项目按场地可以分为舞台类、广场类、村寨类、街头类、流动类（如吉卜赛大篷车歌舞）及特有类（如枪战场、滑翔基地），按活动规模和提供频率可以分为小型常规娱乐和大型主题娱乐。

1. 小型常规娱乐

小型常规娱乐是指旅游景区长期性提供的娱乐设施及活动，占用员工较少，因而规模小，游客每次得到的娱乐时间也不长。

2. 大型主题娱乐

大型主题娱乐是旅游景区经过精心筹划、组织动用大量员工和设备推出的大型娱乐活动,是景区在小型娱乐基础上的点睛之作,一般在推出前进行较高频率的广告宣传,用心营造特定氛围,掀起游客游园新高潮。按活动方式可以将其分为舞台豪华型、花车队列型、山水实景型三种,它们各有自身的特色及要求。

（四）旅游商品策划

旅游商品既是旅游产品的重要组成部分,又是旅游资源的一种表现形式,甚至成为某些旅游目的地最具吸引力的内容之一。旅游者在旅游购物过程中全方位参与旅游商品设计,与企业员工互动,体验旅游文化,使体验行为成为旅游产品的一部分,从而获得完美愉悦的体验,享受旅游购物形式,体验购物的过程,满足游客学习、制作、体验的心理需求。

旅游商品主要有图书类、工艺品类、食品类、模型类、日用品类、特种纪念品类等。

三、旅游产品组合策划

（一）旅游产品组合的概念

旅游产品组合是指旅游企业所生产和销售的全部产品线和产品项目的组合及结构。产品项目是具有一定使用价值的单个产品,而产品线则指在技术上、结构上满足同一类需求的产品项目的集合;产品项目是组成产品线的单位。例如,某旅行社为了满足旅游者去看山的需求,策划了去黄山、泰山、华山、衡山、峨眉山等多个目的地的线路,它们一起构成了"看山"的产品线,而单独的一条线路就是一个独立的产品项目。同时,该旅游社可能还经营"看海""购物""商务"等多条产品线,这些产品线一起构成了这家旅行社的产品组合。

产品组合有一定的长度、宽度、深度和关联度。旅游产品的宽度是指旅游企业所拥有的不同产品线或产品项目的数量。旅游企业增加产品组合的宽度就是增加产品线数量,扩大经营范围,实行多元化经营。旅游产品组合的长度是指各条旅游产品线中所包含的产品项目的总数。而旅游产品组合的深度则是指某条具体产品线中的每个产品项目所包含的子项目的数量。例如上例中的旅行社,如果它有"看山""看海""购物""商务"四条产品线,则产品组合的宽度为4;而"看山"这条产品线上有去黄山、泰山、华山、衡山、峨眉山五个产品项目,则这条产品线的长度就是5;如果去峨眉山有坐飞机、火车、汽车、轮船四种子项目供旅游者选择,则该产品项目的深度就是4。而产品组合的关联度是指该产品组合中各条产品线在供应方、资源条件、销售渠道、目标市场等方面的关联程度。

旅游企业增加产品组合的长度和宽度可以适应更多层次的不同需求,以吸引更多的旅游者;拓展产品组合的深度可以充分利用企业的资源,增强企业竞争力,提高经济效益;增加产品的关联度有利于企业资源的集约利用,提高其在某个产品领域或客源市场地区的声誉与品牌形象。

（二）旅游产品组合类型选择

从旅游企业经营面向的客源市场和经营的旅游产品种类看,我们可以把旅游产品组合分为四种类型。

1. 多市场多产品线型（全面型）

多市场多产品线型（全面型）型的产品组合是指旅游企业同时面对多个不同市场,经营多种产品线。例如,景区可以同时面向学生市场、白领市场、银发市场开发农耕体验产品线、休闲养生产品线和养老旅游产品线等。这种类型的产品组合对旅游企业的综合实力要求很高,因为同时面对多个市场推出多种产品线,经营成本增加,也要求企业有足够的人员全面兼顾,如果没有很强的综合实力是不可能做好的。因此,中小企业很少采用这种产品组合。

2. 单一市场多产品线型

单一市场多产品线型是指旅游企业向某一个特定的市场提供多种产品线。如专做奖励旅游的旅行社,它们针对公司客户这一特定市场,推出国内、国外各著名度假胜地的各种价位、不同时间长短的奖励旅游产品。采用这种产品组合的企业可以集中精力在特定的目标市场上,研究他们的特点,有针对性地采取营销策略,但缺点在于市场的规模有限,且容易受到客观因素的影响,风险较大。

3. 多市场单一产品线型

多市场单一产品线型的产品组合是指旅游企业只生产特定的旅游产品,但却面向很多市场。例如,某山水类的景区面向不同客源市场只推出山水观光产品。经营这种产品组合的旅游企业容易进行管理、树立品牌、生产出专业化的旅游产品,但缺点是由于产品类型的单一而导致企业经营的风险加大。

4. 单一市场单一产品线型

单一市场单一产品线型是指在为某一特定的市场生产特定的产品,并不是指只为一个市场生产一种产品,企业可能为另一个特定市场生产另一种特定的产品。经营这种产品组合有利于企业在不同的市场上生产适销对路的产品,扩大销售,减少风险,但缺点是经营管理的成本较高。

(三)旅游产品组合策略选择

旅游需求在不断变化,旅游企业选择了某种产品组合类型后,还必须根据市场需求的变化、企业自身实力和资源条件的发展来调整产品组合,为企业寻找最有利的市场契机。旅游产品组合策略就是为企业动态调整产品组合的路径。

1. 产品线扩展策略

企业超出其现有的产品经营范围而增加同一产品线上产品项目的数量叫做产品线扩展,主要包括向上扩展、向下扩展和双向扩展。

产品线的向上扩展是指企业提高生产产品的档次,由生产低档产品为主转向生产高档产品为主。企业预计高档产品的销售增长率和利润率较高而自身也具备打入高端市场的能力,就倾向于采用这种策略。采用这种策略的最大风险在于旅游者难以相信生产低档产品的企业有生产高档产品的能力,同时企业还要承受来自高档产品生产企业的反击,而且市场可能因其前期的低档印象而不认可。如某四星级度假酒店,为了提升其产品档次,不仅全面整改了相应的服务设施与设备、装饰了住宿环境,而且增设了相应的游泳池等健身设施与休闲娱乐设施,并顺利挂牌五星级酒店。

产品线向下扩展是指最初定位于高端市场的企业增加其低端产品的生产。采取这种策略时,企业生产的低档产品可能会在市场上影响其高档产品的销售,使企业的高档产品形象受损。

定位于中端市场的企业决定向低档和高档市场扩展其产品线叫做产品线的双向扩展。

采取这种策略对企业的综合能力要求较高,但取得成功后很可能就会占据市场的领导地位。

2. 产品线填补策略

产品线填补策略是指企业在其现有的产品线范围内增加一些产品项目,其目的主要是充分利用企业的剩余资源,增加销售量,满足消费者的不同需求,填补市场的空隙以防竞争者的侵入。采用这种策略时应注意使每个产品具备显著的差异,避免企业自己的新旧产品自相残杀。

3. 产品线削减策略

由于旅游产品销售具有比其他产品更强的季节性和易波动性,旺季时采用的旅游产品组合到了淡季往往会出现利润低甚至亏损的现象。及时削减和调整这些产品组合,把企业资源更多地用到利润高的产品上,有利于提高企业利润。当旅游旺季到来时,也应该及时调整产品组合,延长产品线以抓住市场需求扩大带来的机会。

第三节　旅游线路策划

一、旅游线路策划步骤

根据旅游线路的策划大致可分为以下五个阶段

第一,实地考察与调研。为了全面了解和掌握旅游线路策划各个要素的历史、现状和发展趋势,旅游线路策划者必须深入旅游目的地景区,景点进行实地考察,走访旅游及其相关部门和企业,从而获得第一手感官认识和第一手资料,旅行社行业俗称"踩线",实地考察要以重点资源为主,兼顾一般,对有潜力的新资源要予以充分的重视。同时,在条件允许的情况下,还应对旅游目的地的周边旅游资源进行考察,从而比较出该线路中景点的优势所在,明确与其他景点的竞争与合作关系。

第二,确定目标市场(游客群体)。根据市场背景分析、市场细分等要素确定旅游线路的目标市场,它在总体上决定了旅游线路的类型、主题和其他相关要素。如城市白领、大学生群体、情侣及新婚夫妇、老年群体等等目标市场。

第三,根据游客的类型和期望确定旅游线路的类型和主题。如休闲度假游、主题游(亲子、蜜月、研学、红色、探险)等。

第四,根据前两者确定旅游线路策划的具体行程安排及接待设施的选择与确定。

第五,线路的确定与检验。

旅游线路策划是一项系统而复杂的工作,它要求整个过程中的每一步环节环环相扣,严密有序。由于旅游线路的后效性在策划是并不能检验策划的质量,如果某个步骤或环节出了问题,必然会在其后的旅游活动过程中暴露出来,给旅游者造成不必要的麻烦,甚至会给旅游线路经营者、旅游者造成巨大的损失,旅游线路策划也要根据影响因子的变化不断进行调整。

二、旅游线路策划常用工具介绍

（一）携程旅游

携程旅行网创立于 1999 年,总部设在中国上海,员工超过 30000 人,目前公司已在北京、广州、深圳、成都、杭州、南京、厦门、重庆、青岛、武汉、三亚、南通等 95 个境内城市,新加坡、首尔、香港等 22 个境外城市设立分支机构,在中国南通、苏格兰爱丁堡设立服务联络中心。

作为中国领先的综合性旅行服务公司,携程成功整合了高科技产业与传统旅行业,向超过 3 亿会员提供集无线应用、酒店预订、机票预订、旅游度假、商旅管理及旅游资讯在内的全方位旅行服务,被誉为互联网和传统旅游无缝结合的典范。

2003 年 12 月,携程旅行网于在美国纳斯达克成功上市。2018 年 3 月 21 日,携程发布定制师认证体系,国内首张定制师上岗证出炉。今日的携程,在线旅行服务市场居领先地位连续 4 年被评为中国第一旅游集团,目前是全球市值第二的在线旅行服务公司。

（二）去哪儿旅行

去哪儿网创立于 2005 年 5 月,总部位于北京。去哪儿网通过网站及移动客户端的全平台覆盖,以自有技术为驱动,随时随地的为旅游服务供应商和旅行者提供专业的产品与服务。凭借其便捷、先进的智能搜索技术对互联网上的旅行信息进行整合,去哪儿网的产品与服务覆盖国内外机票、酒店、度假、门票、租车、接送机、火车票、汽车票和团购等多个领域帮助旅行者聪明地安排旅行。

作为一家深耕于在线旅游行业的产品技术公司,去哪儿网拥有海量的用户出行数据、业内领先的产品开发能力及强大的资本实力。截至 2019 年 3 月,去哪儿网搜索覆盖全球 68 万余条航线、580 家航空公司、147 万家酒店、9000 家旅游代理商、120 万余条度假线路、1 万余个旅游景点,并与国内外超 100 家航空公司进行了深度的合作,构建起一个融合线上、线下全价值链的在线旅游服务生态系统,持续提升用户的旅行品质。

（三）同程旅游

同程旅游是一个多元化旅游企业集团,也是中国领先的休闲旅游在线服务商和中国一流的一站式旅游预订平台,正式创立于 2004 年,总部设在中国苏州,员工超过 15000 人,目前在全国近 200 个城市及海外多个国家设有服务网点。

同程旅游以"休闲旅游第一名"为战略目标,积极探索线上线下和体验相结合的"新旅游模式,在发力机票、火车票、酒店、金融等业务外,积极布局境外游、国内游、周边游等业务板块,目前在中国景点门票预订、邮轮等多个领域处于市场领先位置

（四）飞猪旅行

飞猪,指为淘宝会员提供机票、酒店、旅游线路等商品的综合性旅游出行网络交易服务平台,包括网站及客户端。原为阿里旅行,后改名为"飞猪旅行"。

"飞猪"是面向年轻消费者的休闲度假品牌,与面向企业差旅服务的阿里商旅一起构成阿里巴巴旗下的旅行业务单元。飞猪将目标客群锁定为互联网下成长起来的一代,结合阿里大生态优势,通过互联网手段,让消费者获得更自由、更具想像力的旅程,成为年轻人度假尤其是境外旅行服务的行业标杆。

（五）马蜂窝自由行

马蜂窝旅游网是基于旅游社交和旅游大数据的新型自由行服务平台,创立于2006年。马蜂窝旅游网是广受中国年轻一代追捧的旅行网站,得益于"内容＋交易"的核心优势马蜂窝将复杂的旅游决策、预订和体验,变得简单、高效和便捷。马蜂窝是旅游社交网站是数据趋动平台,也是新型旅游电商,提供全球6万个旅游目的地的交通、酒店、景点、餐饮、购物、当地玩乐等信息内容和产品预订服务。

（六）途牛旅游

途牛旅游网创立于2006年10月,2014年5月登陆美国纳斯达克,是美股市场第一支专注于在线休闲旅游的中国公司

途牛合作旅游服务供应商逾16500家,可以为消费者提供的跟团和自助等打包旅游产品超过220万种,还有丰富的机票、酒店、签证等单项旅游产品。截至2019年3月,途牛累计服务超过1.08亿人次出游,共获得客户点评600多万条,产品综合满意度达到93％。

（七）艺龙旅行

艺龙旅行网成立于1999年,是中国领先的在线旅行服务提供商之一。2004年10月,艺龙在美国纳斯达克上市。通过网站、24小时预订热线以及手机艺龙网三大平台,为消费者提供酒店、机票和度假等全方位的旅行产品预订服务。艺龙旅行网通过提供强大的地图搜索、酒店360度全景、国内外热点目的地指南和用户真实点评等在线服务,使用户可以在获取广泛信息的基础上做出旅行决定。

（八）猫途鹰

TripAdvisor是全球领先的旅游网站,主要提供来自全球旅行者的点评和建议,全面覆盖全球的酒店、景点、餐厅、航空公司,以及旅行规划和酒店、景点、餐厅预订功能。

TripAdvisor及旗下网站在全球49个市场设有分站,月均独立访问量达4.15亿。2018年12月,世界品牌实验tripadvisor

室发布《2018世界品牌500强》榜单,猫途鹰排名第469。2019年11月7日,TripAdvisor与携程集团宣布达成战略合作伙伴关系并扩大全球合作,合作内容包括成立合资公司、达成全球内容协议以及公司治理协议。

（九）驴妈妈旅游

驴妈妈旅游网创立于2008年,是中国知名综合性旅游网站、白领喜爱的旅游品牌、轻度假代表品牌、中国景区门票在线预订模式的开创者,提供景区门票、度假酒店、周边游、定制游国内游、出境游、大交通等预订服务。其母公司景域驴妈妈集团连续八年进入"中国旅游集团20强",被评为"高新技术企业""贸易型总部企业"。拥有"先游后付""驴悦亲子""驴色飞扬""驴客严选"等深受年轻人和亲子家庭喜爱的子品牌。驴妈妈"先游后付"凭借重塑旅游信用体系的创新服务模式,入选2019"中国服务"旅游产品创意案例。

三、旅游线路策划的要点

关于旅游线路的最佳策划,行业里一直有这样一个案例:在巴黎迪士尼乐园的完工之

际,景点间的人行道仍没有完美的策划。紧要关头,建筑大师格罗培斯提出在乐园的地面撒上草种,提前开放景区。在乐园提前开放的半年里,草地被踩出许多小道。这些踩出的小道有窄有宽,优雅自然。第二年,格罗培斯让人按这些踩出的痕迹铺设了人行道。因为他相信,游客是最了解自己的需要的,最多人凭感觉走出来的线路或许就是最优解。

（一）筛选游览节点

游览节点是每条游线的核心,也是游客体验的核心。节点涵盖了景区的主要游览点,也包括餐饮、住宿、购物、娱乐等服务节点。

游览点的筛选要有地方代表性、有唯一性特色、有强知名度,如世界遗产、5A 级景区、国家旅游度假区、知名旅游景区景点等。

在服务节点安排上一般为 3 小时一顿饭,6 小时住一晚。

（二）链接通道

游览节点筛选出来后,则要考虑链接节点的交通通道。关于节点的链接通道,我们可以从陆路、水路、空路这三大维度去考虑。

首先,选择可达性高的交通枢纽城市作为基地,寻找有风景的道路、水路链接节点,尽量不重复、不走回头路。

其次,要注重时间把控。需要根据不同游客需求特点,把握好快与慢的交通节奏、游览的节奏、产品的组合节奏,在舒适的游览时间内充分让游客体验到产品的特色。

（三）提升体验

人们对周围的环境产生印象,往往来源于"五感":即视觉、听觉、嗅觉、味觉和触觉。利用五感来提升游线的体验,能使得游线即场景,步步皆情境、片刻皆体验。

在通往富士山的盘山公路途中,有一条"音乐之路",当汽车以一定的速度通过时公路就播放音乐。很多游客专门到这里体验音乐公路。

一条好的旅游线路,就如同一本好书,一场好的电影,每个情节徐徐展开,游客会紧跟着旅游线路的节奏体验故事的跌宕起伏。

四、线路文本的基本格式

（一）线路名称

忌"×××二日游""×××五日游"这样的线路名称,没有特色,无法引起游客的兴趣;建议名称体现线路的特色,并直接点出线路的主题或类型。如"跟着孔夫子周游列国"、"从赵雷的少年梦想路过"等直接点出了线路的主题。

（二）线路特色

对线路的主题特色做出说明,或者是旅行亮点介绍。如自然教育特色,直接点名自然是最好的学校,自然教育正逐步走进城市人的生活,部分学校已开展自然教育试点,越来越多人开始接触和重新认识自然,2019 年 4 月,全国自然教育总校成立,自然教育全国开花正蓬勃发展。

（三）行程安排

可用列表或者文本的形式说明线路的日程安排。如果能够配上线路图,更好采用如

图 3-2所示形式,简单易懂。

图 3-2　行程

(四)详细行程介绍

详细行程介绍要包括从出发地到目的地的交通景点之间的交通,景点、住宿和餐饮娱乐、购物等内容。

(五)线路费用预算

需要计算出该线路的报价,并说明费用包含的项目和不包含的项目,例如:

费用包含

(1)课程研发策划

(2)中餐简餐费

(3)自然导师课程费、领队费 1.往返交通费

(4)活动物料费(材料使用费用、科普资料)

(5)活动组织成本费

(6)场地租用费

(7)植物园儿童票

费用不含

(1)往返交通费

(2)除中午简餐外的餐费

(3)其他个人消费

(六)有关说明

包括活动说明、出团通知、注意事项、报名提醒、活动装备等。例如:

注童事项

(1)自然观察请穿着便于运动的休闲衣物,不要穿凉鞋,拖鞋;

(2)在自然观察的过程中要听从自然导师的安排,切忌在课程中大声喧哗;

（3）动植物资源珍贵，禁止破坏植被以及不听从自然导师的安排随意捕捉小动物

活动装备

（1）请及时关注天气变化，着合适衣物出行

（2）春季出行，仍有蚊虫，防晒品，防蚊液、青草膏等需要随身携带；

（3）请穿长裤长袖，以及运动鞋。

第四节　旅游产品策划实训

一、实训目的

掌握进行旅游产品策划的一般步骤和每一步的关键环节。熟悉产品策划的过程，能根据资源条件、市场需求与竞争者情况等进行产品创意和筛选，能按照5W1H的框架熟练地进行产品概念成型。

二、实训要求

请根据策划背景材料的介绍，并自主查阅相关网站与资料，利用杭州西溪国家湿地公园现有的资源及未来发展方向，结合目前旅游市场需求的变化，深入分析目标旅游者的需求特征，策划符合特定目标群体的旅游产品。

三、实训背景材料

（一）杭州西溪国家湿地公园材料

1. 湿地概况

杭州西溪国家湿地公园坐落于浙江省杭州市，横跨西湖区与余杭区两个行政区，距离西湖约5公里，距武林门约6公里。东起紫金港路西侧，西至绕城公路绿带东侧，南起沿山河，北至文二西路。总面积1038公顷，其中湿地面积564.45公顷，湿地率54.38％。

西溪湿地公园划分为保育区、恢复重建区、合理利用区3个功能区。保育区面积580.42公顷，占湿地公园面积的55.92％；恢复重建区面积55.44公顷，占湿地公园面积的5.34％；合理利用区面积402.14公顷，占湿地公园面积的38.74％。西溪湿地的地质单元属三墩凹陷，下伏白垩系杂色砂岩，上覆厚40～50米的第四系亚砂土和亚黏土，第四系上部25米厚的亚黏土属全新统，是浙北地区经二次海侵海退形成的。

西溪湿地公园集生态湿地、城市湿地、文化湿地于一身，堪称中国湿地第一园，杭州历史上曾有"西湖、西溪、西泠"并称"三西"之说。水是西溪的灵魂，园内约54％的面积为河港、池塘、湖漾、沼泽等水域，正所谓"一曲溪流一曲烟"，整个西溪湿地公园的河流纵横交汇，其间分布着众多的港汊和鱼鳞状的池塘，形成西溪独特的湿地景致。西溪湿地公园是一个典型的多样化生态系统，湿地复杂多样的植物群落，为野生动物提供了良好的栖息地，是鸟类、两栖类动物繁殖、栖息、迁徙、越冬的场所，对于提高城市物种多样性有重要的作用。西溪湿

地公园蕴含"梵、隐、闲、俗、野"五大主题文化元素,公园主要景观有福堤、绿堤、寿堤、秋芦飞雪、火柿映波、龙舟胜会、莲滩鹭影、洪园余韵、蒹葭泛月、渔村烟雨、曲水寻梅、高庄宸迹、河渚听曲等"三堤十景",以及东关荷塘、荆源访古、四季花海等近几年新增景点。2012年1月10日,被评为国家AAAAA级旅游景区。

2. 主要景点基础资料

(1)烟水渔庄

烟水渔庄,是借鉴清代文人陈文述《秋雪渔庄》的诗歌意境,将原有的若干农家民居加以间疏、削层、改造、扩充而成的,以水乡民居风格为主体,形成一组临水而建,集参观、休闲、娱乐等功能的游客服务区。大家在这里可以参观到桑蚕丝绸故事、西溪人家、西溪婚俗等展示馆,了解原住居民的生活状态。

(2)桑蚕丝绸馆

杭州素有"丝绸之府"的美称,自唐代起,西溪村民开始发展养蚕业,为丝造行业提供原料。当地居民在鱼塘塘基上广种桑树,桑叶喂蚕,蚕的粪便喂鱼,鱼塘底部的淤泥则成为桑树的肥料,让桑树更好成长,利用桑树的根系来巩固鱼塘的塘基。由此可见,在西溪,种桑养蚕和养鱼相辅相成,桑地和池塘相连相倚,充分体现了人与自然和谐相处的理想状态。到了北宋时期,西溪的养蚕业达到了顶峰,成为江南地区首屈一指的丝绸之地。桑蚕丝绸故事馆展示了西溪作为罕见的集城市湿地、农耕湿地和文化湿地于一体的特殊地位。

（3）婚俗馆

西溪自古以来河网港汊交错，过着以船为马的生活，因此水上婚俗成了西溪的独特之处。当地人用船、轿接新娘，船上除了放花轿之外还要放陪嫁物品，主要以蚕丝被、子孙桶等。陪嫁物品中有两件具有当地特色的物品：桑枝和瓦片，其中桑枝的谐音在当地是生子的意思，瓦片则是希望新娘为夫家添砖加瓦。新娘送到新郎家后拜堂成亲、宴请宾客，最后洞房花烛。西溪婚俗馆主要还原了当地人的婚俗嫁娶习惯，让我们了解了西溪当地别具特色的水乡婚俗。

（4）西溪人家

西溪人家展示馆是对西溪原著民农家生活场景的再现，在这里您可以看见西溪原住民所使用的生活用品和农耕渔事活动的劳动工具。在展示馆内，我们可以看到牛耕地的情景再现、风鼓机、脱粒机等水稻生产工具，向我们还原了过去老百姓的农耕生活，另外还有常见的一些生活用具的展示，相信能勾起很多游客童年的回忆。

（5）深潭口

深潭口又名深潭港，在蒋村乡深潭口村，位于西溪湿地公园一期景区的东北端。《南漳子》云："深潭口，非舟不能渡，闻有龙，潭深不可测。"您上岸后朝左走，就可以到达深潭口景点。在这里您可以了解西溪的龙舟文化，还可以感受西溪丰富

河渚塔

多彩的、独具特色的民俗活动。而这些在西溪河渚街均可见。河渚街毗邻深潭口，位于其东侧，原是村民进行贸易的集市。在那里，大家可以到茶馆去欣赏越剧、评书，看西溪的民间武术表演船拳，也可以在蒋相公祠堂瞻仰蒋氏三兄弟的义举，还可以游逛制作西溪特色商品的"七店八铺"，更可以在波光粼粼的水添景色间品味水乡渔味，欣赏水乡具有"柳烟、云烟、炊烟"的村落风光。这里处处能体现西溪湿地的休闲、商贸集市、观光旅游的主题意境，体会悠闲、古朴、典雅、精萃的西溪文化。

河渚塔旧称"杭公塔"，建于清咸丰年间。当时文人学士对先贤杭世骏的才学人品，深怀敬佩。于是集资在河渚厉杭二公祠内筑一石塔纪念，初称"杭公塔"。游客登塔远眺，周边的芦荡寺庵、水光山色、繁华街市、龙舟胜会及演武擂台等西溪胜景尽收眼底，顿生"四时锦簇四时景，八面云开八面风"之慨。您如果有兴趣，也可登塔延赏，将西溪美景尽收眼底。

（6）河渚街

河渚是西溪湿地的一处古地名，在西溪东北。河渚街有悠久的历史，现恢复了明代以来的"七店八铺"，整条街上五花八门的店铺，形式各异的工艺品，热闹非凡的民俗表演，都有着浓郁的江南水乡小镇风情，是游客休闲、购物的好场所，展示了西溪特有的民俗文化和物产等。在茶馆可品尝被誉为"十倍于龙井"的西溪茶，在商铺可购买西溪小花篮、西溪米酒、糕团、西溪鱼制品等土特产，在蒋相公祠堂可瞻仰蒋氏三兄弟的赈济扶贫、乐善好施义举，在古戏台可欣赏越剧表演，在龙舟展示馆可参观西溪龙舟发展史，并欣赏工匠的龙舟雕刻和龙舟模型制作。恢复的河渚街体现了西溪湿地的休闲、商贸集市、观光旅游的主题意境，渲染着悠闲、古朴、典雅、精粹的西溪文化。整个街区的建筑风格沿着明朝至现代的历史主线，呈现着不同的风格，犹如一个建筑博览园。

（7）水下生态观光长廊

水下观光长廊位于西溪湿地绿堤，而绿堤也是每年西溪花朝节的主办地。呈曲尺形在水塘内蜿蜒的水下观光长廊，总长 137 米，宽 3 米，高 2.1 米，两侧是厚 8 厘米的亚克力玻璃。观察廊分设了南北出入口，当游客拾级而下，两侧水生植物及鱼虾类便犹如彩色画卷徐徐展开。从水下观光长廊的入口进来，沿着水上栈道走一段，能够欣赏到两侧的迷人景色。您往前走，就会发现一片梅林，等您经过梅林之后，水下生态观光长廊就到了。拾级而下，进入蜿蜒的长廊，透过玻璃能够看到两侧的鱼儿在水中欢快游动的身影，这时的我们仿佛置身于一个巨大的鱼缸中。有人觉得在少数地方会看不清水中的鱼，这是因为水质浑浊吗？其实并非如此，而是玻璃内壁上的藻类青苔阻碍了视线。在水下观光长廊，不是只有鱼虾可以看，还可以欣赏到种类繁多的水生植物，有睡莲、碗莲等浮叶植物，有四角菱、野菱等漂浮植物，有芦苇、菖蒲、野茭白等挺水植物，还有各类沉水植物。通过这座水下生态观光长廊，西溪水下世界被直观、充分地展现在人们眼前。

(8)莲花滩观鸟区

莲花滩观鸟区占地面积 35 公顷,整体水域比较浅,局部为深水区。区内生长着茂密的水生植物,为涉禽类水鸟生活提供了丰富的食物来源。湖中小岛、游步道、林地等,是我们观赏涉禽鸟类生活的主要区域。区域内设置了一座两层木质结构的观鸟楼、两座观鸟亭和一条 500 米长的木质观鸟游步道,在不惊扰鸟类正常活动的情况下,可以方便地拉近游客观鸟的距离。莲花滩观鸟区周围植被茂盛,宁静清幽,是众多观鸟爱好者和摄影爱好者的喜爱之地。观鸟楼内还陈列了常见的鸟类图文,供游客学习鸟类知识。

(9)高庄

高庄原名"西溪山庄",是清代著名的文学家、书法家高士奇的庄园。庄园的主体建筑风格延续了明末清中期京城官宅的特点,是一座独具清代文人宅园元素的庄园。这座庄园,曾在清初盛世迎接过康熙帝,它前府后园的布局更突显官宦宅第的显赫与威严。庄内主要景点——"竹窗"、书法家张照的"竺西草堂"及"蕉园女子诗社",反映了西溪历史中特殊的官宦事迹、文化内涵和明清时期女子艺文活动。

高士奇祖居浙江余姚,生于 1645 年(清顺治二年),1704 年(清康熙四十三年)去世。他是清代著名的文学家、书法家,对满汉文化交融做出了一定贡献。他深得康熙皇帝的宠信,曾做过侍读学士,给康熙皇帝和太子讲读经史,算得上是康熙皇帝的"老师"了,是高士奇指导他提高了文学修养,可见高士奇学问之深、对康熙的影响之大。据史料记载,康熙和高士奇君臣二人的交情很深,康熙二十七年(1688年),高士奇在朝廷内部的南、北党之争中失利,被皇帝解任回家。但是康熙对这位昔日的重臣却始终念念不忘:康熙三十二年,皇帝送给高士奇一些专为自己养病而让人从长白山采集的好人参,并在亲笔写就的诏书中嘱咐他:"尔当宽心自养,不必多虑。"七月,又赐给高士奇御制扇并赋诗一首,在诗中与之以故人相称,足见康熙对高士奇有着很深的感情。康熙二十八年,康熙皇帝亲临高庄探望昔日宠臣高士奇,而高庄也就成为见证这一事件的人文胜景。

（10）西溪泊菴

西溪泊菴，据文献记载，它是明末钱塘隐士邹孝直的庄园。邹孝直，名叫邹师绩，喜欢读书问道，不追求显达做官，与两个弟弟一同隐居于西溪，以耕读自娱。当时这一带芦苇丛生，野趣盎然，最符合文人雅士的静雅质朴的心境。从高处远远望去，整片庄园又似仙岛泊于水上，所以名叫"泊菴"。因邹氏兄弟好读书，喜交游，为人豁达，故当年许多高僧名士常过访泊庵，留下大量诗文。走进泊菴，我们能充分体会到人与自然、人与生态的和谐相融。这是一块自由美好的生存空间，是都市人渴望的人文家园。休闲泊菴，您会体会到回归大自然的快意，感受到如梦的温馨。泊菴能让您远离城市的喧嚣，真正体验回归自然的舒心和惬意。

（11）梅竹山庄

梅竹山庄约建于1803年(乾隆末年到嘉庆年间)，是清代文人章次白所建。因这一带水道狭窄，曲折流转，山庄内多种有梅、竹等植被，梅竹与流水相映成趣，因此游人在此最能体会到优雅的梅竹风光及文化氛围，故此得名。章次白在西溪居住了56年，56年间，他精选了56幅描绘西溪的书画作品，汇成《西溪梅竹山庄画册》。现在恢复的梅竹山庄，主要有"梅竹吾庐""萱晖堂""虚阁"三个主体建筑。

（12）西溪草堂

西溪草堂是明代文人冯梦祯的庄园。冯梦祯是明代中后期的大学问家，一向以文章气节被世人所看重。他一生好学，喜爱诗画，博通经史，尤其喜好佛学，后官至南京国子监祭酒官，相当于是现在的教育部部长。因为深受西溪"冷、野、淡、雅"气质的吸引，他在安乐山永兴寺边上建造了西溪草堂，并在这里开辟了他的另一番事业。现在的西溪草堂是易地恢复的。草堂位于一池静水的岸边，为文人别业的风格，带有佛教建筑的风格，表现了主人的精神追求。

（13）西溪梅墅

西溪梅墅位于公园的东南面，是西溪主要的赏梅区域之一，由一组田园农舍风格的建筑组合而成，主体建筑为木板面、土坯墙，简朴自然，充满乡居气息。明代著名诗僧释大善曾作诗《西溪梅墅》：十里梅花放，门前水亦香。溪山皆逞艳，草木尽成妆。检点寿阳额，参差水部墙。一枝临小阁，劲骨对寒芳。另一位诗僧大绮也有一首《西溪梅墅》：孤山狼藉后，此地香未已。花开十万家，一半傍流水。西溪拥有古梅中的极品绿萼梅，加上得天独厚的地理环境，所以在西溪赏梅有它独特的三探：一探在于西溪的梅弯曲于水上，有迎客之势；二探在于船从梅树下经过，梅触手可及；三探在于"探"有寻找、摸索之意，河道弯环，正是乘舟寻梅的意趣。每年的二三月份为西溪探梅节，梅树竞相开放，此处便是您不容错过的赏梅胜地。

（14）西溪水阁

水阁是江南水乡的标志性建筑之一，它一部分建在岸上，另一部分以木桩或石柱以及横梁、隔板为支撑建在水面上。水乡人为了节约土地，又为了方便生活和交通，常在河岸边上打桩建阁，借水生地，傍水而居。西溪水阁是一组文人别业式建筑，为隐居读书和会友吟咏之地。它掩映于林木深茂的一处高岸上，由两组隔水而立的建筑组成：东为"拥书楼"，是文人的居所；西为"蓝溪书屋"，是藏书读书的地方。建筑的墙面，下部为夯土墙，上部为露出梁架的编竹夹泥墙，乡居气息浓郁。

（15）三深人民大会堂

三深人民大会堂是"文化大革命"时期保留下来的遗址，她虽然历经了半个多世纪的沧桑，但是里面的毛主席像、"文化大革命"时期的口号与标语等还依稀可见。如今根据历史脉络对原址进行了修复、加固，他是西溪今天发展的见证，见证了代代相传的民俗风情,见证了人与自然的和谐发展。

（16）茭芦庵

根据《咸淳临安志》记载,茭芦庵是南宋绍兴年间(1131—1162)侍卫马军司为了供军队奉祀香火而建立的。到了明代,著名的画家、书法家董其昌为其书写了庵名。之所以取这个名字,有两种说法：一是因为此庵坐落在芦荡之中；二是佛教中有一个比较著名的比喻,说交芦这种植物是空心的,而且必须两支交并而生,如果一只倒下了,另一支也不能独立,以此比喻佛教中的"见分"和"相分"两者互相依存的辩证状态。

茭芦庵是西溪著名的庵堂,门口有两棵老盘槐和一个古河埠。堂中设佛祖塑像,堂前、后面天井中种植多种名花。香火很盛,环境清幽,自古以来是人们喜爱的游赏之地,常有文人雅士来这里游历。

（17）厉杭二公祠

厉即厉鹗,杭指杭世骏。厉鹗是清代著名的文学家,他曾称赞西溪湿地的主体风貌为"一曲溪流一曲烟"。杭世骏和厉鹗是同时代人,都是清代著名的学者和藏书家。

厉鹗既是浙派词的领袖,又是清代雍正乾隆时期"宋诗派"的代表作家,文学成绩斐然。厉鹗终日在西溪流连,写下大量吟咏西溪的诗作。西溪的秀丽山水给了他源源不断的灵感,他的锦词妙语也让世人增加了对于西溪的了解和爱恋。

与厉鹗同是杭州人的杭世骏也是年幼家贫,十分好学,但不同于厉鹗的终身不仕,他做过乾隆年间的翰林院编修,官至正七品。杭世骏为人率真、耿直。卸任回乡后,杭世骏继续痴心于他的藏书事业,并潜心学问,二十多年笔耕不辍,给后人留下很多宝贵的文化遗产。

3. 主要产品

渔夫之旅

时间：全年

地点：西溪湿地公园内

"渔夫之旅"是西溪最受欢迎的主题活动之一。春意盎然之中,乘坐小船穿梭在西溪的内里深湾之间,感受西溪春色之美。炎炎夏日里,划一叶小舟,隐逸进深深浅浅的浓荫,来西溪感受炎夏中的一抹清凉。秋风乍起,随船荡进深深的芦苇丛,看一看芦花胜雪、火柿映波的丰收美景。初雪飘下,更可体验姜太公"独钓寒江"的清冽意境,做一回都市散人。

西溪"渔夫之旅"以摇橹船为单位,每艘摇橹船可同时乘坐2～5人。游客不仅可以与西溪的新鲜果蔬亲密接触,还能亲自参与极具水乡特色的传统捕鱼活动,让您体会满载而归的喜悦。与此同时,还能将自己的劳动成果加工成农家生态菜肴,在西溪悠然灵动的景色里,享受美食。

清晨,光脚走在菜地里,让柔软的泥土尽情按摩脚底；摘好满满一篮新鲜蔬果,就可以跟着渔夫撒网捕鱼了。在特定的水域布下细密的渔网后,渔夫会用船桨拍打水面,让声响和波浪把鱼儿赶往网的方向。收网是最值得期待的,如果感觉渔网沉重,那就一定是有鱼儿入网了！果然,鳙鱼、鳊鱼、白条鱼、鲫鱼尽收网底。欢呼的捕鱼人,跳跃的鱼儿,把"渔夫之旅"推向高潮。最后,蔬果鱼虾都将送往烟水渔庄餐厅,在厨师的妙手烹调下,转眼间变成一道道美味可口的菜肴,吃在嘴里,美在心里。

摇出来的西溪味道

时间:全年

地点:西溪湿地公园内

一年有四季,一天有四时,错过了西溪的晨曦,可不要错过西溪的暮色。西溪暮色悠远迷人,游客们可以聆听百鸟私语,放眼晚霞斑斓,在摇橹欸乃声中感受大自然的静谧与绿色的生机。为此,西溪湿地特地为游客带来了一项别具一格的体验项目——摇出来的西溪味道:让游客们在欣赏夕阳西下、红霞满天的黄昏景致的同时,享受倦鸟归林、虫鸣鸟叫的闲林野趣。独特的摇橹船水上游览方式,自然而私密,最能摇出"一曲溪流一曲烟"的质朴;专享烛光晚餐,让您在星空下感受那一刻的温暖与浪漫;放一盏祈福河灯,与家人、情侣、伙伴,伴着光影寄托一份美好的祝福。

"西溪龙舟体验游"套餐

时间:5—10 月

地点:深潭口、千金漾水域

游客可以在西溪湿地的深潭口和千金漾水域参与龙舟体验活动。西溪龙舟体验产品以龙舟为单位,每艘可坐 6～10 人,只接受团队预约报名。

"西溪摇摇锅"套餐

"西溪摇摇锅",是将火锅搬上了摇橹船,让得天独厚的湿地美景与当地新鲜食材完美结合。摇摇锅就地取材,用西溪包头鱼鱼头或其他各色河鲜制作汤底,以鲜活河虾、嫩香鱼肉、精致鱼圆、自种新鲜蔬菜等为食材,让您赏美景、品美食,度过一个特别的假日。

套餐一:生态鱼头锅

包含:本塘鱼头锅底、手工鱼圆、自制肉圆、本塘清水河虾、本塘鱼块、手工千张、自种有机蔬菜、农家面疙瘩、饮料、西湖龙井、水果等。

套餐二:船头一锅鲜

包含:一锅鲜锅底(本塘小鲫鱼、汪刺鱼、花蛤、河虾等)、手工鱼圆、自制肉圆、清水河虾、本塘黑鱼片、手工千张、自种有机蔬菜、农家面疙瘩、饮料、西湖龙井、水果等。

(二)策划案提纲参考

1. **产品现状分析**

   1.1 **产品市场供求分析**

1.2 区域产品开发现状

　　2. 目标市场分析

　　　　2.1 客源市场现状

　　　　2.2 细分市场特征分析

　　3. 产品策划总纲

　　　　3.1 策划任务解析

　　　　3.2 产品策划思路

　　　　3.3 产品策划目标

　　4. 产品体系设计

　　　　4.1 产品谱系设计

　　　　4.2 主题旅游产品策划

　　　　　　4.2.1 特色产品策划

　　　　　　4.2.2 文创产品策划

　　　　　　4.2.3 主题线路产品策划

　　5. 市场开拓策略

　　　　5.1 市场开拓思路

　　　　5.2 目标市场定位

　　　　5.3 主题产品形象与宣传口号

　　　　5.4 营销对策与措施

四、实训组织与过程

（一）组建实训组织机构

为了便于各地师生方便开展此项实训,可就近选择相应的旅游景区或校企合作单位。

　　1. 指导老师

建议设置校内专业指导老师1～2名,企业指导老师1～2名。其中,校内专业指导老师具体负责产品策划的技术操作流程,企业指导老师负责帮忙实地调研、分析产品策划的可行性等。

　　2. 学生分组

建议将全班划分为若干个实训小组,每个小组设项目组长1名,成员4～6名。项目组成员宜随机分配,不宜把同寝室、同地区、同性格的同学划归一组。

（二）实训的具体过程（见表2-1）

　　1. 现场调研考察与讨论交流

由专业指导老师带队,至企业现场与企业指导老师汇合,并由企业指导老师及其助手带领学生实训团队对企业进行专题性调研、考察,以尽可能多地搜集资料。

　　2. 旅游产品的策划与论证

根据旅游产品策划的创意形成、创意筛选、市场分析与定位、产品概念的成形以及可行性分析等步骤,进行旅游产品的策划与论证。

3. 实训成果的评价与总结

由校内专业指导老师、企业指导老师及学生代表组成实训成果评价小组,对每个实训小组的成果进行综合评价;事后,每个实训小组形成最终的总结报告,提交校企双方。

五、实训成果评价细则

(一)评价主体及其权重

本次实训成果的评价建议由校内指导老师、企业指导老师及学生代表(每个实训小组各选 1 名代表)参加,权重分别为 40%、40% 和 20%。

(二)评分细则(见表 2-1)

表 2-1　旅游线路产品策划方案评价标准

任务名称:＿＿＿＿＿＿＿＿＿　汇报人:＿＿＿＿＿　第＿＿＿组　指导老师:＿＿＿＿＿＿＿

评价内容		分值	评价标准	得分
策划内容	内容完整性	25 分	包括具体任务、接待对象、接待时间、接待计划(手册)、线路安排、讲解导游词、注意事项、线路设计平面图及其他,每缺一项扣 3 分	
	产品主题及内容策划	25 分	策划内容吻合特定游客需求得 21~25 分;基本吻合得 10~20 分;不甚吻合或不吻合得 0~9 分	
	产品设计的科学合理性、准确性	15 分	线路设计、讲解合理准确得 12~15 分;基本合理准确得 6~11 分;不甚合理准确得 0~5 分	
表现方式	PPT 演示稿	15 分	PPT 演示稿条理清晰、表现到位得 12~15 分;条理基本清晰、表现基本得体得 6~11 分;其他方面得 0~5 分	
	现场演讲	10 分	演讲者形象气质佳、演讲流利、条理清晰者得 8~10 分;形象一般、演讲一般得 5~7 分;其他方面得 0~4 分	
	现场答辩	10 分	现场答辩流利、回答内容准确得 8~10 分;答辩一般、内容基本准确得 5~7 分;其他方面得 0~4 分	
评委签名:			合计得分:	

本章重点提示

旅游产品由旅游资源、配套设施和无形服务的组合共同构成,旅游产品的策划既包括旅游资源的开发策划,也包括配套设施、设备的策划,还包括贯穿于旅游活动始终、构成旅游体验重要部分的旅游服务策划。旅游产品可分为四个层次:核心产品、配套产品、衍生产品和扩展产品。从策划的角度看,核心产品提供了产品策划的焦点,它是产品存在的核心;配套产品是将产品核心价值转移给旅游者所必不可少的;衍生产品是竞争市场中使产品保持竞争优势的重要内容;扩展产品将提供什么与如何提供联系到了一起。按照产品功能,旅游产品可划分为观光游憩旅游产品、休闲度假旅游产品、文化娱乐旅游产品、商贸购物旅游产品等;按照旅游产品的组成要素,旅游产品可分为旅游餐饮产品、旅游住宿产品、旅游交通产品、游览旅游产品、旅游购物产品和旅游娱乐产品等。与大多数产业的产品相比,旅游产品具有有形与无形的统一性、生产和消费的同时性、不可储存性、季节性或时间性、独特性、同质性、互补性等特点,这些特点对旅游产品的策划提出了独特的要求。

旅游产品策划包括专项旅游产品策划和旅游产品组合策划。旅游产品策划是一项理性的思维活动,它基于详实的市场调查,始于创意形成,经过创意筛选、市场分析和定位、概念成型和市场可行性分析,为产品开发做好先导工作。产品策划的创意可源于旅游资源、旅游需求、竞争者、内部来源、分销商与供应商等多个方面。面对多项创意方案,可通过对产品创意是否符合企业的战略目标、是否保护和促进企业的核心业务、是否强化了企业与重要客源的联系、是否更有效地利用了现有资源、是否提高了现有产品组合的竞争力等方面的判断进行创意筛选。然后通过明确产品类别、产品功能、产品特色、产品目标市场、产品性价比、产品与竞争对手的差异六个方面为产品定位。在产品创意和定位的基础上把产品概念具体化,确定产品核心价值、产品功能与市场需求的匹配关系,设计产品的具体内容,确定产品最适宜的上市时间和最有利的销售渠道,明确产品的开发程序。最后,通过对销售前景、盈利能力、竞争能力、开发能力、资源保障等方面的预测和估算判断产品的市场可行性。

旅游企业为了最大效率利用资源、降低经营风险、增强竞争力,通常同时生产和经营多项旅游产品,旅游企业所生产和销售的全部产品线和产品项目的组合及结构就是产品组合。旅游企业必须选择适合企业自身条件的产品组合类型,选择合理的产品组合策略来动态调整产品组合的长度、宽度、深度和关联度,以获得最佳的产品组合竞争力。

【思考与训练】

1. 旅游产品的特点对旅游产品的策划提出了什么特殊的要求?
2. 市场供需关系对旅游产品的竞争力有什么影响?
3. 面对我国出境旅游规模快速扩大的现实,国内旅游景区的产品策划应采取怎样的应对措施?

第四章　节事活动策划

第一节　旅游节事活动

一、旅游节事活动的概念和类型

（一）几个相关概念

1. 节日

　　节日,是指生活中值得纪念、庆祝或祭祀的日子,是世界人民为适应生产和生活的需要而共同创造的一种民俗文化,是世界民俗文化的重要组成部分。各民族和地区都有自己的节日。一些节日源于传统习俗,如中国的春节、中秋节、清明节、重阳节等;有的节日源于宗教,比如圣诞节;有的节日源于对某人或某一事件的纪念,比如中国的端午节、国庆节、青年节等。另有国际组织提倡的运动指定的日子,如劳动节、妇女节、母亲节。随着时间推移,节日的内涵和庆祝方式也在发生着变化。而现时节日经常与假日相混淆,事实上大多数节日都没有法定假期,如中国部分传统节日仍没有假期,如重阳节。

2. 活动

　　活动是由共同目的联合起来并完成一定社会职能的动作的总和。活动由目的、动机和动作构成,具有完整的结构系统。以《现代汉语词典》中收列的解释为例,"活动"一词有以下几种解释:(物体)运动;动摇;不稳定;灵活;不固定;指钻营、说情、行贿;为达到某种目的而采取的行动。"节事活动"中的"活动"是指积极的、有一定社会意义的行动,而且是围绕着预定目标、为达到预期效果而采取的行动。人类有组织的活动包括两种类型:一类是常规活动,如学校每年举办的开学典礼、运动会,企业举办的年会等;另一类是非常规活动,如在很多城市里举行的花车巡游、艺术演出、演唱会等,这种活动往往是临时的、一次性的,而且有明确的起讫期限,也可称为"项目"活动。活动形式多种多样,影响范围亦有大有小,小到一个家庭的生日宴会,大到一个国家的国庆大典,更有多个国家和地区参与的奥运会等特大型活动。很多情况下,活动的主题往往会随着开展的内容、时代特征的不同而不断更新,且举办时间、地点、周期等都具有不确定性。

3. 事件

《现代汉语词典》中对"事件"的释义是历史上或社会上发生的不平常的大事。事件本身是一个中性的概念,既有正面的事件(如中国申办奥运会成功事件、中国加入世贸组织事件等),也有负面的事件(如"9·11"事件、菲律宾人质事件等)。可见,"事件"与"活动"两者的中文含义大不相同。进入21世纪以来,国内开始出现了针对"事件"与"事件旅游"的研究,提出了一些与"事件"相关的概念,如"重大事件""特殊事件""标志性事件""事件旅游研究"等。与此同时,也出现了"重大活动""大型活动""特殊活动""标志性活动""活动项目"等提法。在涉及策划与管理之时,为了避免使用混乱,使用"活动"一词较为准确。

4. 庆典

庆典,是在特定时间、特定地点举行的各种庆祝活动的统称。它是一个宽泛的概念,包括两个层级的含义:首先,是某个民族、地区和国家为纪念和庆祝某一特殊的日子、事件而约定俗成或以法律、法规形式固定下来的庆祝典礼,它往往以年为单位周期,并且主题、时间、地点都相对固定,这层含义的庆典属于前面的节日范畴,如中国的春节、黄帝祭祀典礼、西方的圣诞节等。其次,是任何组织或个人以任何名义举办的定期或不定期的主题,以及时间、地点相对不固定的庆祝典礼,这层含义的庆典属于前面的活动范畴,如电影的首映庆典、新婚庆典、开业庆典等。

(二)节事活动的界定

"节事活动"的内涵十分丰富,由于看问题的角度不同,对节事活动的定义、译名也不尽相同,如节庆、节事、节事活动、盛事、庆典、活动、事件等。通过前面对节日、活动、事件、庆典等相关概念的辨析,可以将节事活动划分为两个范畴:节日和活动。这样,我们就可以把旅游节事活动定义为:在一定条件下,能够对人们产生吸引,并可以被开发成消费对象,同时产生经济、社会文化和环境等效应的节日和活动的总和。

(三)旅游节事活动的类型

了解旅游节事活动的类型对于开发和策划旅游节事活动和旅游业的发展有着十分重要的意义。节事活动内容广泛,形式多样,可以根据不同的标准,站在不同的角度对其进行分类。

1. 按规模和重要性划分

按照规模和重要性,旅游节事活动可以分为特大型、标志型、重要型、中小型四类。

（1）特大型旅游节事活动

特大型旅游节事活动是指那些规模庞大以至于影响整个区域经济，并对参与者和媒体尤其是国际媒体有着强烈的吸引力且引起反响的活动，是指能够使事件主办社区和目的地产生较高的旅游和媒体覆盖率、赢得良好名声或产生经济影响的事件。

（2）标志型旅游节事活动

标志型旅游节事活动是指那些随着时间推移，与举办地的社会文化风貌、传统风俗习惯、经济产业特色等融为一体的，具有足够的吸引力、较高的知名度和美誉度的旅游节事活动。旅游节事活动在某个地方仅仅举办一次，只能在短期内提高该地的知名度或改善其形象，很难成为该地的标志型节事活动。只有那些因为某种节事活动而使该地广为人知，或者由于某个节事活动具有强大的表现力而成为这个目的地的旅游主题或核心吸引力时，这样的活动才能称为标志型旅游节事活动。因此，标志型旅游节事活动是能够在一个地方重复举办，大多是一年一次的节事活动。对于举办地来说，标志性事件具有传统、吸引力、形象或名声等方面的重要性。标志性事件使举办事件的场所、社区和目的地赢得市场竞争优势。随着时间的消逝，标志性事件将与目的地融为一体。这类节事活动往往是为了提高本地的旅游景点或地区吸引力而设计的，通过每年或有规律的举办活动来宣传自己，吸引旅游者，打开国内外市场，并随着活动的发展和成熟，与举办地融为一体，成为某地的代名词。例如，西班牙的斗牛节、嘎纳国际电影节、巴西狂欢节、千岛湖秀水节、河南洛阳的牡丹节等。

（3）重要型旅游节事活动

从范围和媒体关注的程度来看，重要型旅游节事活动就是那些能吸引大量观众、媒体报道和具有经济利益的活动。这些活动极大地激发了当地居民的兴趣，吸引着当地人们的参与，并为增加旅游收入提供极大机遇，如第十八届全国区域旅游开发学术研讨会、第十五届世界休闲大会、F1赛事、世界田径锦标赛、世界体操锦标赛等）。随着国际重要节事活动市场竞争的加剧，国际体育组织和各国政府越来越多地参与策划、举办和承办这类重要活动。

（4）中小型旅游节事活动

中小型旅游节事活动是指那些具有一定主题，在相对固定的时间和地点内举办，规模和影响力有限，且参与人数不多的活动。在类型众多、主题各异的中小型旅游节事活动中，各类会议、舞会、庆典、颁奖仪式、中小型体育赛事或企业、政府的社交活动占据了大部分。如杭州西溪国家湿地公园的火柿节、中国徐霞客开游节等。

2．按活动的属性划分

按照活动的属性，旅游节事活动又可分为传统节日、现代庆典和其他。

（1）传统节日类旅游节事活动

从发展的历史看，传统节日又可进一步细分为古代传统型和近代纪念型两类。古代传统型节日是对历史文化的追溯，也是对民族文化的传承与弘扬，如重阳节的大型登山活动、端午节的赛龙舟活动、元宵节的逛花灯活动、西方的圣诞节和复活节等。近代纪念型包括各国国庆节、国际劳动节、"三·八"妇女节、"五·四"青年节等。

（2）现代庆典类旅游节事活动

一是与生产劳动紧密联系的节事活动，如深圳的荔枝节、菲律宾的捕鱼节、阿尔及利亚的番茄节、摩洛哥的献羊节、西班牙的鸡节等。这类活动也是各地旅游景区举办的最为活跃的旅游节事活动之一。二是与生活紧密联系的旅游节事活动，如潍坊国际风筝节、重庆的中国美食节、浙江浦江书画水晶节等。

（3）其他旅游节事活动

其他主要包括各类会议、展览和体育盛事等。如 G20 杭州峰会、新产品发布会、企业年会；广交会、中国进口博览会以及亚运会、奥运会等。

3. 按内容划分

根据内容的不同，旅游节事活动可分为体育类、娱乐艺术和文化类、商场市场营销和促销类、会议和展览类、节日庆祝类、家庭活动类、筹集类等。

（1）体育类旅游节事活动

开展于世界各地的体育运动，不仅能超越所有社会、种族、语言的界限，成为世界人民沟通的桥梁，也为当地提供了具有吸引力、富有竞争性的大量就业机会。世界杯足球赛、富豪精英杯业余高尔夫球赛、法国网球公开赛、美国职业大联盟明星赛、迪士尼冰上世界等，既可以说是体育活动，又可以称为娱乐活动，已经成为人们日常生活的重要组成部分，并成为公众喜闻乐见的休闲方式。

（2）娱乐艺术和文艺类旅游节事活动

近年来，各类文化娱乐型的活动如雨后春笋，并逐步形成了系列产品，比如宋城集团推出的以《宋城千古情》为首的千古情系列、陈维亚团队打造的《梦回大唐》歌舞剧。《宋城千古情》用最先进的声、光、电等科技手段和舞台机械，以出其不意的呈现方式演艺了良渚古人的艰辛、宋皇宫的辉煌、岳家军的惨烈、梁祝和白蛇许仙的千古绝唱，把丝绸、茶叶和烟雨江南表现得淋漓尽致，极具视觉体验和心灵震撼，与拉斯维加斯的"O"秀、巴黎红磨坊并称"世界三大名秀"。每年演出 2000 余场，旺季单日演出 16 场，从 2013 年开始，宋城大剧院和千古情大剧院同时演出，一天可接待观众 6 万余人。目前，已累计演出 20000 余场，接待观众5000 余万人次，是目前世界上年演出场次和观众最多的文艺类旅游节事活动产品。

（3）商业市场营销和促销类旅游节事活动

商场市场营销和促销类旅游节事活动的目的是挖掘潜在的客户，获得更多消费者的青睐，使自己的产品体现出与众不同的特色。消费者、潜在的购买者、销售商都可能是活动的参与者或观众，媒体往往也关注这些活动，并给予及时的报道，在短时间内会产生轰动。比如，近几年来几大电商在每年 11 月 11 日"光棍节"推出的"双十一网购狂欢节"即为此类。

（4）会议和展览类旅游节事活动

据国际大会及会议协会（ICCA）的统计，每年在世界各地举办的参加国超过 4 个、参会外宾超过 50 人的各种国际会议已超过 45 万次。据不完全统计，世界上每年还要定期举行4000 多个大型展览会。全世界每年仅用于会议的开支就达 2800 亿美元。目前，各类会议和展览类旅游节事活动，已经成为企业开展文化建设、奖励员工、加强与外部交流的重要载体，也是旅游企业对外营业收入的重要方式之一，尤其是综合型旅游景区或旅游度假区，已成为企业会奖旅游的重要目的地。

（5）节日庆祝类旅游节事活动

节日庆祝类旅游节事活动都来自于对生活的热爱，尤其是传统节日，不仅有着悠久的历史，而且其形成过程，也是一个民族或国家历史文化长期积淀凝聚的过程。它的起源和发展是一个逐渐形成、潜移默化、慢慢渗入社会生活的过程。人们通过各种方式，举行各种庆祝活动怀念先人，藉以寄托自己的思念，表达自己对朋友、亲人的美好祝愿。此外，随着现代社会精神文明需求转变,对各类新型节日庆祝类旅游节事活动的需求也逐步增加,如旅游景区在植树节推出的各类"绿化地球、保护环境之旅",在儿童节推出的各类"亲子互动、温馨家庭之旅"等各类特色活动。

(6)家庭类旅游节事活动

家庭聚会、生日会、家庭宴会、婚礼、野外旅行等形式,尤其新年、圣诞节正是家庭成员聚集的好时机,它们与娱乐活动紧密联系在一起。近年来,随着国内居民旅游消费理念的改变,全家集体出游过春节的现象已日益增加。2013年,《中华人民共和国旅游法》实施之后,最具人气的自由行产品"大展拳脚"。受2013年年底电视综艺节目《爸爸去哪儿》热播的影响,其相关产品的主题亦以"亲子有爱、中国风行"为主,家庭游、亲子游等均为各大旅行社或旅游目的地的重推产品之一。

(7)筹集类旅游节事活动

筹集类旅游节事活动是将志愿者、非盈利性机构的支持者聚集到同一个社交场合中,以轻松愉快的方式向来宾介绍筹集活动的目的,并最终筹集到足够的资金。筹集类旅游节事活动的大多数目的都是筹集资金,如其通过早餐会、午餐会、晚餐会或招待会、剧院演出或艺术画廊开幕聚会、体育活动、拍卖会等。如2018年10月12日,在北京举行了"2018芭莎明星慈善夜",有众多明星、商界领袖、社会名流以及社会各界的慈善人士到来,为慈善不懈探索新路途,助力祖国少年一代身心健康,让更多落后山区孩子们拥有一个丰富多彩的课后时光。

4. 按主题不同划分

按照主题的不同,旅游节事活动可分为宗教、文化、商业、体育、政治五类。

(1)宗教类旅游节事活动

宗教类旅游节事活动是指以各类宗教祭祀、宗教文化、宗教习俗等作为开发资源的庆典纪念活动,包括麦加朝圣、西藏晒大佛、伊斯兰教古尔邦节、复活节、佛教的观音菩萨生日等,也是各地最为热闹、民族性最强的旅游节事活动之一。

(2)文化类旅游节事活动

文化类旅游节事活动有巴西嘉年华、哥伦布航海500年历史纪念日、柏林国际电影节、上海文化艺术节等。

(3)商业类旅游节事活动

商业类旅游节事活动比较著名的有五年一次的世界博览会、一年两次的广交会、一年一度的法兰克福书展等。

(4)体育类旅游节事活动

体育类旅游节事活动最著名的要数奥运会,其他还有世界杯足球赛、F1方程式大赛、网球大师杯赛等。目前,随着国内各地运动休闲类旅游产品的不断培育壮大,相关运动休闲类旅游节事活动也不断推出,如杭州富阳区每年举行的富春江运动节。

(5)政治类旅游节事活动

政治类旅游节事活动如两国建交互访周年庆典、世界银行大会、APEC、上海合作组织年会、中加旅游年等。2017年12月4日,2018"中加旅游年"标识发布仪式在京举行,加拿大总理贾斯廷·特鲁多和中国国家旅游局局长李金早共同为"中加旅游年"揭幕,同时此次"中加旅游年"的Logo由萌萌的国宝熊猫和可爱的加拿大熊亲密友好紧相连。首届中加旅游年的活动涵盖了政治、经贸、文化、教育、体育等各个领域。

5. 按组织者的不同划分

以组织者分类,旅游节事活动包括政府性、民间性、企业性三类。

（1）政府性旅游节事活动

政府出面组织的公益节事活动可成为政府性节事活动,如春节或中秋的联谊活动、五一和国庆的联欢晚会等。

（2）民间性旅游节事活动

民间性旅游节事活动是指民间组织的自发性节事活动,如彝族的火把节、法国的狂欢暴饮节、伦敦诺丁山狂欢节等。

（3）企业性旅游节事活动

企业性旅游节事活动是指企业组织的商业性节事活动,如某超市十周年活动、摩尔莲花新闻发布会暨网页设计大赛、北京中国酒店博览会等。

此外,除了上述几种分类,还可以按照节事涉及的内容多少、节事活动的参与程度等标准进行分类。

二、旅游节事活动的特征

旅游节事活动是地方民俗文化的重要组成部分,也是一项社会文化活动。同时,旅游节事活动也需要投入人力、物力和财力,也会拉动地方经济的发展,所以也是一项经济活动。旅游节事活动是一项特殊的旅游产品,通常具有如下特征。

（一）周期性

"节"的原意最早是指物体各段之间相连的地方,由此衍生为划分岁时的节事活动,即包含周期性。因此,旅游节事活动的突出特点就是周期性。它总是在一定的时间内或特定的季节举办,或者一年一次,或者两年一次,也可能是一年两次,视具体节庆活动而定。也正是旅游节事活动的周期性,打破了人们正常的生活、工作秩序,给人们带来了新的刺激和体验,如每年春节,全国各地居民均会返回家乡,与亲朋团圆,从而也有了众所周知的"春运"。当然,固定的时间性也有利于旅游节事活动的举办、营销、接待等。其周期性,是由其主题或载体所决定的,相当一部分节事活动沿用了原来的农时来划分,或者在形成中包含了季节性因素,如哈尔滨的冰雪节、千岛湖的秀水节、江西婺源的油菜花节等;有的则与特定时间的神话传说或纪念活动有关,如赛龙舟与纪念屈原;有的则是考虑到在特定的时间容易安排节事活动或容易吸引游客。

（二）短期性

有些节事活动能够遵循着一定的周期连续举办,而有些犹如"昙花一现",只举办一次或几次。对于某一项节事活动来说,都有时间的限制,都在事先计划好的时段内进行。不管是有规律连续举办的节事活动,还是根据需要随机举办的节事活动,每一次活动都只能延续一定的时段,而不能零距离地和下一届活动相连,即节事活动都是短期性的。

（三）群众性

节事活动并不是主办方自编、自导、自赏的独角戏,它是通过广大群众的参与来实现预期目标和文化功能的,即达到所谓的"与民同乐"的效果。因此,群众的广泛参与构成了节事活动的基础。节事活动举办之时,往往也是群众文化生活的高峰,特别像春节、国庆节、圣诞节、万圣节、情人节等传统节日,几乎每个人都汇入节事活动的"洪流"之中,受到节事活动文化的熏陶。节事活动的热闹场景最具群众性,广大城乡特别是少数民族地区的群众文化,可以说是以节事活动为轴心开展起来的。

→ **扩展阅读**

　　每年的 11 月 11 日被称为"光棍节",同时也是众商家炒作的节日,所有商场、超市以及网购电商都在这一天前后推出各种抢购活动来促销。10 年时间内,阿里巴巴"双 11"成交额增速堪称神话。2009 年"双 11",阿里巴巴的交易额只有 5200 万元,2018 年交易额 2135 亿元,2019 年交易额 2684 亿元,成交额一次一次刷新纪录,较 2009 年时增长了 5000 多倍。

（四）民族性和地域性

所谓"一方水土,养一方人",不同地域的自然环境不同,不同民族的文化传统不统一,而且两者之间有着内在的联系,由此衍生出来的节事活动也富有浓厚的民族性和地域性,这以传统的节事活动最为突出,如云南节事活动的创办多是依托云南地方少数民族文化和传统。另外,历届奥运会的开幕式也都是各国民族性或地域性的集中体现。

（五）主题性

尽管各种节事活动的内容或项目丰富多彩,但都离不开特定的主题,这些主题或约定俗成,或自发形成,或策划形成。如 2010 年上海世博会的主题是"城市,让生活更美好"(Better City,better life),下设有五个副主题,分别是"城市多元文化的融合""城市经济的繁荣""城市科技的创新""城市社区的重塑""城市和乡村的互动"。主题是节事活动的宗旨、灵魂或"灯塔"。

如果说节事活动的主题是绳索,那么节事活动项目则是这绳索上的珍珠。当然,一个节事活动的主题可能不止一个,但这些主题之间必须有着内在的关联或由一个主要的主题附带有一些相关的小主题。例如,清明节的主题就是悼念亲人或先人(扫墓),但也附带有借机休闲娱乐的功能(踏青)。

（六）综合性

大多数的节事活动都包含着多项社会活动,具有广泛的包容性,涵盖经济、宗教、伦理、艺术、技艺、娱乐等活动。长久以来,节事活动一直就是民族文化、地域文化的综合应用,是诸多文化活动的集合体,是民族文化、地域文化的博览会。例如,2012 年杭州西湖国际博览会的节庆项目有大学生创意生活节、宜居生活节、宠物嘉年华、GPS 定向赛、中国扇艺文化节、中华老字号精品博览会、2012 网货交易会、桐庐山花节、太子湾公园郁金香花展、超山梅花节,会议项目有世界华人地区老年人长期照护会议、中国竹叶学术大会暨金砖国家竹业合作论坛、中国(证券)期货资产管理大会、首届全球华人遗传学大会,展览项目有宠物文化博览会、工艺美术精品博览会、中国杭州国际汽车工业展览会、"转型升级·香港博览"(杭州)展览会、浙江家居建材博览会等。实际上,要举办一次成功的旅游节事活动,还必须配备交通、住宿、餐饮、购物、娱乐、游览、通信、医疗等诸多配套服务内容,也是其综合性的重要体现。2018 年第二十届中国杭州西湖博览会顺利落幕。本届博览会项目丰富多彩,主要有云栖大会、休闲产业博览会、文化创意产业博览会、电子商务博览会、工艺美术精品博览会、Money20/20全球金融科技创新博览大会、服务外包交易博览会、市民休闲节、西湖情玫瑰婚典、中国(杭州)美食节等,十分精彩。本届西博会共有来自60多个国家或地区的中外来宾和市民、游客110余万人次参加,27个项目实现贸易成交额101亿元。

三、旅游节事活动的功能

旅游节事活动具有强大的产业联动效应,可使旅游者在停留期间具有较多的参与机会。

旅游节事活动不仅能给城市带来场租费、搭建费、广告费、运输费等直接的收入,还能创造住宿、餐饮、通信、购物、贸易等相关的收入。更重要的是,节事活动能会聚更大的客源流、信息流、技术流、商品流和人才流,对一个城市或地区的国民经济和社会进步产生促进作用。

节事活动除了具有提升举办国和城市知名度与美誉度、扩大信息交流、增强对外合作、推动旅游发展、加快城市建设、促进地方经济发展等促进作用以外,还具有丰富人民精神生活、弘扬民族文化和扩大旅游市场、提升目的地旅游形象、降低目的地旅游季节性、调整旅游资源、提高管理水平等特殊作用。

(一)经济功能

1. 促进旅游业的发展

旅游节事活动针对的是休闲和商务两大旅游市场,所以它产生的经济效益更大。如奥运会不仅是国际体育界的一次聚会,也同样是大规模的世界盛事,它吸引的不仅是运动员、教练员、各国政府体育部门的官员、赛事报道的记者、各类体育用品和消费品的供应商,也同样吸引了世界各国的人民。事实证明,奥运会的成功举办不仅能推动旅游业的发展,而且更能对一个主办城市和地区的经济发展产生难以估量的整体推动作用,其经济效益远远大于一般的会议和展览。北京奥运会结束后,全球消费者在聊起旅行生活时最时髦的话题就是"要去中国!"全球著名调查机构AC尼尔森公司的调查结果显示,2008年北京奥运会成功地提升了中国的国际形象,也给中国旅游业带来了巨大的广告效应。AC尼尔森公司对全球16个国家和地区的消费者展开了调查。数据显示,有八成受访者在北京奥运会举行前从未到访过中国大陆。其中,近五成受访者表示,有意向前往中国大陆旅游。在16个国家和地区的受访者中,新加坡的受访者对于出游中国大陆,表现出前所未有的热情。

从实践来看,通过本地旅游资源、民俗风情、特殊事件等因素的优化融合,举办别出心裁、丰富多彩的节事活动,一方面可以吸引游客,另一方面可以调整旅游资源结构,为当地旅游业的发展提供新的机会,延长旅游旺季,并能较好地解决旅游淡季市场需求不足的问题,甚至形成一个新亮点。在北方地区,通过冬季举办滑雪、溜冰等冬季竞技性体育活动及其他文化活动,既可以充分利用当地的旅游资源,又可以缓解旅游市场的淡季。如在哈尔滨国际冰雪节期间,有逾百万游客到访,市内各大宾馆酒店的入住率比平时普遍提高了30%~50%。

2017年阿里巴巴18周年年会在杭州举办,共有近4万人参加,包括来自21个国家的800多位外籍员工。年会共安排航班100余班次,涉及全球几十家航空公司;铁路32个班次,其中8个班次是在不影响原有铁路营运的前提下申请增开的专列;同时预订了100家酒店、7000个房间;另外还有1700车次大巴,其中杭州市内大巴400余辆……消耗6.7万件T

恤,超 12 万瓶矿泉水。为杭州旅游经济创造了巨大效益,成为杭州年度旅游发展史上不可错过的一道风景线。

2. 带动相关产业的发展

任何一次节事活动都具有一定的主题,配合这一主题的生产厂家或者说整个产业都可以在节事活动中获得收益。如举办一次国际电影节,必将迎来大量的电影拍摄制作、剧本创作、品牌时装生产商、明星或星探、影视拍摄基地的光临,各类表演活动、发布会、展览馆、洽谈会,激发了本地文化旅游业及相关产业、生产厂商的创新,蕴涵了巨大商机。如节事活动商品的开发使得地方工艺品和土特产品等重新得到重视,带动了传统艺术和相关产业的挖掘、保护、培植和开发。再如,潍坊国际风筝节,形成了庞大的风筝产业,并促进了与风筝相关产业的发展。国际风筝节成为拉动潍坊经济新的增长点,世界风筝联合会总部也在潍坊落脚。

3. 改善基础设施

举办节事活动,可以极大地促进城市的交通、通信、城建、绿化等基础设施和配套设施的建设,美化城市环境。如广州市从 2005 到 2010 年共投入城市重点基础设施建设资金 1090 亿元,用于改善城市面貌,大力整治城市环境,以满足亚运会的举办要求。2014 年,北京为了迎接 APEC 会议,为保证会议顺利进行,临时出台多项保障措施。11 月 3 日至 11 月 12 日,北京机动车将实行单双号限行措施,届时自驾车出行比例将减少 35% 左右,预计每日乘公共交通出行人数将增加 300 万人次左右。北京交通部门期间拟提升 2% 公交运力保障出行。2014 年 9 月 28 日,北京市安监局发布 APEC 会议期间本市危险化学品、烟花爆竹、金属非金属矿山和煤矿有关安全生产管理措施的通告。2014 年 9 月 30 日前,加油站要对物防、技防设备设施进行一次全面检查,确保完好有效。会场驻地及活动场所周边 200 米内加油站完善视频监控系统,制定安全保障和应急方案。2014 年 11 月 1 日,北京全面启动外围防线高等级防控措施,22 个检查站、38 个临时卡点、140 个乡村道路卡点严格按照"交警拦车疏导、巡警检查核录、武警武装震慑、辅警密切配合"的模式落实 24 小时勤务查控机制,全面加强对人、车、物的检查。同时,充分依托"7+7"区域警务合作机制,强化与周边省区市的信息互通和协调联动,坚决、有效地将各类危险因素发现、控制、阻挡在进京外围"红线"之外。

4. 具有很强的后效性

节事活动给举办地带来的效应不仅仅局限于当时所创造的效应部分。对于举办地的人们来说,通过节事活动获得了大量的信息,挖掘出了大量的商机,相当于参加了一次免费的交流会;对于举办地来说,改善了当地的基础设施,优化了社会公共环境,创造了良好的投资环境,给参加节事活动的人们留下了好印象,培育了一批潜在的投资者。这些效果不一定在当时就能够表现出来,也许会经过很长时间才能显现。比如,北京奥运会结束之后,"水立方""鸟巢"等奥运场馆,已经成为到北京旅游团队的必选景点;上海世博会虽然已经结束,但以中国馆为代表的部分场馆依然吸引着世界各国的游客;G20 峰会成功举办后,杭州国际博览中心一跃成为"网红",仅 2016 年 9—12 月就接待游客 90.5 万人次。

(二)社会功能

1. 弘扬传统文化,展现现代文化

节事活动对于弘扬传统文化,彰显传统文化的丰富内涵和个性,推进国内外文化交流与

合作,促进文化的传承、发展和经济社会的全面进步,具有积极而深远的影响。如山东曲阜利用几千年的文化积淀,创办了国际孔子文化节,将当地已沉睡了几千年的历史遗迹生动再现,使传统文化焕发了活力。南宁国际民歌节,不仅把潜藏在民间的艺术活力借助现代传媒展现在人们面前,而且从民歌的优美旋律中,使人们感受到团结、祥和、繁荣、发展的时代脉搏和健康向上的美好气息。通过充分挖掘民歌文化中的审美精神,从中提炼出有益于现代社会和现代人的文化思想和生活理念,营造现代生活的艺术氛围。

节事活动在弘扬传统文化的同时,也展示了现代文化。现代节事活动需要有经济的轮子,但其核心是人文活动,而人文活动的最高境界是艺术化。旅游节事活动的艺术化与艺术节庆活动的大众化,也正是节事活动的关键所在。如大连国际服装节就张扬了大连城市文化的特色,融会了中西文化,使人们从服饰文化、展览文化中感到更深层次的文化底蕴,提高城市文化的品位,加快城市文化基础设施的建设,促进了城市商业文化的合理走向,形成了大连独特的、多层次的文化特色。如2018年,南京建邺区委宣传部、区文明办等开展文艺汇演和广场活动,用诗歌朗诵、舞蹈、传统祭祀及茶艺等多样化的表演形式,进行与二十四节气相关的体验及游艺节目,引导市民继承和弘扬中华民族的优秀传统。活动深受老百姓们的欢迎,也荣获了2018年南京市社会建设创新优秀案例。

2. 塑造形象,提高举办地知名度

旅游地形象的塑造是一个综合的系统工程,需要花费大量精力和进行很长时间的宣传,才能塑造成功,而大型节事活动对目的地的形象塑造和改善作用,是其他营销手段所不能比拟的。例如,1964年东京奥运会和1972年慕尼黑奥运会,主办城市所在国日本和联邦德国均利用奥运会扭转其第二次世界大战中遗留的不良形象,收到了积极的效果。悉尼的“绿色奥运会”为悉尼乃至澳大利亚塑造了可持续发展的积极形象。澳旅委认为悉尼奥运会使澳大利亚的形象塑造向前推进了10年。成功的节事活动主题能够成为举办地的代名词,使得节事活动与举办地之间形成一种很强的对应关系,能够迅速提升城市知名度。海南的博鳌原本是一块穷乡僻壤,在建成国际会议中心后,以其良好的生态和人文治安环境,吸引着众多境内外会议组织者,博鳌亚洲论坛使得博鳌乃至整个海南的知名度大大提高,其会展业也成为海南省经济发展的新增长点。

3. 促进和加强了民族、地区间的交流

交流主要是通过经济往来、文化接触、民族融合实现的,但更多的是通过民间的接触,节事活动是民间交流最主要的一种渠道。在节事活动中,家人团聚、亲朋好友往来、合作伙伴互访。在这些人员往来中,互相介绍情况,交流生产、生活经验,接受外来事物。节事活动中的这种“礼尚往来”,一是增强了家庭、家族或行会团体的感情联系,加强了团结;二是这种人际关系的交往,必然促进社会文化的交流,有助于文化的提高和传播;三是通过节事活动,促成了许多人或单位的相识与合作。如2019年2月19日,正值中国传统佳节“元宵节”,一场名为“好山好水好人好茶,水韵丝路墨舞茶香”的中新文化交流活动在新加坡中心城区亚洲地标建筑华彬汉美登举行。活动由中华文化促进会、中国旅游产业发展联盟、华彬文化基金会联合主办,华彬芙丝VOSS提供支持。来自中新两国文化、金融、贸易等领域的知名人士齐聚一堂,共贺佳节。活动当天,旨在搭建中国—新加坡民间文化交流平台的“丝路文化交流中心”正式落成。中国驻新加坡文化参赞阚小华和华彬集团董事长严彬共同为“丝路文化交流中心”揭牌。

阙小华表示,本次活动通过展示中华传统文化、茶道、中医等内容,促进中国和新加坡的文化交流,为倡议营造良好环境起了积极作用。

4. 给参与者带来精神上的愉悦

参与节事活动对广大消费者来说,是日常紧张而忙碌工作后的一种休闲、一种享受,适当的、有节制的放松不仅有益于身心健康,而且也能为欢乐之后带来工作效率的提升。首先,节事活动基本上是一种富裕的表征,当然,这种富裕与金钱有一定的关系,但节事活动最主要的还是精神上的富裕。节事活动的根源来源于人们对生活的热爱。其次,节事活动可以采用一切可能的形式让感情得到自由的宣泄,真正的节事活动可以使参与者精神愉快,从而更加热爱生活,大大提高工作的主动性和创造力,提高人们的生活质量。

第二节 旅游节事活动策划流程

旅游节事活动策划的整个过程可以分为四个阶段,即决策阶段、内容策划阶段、执行阶段和评价阶段。

一、决策阶段

决策阶段通常可以分为发起、可行性分析、成立管理机构和确定目标 4 个步骤,如图 4-1 所示。

图 4-1 旅游节事活动决策阶段的步骤流程

(一)发起

提出举办旅游节事活动的发起者并不一定是节事活动的专家,他们可能来自公共部门(政府、当地权威机构)、私人企业、个人或者自愿的公众。其中,各种组织(与个人相对)更加有可能为旅游节事活动的举办提供资源。

(二)可行性分析

可行性分析的主要目的是检测旅游节事活动能否举行,它并不需要具体细节的答案,一份关于旅游节事活动成功或失败的可能性预测就已经足够。对于一个小的旅游节事活动而言,可行性分析可以是非正式的,可能只是主要发起者之间的闲聊,或者基于往年或往届的观察。对于失败可能性较大的旅游节事活动,可行性分析就要包括更加复杂的细节性研究,重点应集中在市场调查研究、初步的财务分析以及风险评估等方面。

市场调查研究有利于决策的制定,为举办旅游节事活动是否获得潜在的经济效益提供有力的证明,并通过提供潜在消费者的特征、动机、偏好、促销工具等相关信息而确保旅游节事活动能够实现预期目标。市场调查研究能够直接影响赞助商的决定、营销方案、地点决策及举办日期的决定。初步的财务分析能够改变诸如旅游节事活动的规模、地点以及门票价格等,财务分析所需资料的重要组成部分可能是来自于以往类似活动的二手资料。

（三）成立管理机构

旅游节事活动经过发起，通过分析可行性后，就会成立相应的管理机构（亦称组委会）。管理机构的职能是负责策划、实施、评价旅游节事活动。当举办大型、复杂的节事活动时，要把机构成员进行分组来专门负责具体的任务。机构的成员应由具有不同技能和特长的人组成，分别负责旅游节事活动的管理、营销、财务、法律等各方面的工作。通常情况下，以团队工作方式组织的管理机构会更加有效率。

（四）确定目标

管理机构成立后，首先要做的就是确定旅游节事活动的目标。因为目标在节事活动的举办过程中十分重要，它影响着节事活动的许多方面，如营销、举办权等。节事活动的目标可能与节事活动组织者的目标相同，至少它与组织者的目标是相辅相成的，这有助于实现组织者的目标。旅游节事活动的目标可以包括经济的、社会的、文化的、政治的和生态的。

旅游节事活动的目标可以分解成以下几个具体的小的可以实施的目标——每一阶段实现一个目标。目标可以理想化为"SMART"，即节事活动的目标是明确的（Specific）、可以进行量化估算的（Measurable）、参与者都赞同的（Agreed）、基于就现有资源是可实现的（Realistic）、可按照预定目标实现的（Timed）。

二、内容策划阶段

内容策划阶段通常可以分为明确主题与名称、设计标志物、确定举办时间和地点、明确举办单位、策划活动内容、开展营销传播、招募志愿者、招募赞助商、财务成本管理和现场管理等步骤，如图 4-2 所示。

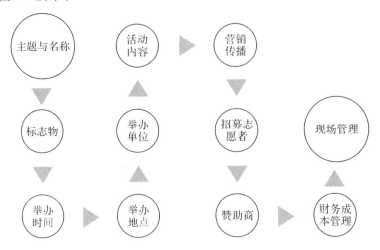

图 4-2　旅游节事活动内容策划阶段的步骤

（一）主题与名称

1. 主题

主题是旅游节事活动的核心灵魂与形象，同时又能辅助实现旅游节事活动的目标。主题一旦确定，旅游节事活动所有的要素都要彰显该主题,包括命名、商标、地点装饰、员工制服、表演者服装、活动、灯光、音乐、特殊效果、食物、饮料、吉祥物、旅游纪念品等。因此,确定主题是旅游节事活动策划的核心,主题的优劣好坏往往影响甚至决定旅游节事活动的成败。

与历史、民族、传统相关的主题最为常见,但此类既有性主题毕竟是有限的,而且带有较强的地方性色彩,会受到一定的限制。因此,在进行主题策划时,需要进行一定的创新。主题的创新通常包括创新型、改进型、分裂型、重组型等模式。

（1）创新型

创新型主题策划是指之前从来没有相同或相似的主题,是从无到有的完全意义的创新。如由大河报与河南移动通信有限责任公司组织和主办的首届中原短信文化节。之所以举办这次以短信为主题的文化节,源于继网络之后,手机短信正在以"第五媒体"的姿态成为人们生活中的重要组成部分。同时,短信写手作为一个新的职业已成规模,短信营销逐渐流行,短信文化悄然萌生;但同样不容忽视的是,短信引发的问题也正潜滋暗长。不良信息逐渐泛滥、短信诈骗时有发生,短信监管面临新的考验。首届中原短信文化节历时两个月,是一次集文学创作、文化研讨、短信互动于一体的大型体验式文化传播活动,其内容包括短信竞赛、手机短信业务免费体验和短信文化研讨三个部分。首届中原短信文化节体现了节事活动主题策划的创新性。

（2）改进型

改进型主题策划就是在已有旅游节事活动的基础上,通过不断的完善和优化,使其主题越来越和地区的发展、市场的需求、社会的进步相吻合。如浙江省运动休闲旅游节,就是在2012年由杭州富春江运动节升格而成的,之前已成功举办了五届。该节在每年的秋季举办,由刚开始杭州富阳单独举办,到现在各个相关县（区、市）轮流展示各自运动休闲的品牌特色,到目前已经成为"运动休闲旅游"品牌。2013年,第二届运动休闲旅游节在浙江衢州龙游举办,推出了以国际汽联亚太汽车拉力锦标赛为核心的赛事活动,并进一步培育、推广了浙江省运动休闲旅游目的地产品线路。

（3）分裂型

分裂型主题策划就是由已有的节事活动中的某个子活动发展成一个独立的或专业的节事活动,使得主题更加专业和与节事活动的内容更加贴近。如中国上海国际少年儿童服装及用品博览会,就是从上海国际服装文化节中分裂出来的,现已成为中国服装行业的年度盛会。

（4）重组型

重组型主题策划是指将几个相关的、规模较小的节事活动整合成一个更大规模的节事活动,使主题更加综合,它是和分裂型相反的一种主题策划模式。如2000年第二届杭州西湖国际博览会成功之后,把杭州下属县（区、市）乃至省内其他地方的旅游节庆活动都整合在一起。2013年淳安秀水狂欢节就是2013年第15届西湖国际博览会的重点子项目之一。又如中国哈尔滨国际冰雪节,就是在2001年与黑龙江国际滑雪节合并而成的。

2. 名称

名称,即旅游节事活动的名字。好的名称能够准确清晰地表达主题,很容易引起旅游者的注意或联想,并进而对旅游者具有一定的诱导作用。旅游节事活动的名称应该具有以下三个方面的基本要求:

（1）语言方面

在节事活动的名称策划上，要易读、易记，字意吉祥，能启发联想。首先要注意语言艺术，听起来既要简单又易于理解、记忆，并且有一定的震撼力，让人产生愉悦的心理；说起来朗朗上口，不论中文还是英文都容易发音，不存在拗口、发音困难的现象。在用词上要考虑到与时代接轨，富有时代感，不因时间的推移而产生歧义，不会引起不悦、消极甚至淫秽的感觉和联想；拼写上要简洁，既体现个性，又易于传播。

（2）法律方面

名称的策划还要考虑到法律问题，要做到保证不侵犯他人的知识产权，也不能让他人来侵犯自己的品牌；对于竞争对手来说，名称要成为市场中独一无二的、富有个性的品牌，鲜明的独特性不仅便于公众的记忆，也易于被公众接受。

（3）营销方面

名称往往对节事活动的价值有一定的暗示或明示作用，不仅与组织机构的形象相匹配，也要和本活动的形象相一致，并支持活动的其他标志，如会徽、吉祥物、口号等。

比如"超级女声"的命名，由于活动的参加对象都是女性，可以有三个可供选择的名称：超级女声、超级女生、超级女身。"超级女身"的提法从词义上显然有些不妥。相比较而言，前两个都可以，但从活动的内容与活动主题来看，"超级女生"的表现可以在才艺、能力、形象等各个方面，究竟是什么类型的活动含糊不清。而"超级女声"就非常明确，仅从名字上就可以让人马上理解到"声音超级好的女生"，和主题歌"想唱就唱"完全一致。海信的英文品牌名称为 HiSense，在外国人的读解习惯里与"HighSense"的发音一致，即"高感度、高灵敏、高清晰"的意思，这本身就为海信的电视机产品做了恰如其分的优质注解。

（二）标志物

标志物，也称吉祥物或象征图案，是表达某种文化主题内容的物品、图案，是经过深思熟虑、理想化设计的活动饰物。标志物不是一般意义上的作品，而是创作者基于公众审美情趣和思想境界所设计的专题作品，其中的创意构图以及色彩组合都蕴含着丰富的内涵，一经审定通过，一般就不轻易改动，具有相对的稳定性，并可能成为"圣物"。标志物的主要效用是标示活动、展示活动主题、烘托活动气氛和诱导公众情趣，让公众或心潮澎湃，或庄严肃穆，或兴奋激动。为了形象直观地展示旅游节事活动的主题，诱发公众的美好心理，在认真审视活动主题的前提下，应该根据公众的审美情趣创作具有文化韵味和形象特色的图案或实物，并将其定为旅游节事活动的标志物。如图 4-3 所示为 2008 年北京奥运会标志物。

（三）举办时间

旅游节事活动的举办时间，小到具体的钟点安排，大到月份，都对旅游节事活动的成败非常重要，需要慎重考虑。目标观众、具体活动安排、地点的安排、资源的利用以及组织者的个人偏好都能影响旅游节事活动日期的安排。例如，节事活动的目标市场是有小孩的家庭，那么应该尽量避免上学与上班的时间。确定举办时间的时候，应该避免与竞争性的旅游节事活动或其他大型活动相冲突，如"世界杯足球赛"就是与奥运会的举办时间错开，它对所有的节事活动都具有巨大的影响力。许多农业、天象类节事活动的举办时间往往与农业生产和气象节气息息相关，例如江西婺源油菜花文化旅游节在每年 3 月份举办，期间正是油菜花密集盛开的时段。一年一度的钱江（海宁）观潮节在每年的 9 月中旬左右开幕，此时，正式农历八月十八前后，钱江潮水最为汹涌澎拜之时。最终决定的日期应该能够让组织者有足够

图 4-3　北京奥运会标志物

的时间进行前期工作和营销活动。

（四）举办地点

选择一个合适的活动地点对于旅游节事活动的成败非常重要，能够辅助实现其主题与目标。部分旅游节事活动举办的地点是永久的、不变的，如在哈尔滨举办的国际冰雪节。另外的则没有永久性的地点，经常需要选择和改变举办地点。为节事活动选择一个已经建好的地点非常重要，因为建好的地点能够提供一些基础设备。在选择具体的地点时需要注意以下几个问题：

1. 容量

该地点应该包括可以容纳必需的工作人员、参会人员、旅游人员、表演者、各种表演仪器、各种商品、管理设施以及其他服务设施，也包括举办地可容纳的席位。容量的大小直接决定了该活动的影响力及财务收支能力。

2. 设施

基础服务设施对衡量一个地点是否适合非常重要，必需的基础设施包括信息与通信终端、电力供应、语音及可视系统、洗手间、食物、饮料及安全出口等。此外，交通集散、医疗卫生及配套服务等软性设施也非常重要。

3. 可视性

可视性是旅游节事活动地点选择时必须要考虑的因素。可视性尤为重要，特别是旅游节事活动由于财务限制不能进行大规模营销活动时，人们也能够很容易就看到这个地点。

4. 举办地成本

对于预算有限的节事活动，成本是一个非常关键的影响因素。

5. 历史

历史能够对一个地点产生积极的或消极的影响，需要认真考虑。有些地点并没有举办节事活动的设备，但由于独特的历史原因，吸引了许多节事活动的组织者，如埃及的金字塔。

6．其他因素

其他因素如犯罪率、安全系数、主导的政治环境（对于国际节事活动尤其重要）、主要的气候条件（尤其对于须在户外举办的节事活动）、环境状况等。

7．个人偏好

节事活动组织者可能对一些并不是很合适的地点情有独钟，不管说起来多么不科学，但是必须承认组织者的个人偏好对举办地点选择举足轻重。

在选择合适的举办地点时，组织者应该列出一个包含必需的和可选择的标准列表。一个地点也许能够满足其中的一些标准而无法满足其他一些标准，因而很难进行全面的评估。一个合适的举办地必须满足所有的必需标准。可选择的标准可以根据其重要程度进行加权处理，根据可选择标准的权值，为这些能够满足所有的必需标准的地点的每一项可选择标准赋予权值，然后把所有的权值相加，就可以得到该地点可选择标准的总权值。组织者可以根据这个总权值选择最合适的举办地。

（五）举办单位

大部分旅游节事活动是很难依靠一个单位来完成的，尤其是大型的旅游节事活动，这就需要多家单位参与、合作或联合举办。按照其在旅游节事活动举办过程中的作用和职责范围的不同，可将其分为主办单位、承办单位、协办单位、支持单位四类。

1．主办单位

主办单位是指旅游节事活动的发起单位，其职责通常包括：协助邀请相关领导和会议演讲、发言专家学者；协助策划制定节事活动热点内容及会议形式；协助联系媒体宣传、发布通知；协助落实节事活动地点、时间安排。

2．承办单位

承办单位是指旅游节事活动的具体实施单位，其职责通常包括：安排车辆接送重要领导及必要的活动用车；协助联系宾馆、节事活动场地；协助主办方会务、布置工作（挂条幅、彩虹门、印刷、订票等）；协助联系货物运输公司，安排货运工作；协助联系银行、通信服务，创造节事活动期间交易便利条件；协助活动期间的代表服务工作等。

3．协办单位、支持单位

协办单位、支持单位是指为旅游节事活动的实施过程提供协助或赞助的单位，其职责包括：负责协助主办、承办单位工作，献计献策，出人出力。

在确定旅游节事活动举办单位时，要积极公关，主动向政府靠拢，想方设法动用上级以及中央有关部委的行政资源，在组织机构、相关政策、扶持资金、市场宣传上获取足够支持。同时又要以当地政府为主要机构，以旅游部门为主要协调部门，以节事活动为主要平台，调动当地政府各部门的力量，各司其职，彼此联动。

（六）活动内容

在确定节事活动主题、名称以及举办的时间和地点的基础上，策划出别具一格、有地方民族特色又趣味盎然的活动内容，是吸引公众参加的基本保证。一般而言，节事活动在内容设计上要体现旅游节事活动的主题，具有体验的情景、丰富的品牌内涵和立体化的衔接。

1．体现旅游节事活动的主题

应该根据旅游节事活动的内在特征以及全面的预算来安排反映主题的主要活动，同时也要安排一些次要的吸引人的辅助活动来补充整体形象。对于一些参加活动的人来说,辅助活动甚至比主要活动更加重要,更能带给他们利益。

2. 具有体验的情景

历来旅游节事活动内容的设计,尤其是反映主题的主要活动,更应关注的是游客的视觉感受,若游客没有真正参与进去,印象就不会深刻。因此,我们在对旅游节事活动的内容进行设计时,要充分利用其中的辅助活动,开发充满情景体验性质的活动,让游客真正全身心地参与到活动中来。

3. 丰富的品牌内涵

目前,旅游节事活动在全国范围内轰轰烈烈。这其中不乏成功例子,但更多的则是鱼目混珠、徒有虚名。其中败因很多:一是缺乏品牌内涵,一味追求当地特色,忽视游客利益和兴趣,形成不了市场吸引,比如以传统的技术来展示传统的演艺节目;二是内容单一乏味,缺少丰富的活动内容,缺少品牌情感,沦落到"三个一"的局面,即"一个开幕式、一个闭幕式、一些群体自娱自乐的内容";三是从时间序列上看,一年有一年无、今年东明年西,甚至出现主题毫不相干、相互冲突、相互脱节,忽视品牌在时间上的延续和积累。因此,在设计旅游节事活动时,要始终把品牌的建设和维护放在重要位置。

(1)品牌内涵

元素多样而又具有内在联系。要精心设计和策划节事活动的各项内容,使之有机结合、相交辉映,而不是生搬硬套、盲目组合,并在一个共同的时间段进行集中展示。

(2)品牌价值

覆盖特色并对特色做市场化利用。以山西平遥古城为例,要挖掘并突出平遥特色,即古城门、古城墙、古民居、古街巷、古金融、古生活,围绕"六古"大做文章,使之成为贯穿整个平遥旅游节事活动的一条鲜明主线,贯穿于各个环节和各个时段;同时,结合旅游市场的实际需求特点,对"六古"题材进行市场化的利用,使旅游节事活动既能反映平遥旅游资源之精华,浓缩出短小精悍的产品链条,又要紧紧结合旅游者的实际需求,捕捉到市场上的机会。

(3)品牌发展

常有常新、滚动深化。要坚持在时间序列上坚持把节事活动承办下去,不能做一天和尚撞一天钟,节事活动要形成序列,形成固定举办模式;在固定模式的基础上,要坚持内容形式的创新,每次举办都要出新出彩,不断制造新的市场卖点、新的市场吸引力。通过这些方法,最终使节事活动真正形成品牌,产生品牌价值和忠诚度,在游客心智中产生品牌情感维系,并占据一席之地。

4. 立体化的衔接

一个成功的旅游节事活动,不只是单纯的一个活动,而是一系列具有内在联系的活动荟萃,并且活动的内容要十分丰富、表现手法要十分多样、展示主题要十分宽泛。这样才能收到两方面效果:一是精准全面地反映当地旅游资源,不遗漏信息,不挂一漏万;二是迎合旅游者对多样化产品的追求,拓宽客源面。但是,这些活动之间不能只是平面的展示,而是要有立体化的衔接。比如家庭共同参与某个亲子主题的旅游节事活动,虽然其兴趣点在于小孩子的某个游乐体验项目,但是他们对"吃、住、行、游、购"的需求,乃至家庭其他成员的需求,都是需要进行有效衔接的。

（七）营销传播

旅游节事活动的营销策划，是组织者的重要活动之一，它不仅要解决在现实的市场营销活动中提出的各种问题，而且更重要的是如何开辟市场、营造市场以及在激烈的市场竞争中获取丰厚的利润。它以消费者满意为目标，整合各类资源，使节事活动以崭新的面貌出现在市场上，并在特定的时空条件下具有唯一性、排他性，为实现旅游节事活动的经济效益最大化的目标而进行促销。市场营销推广是节事活动经营管理的重中之重，抓好营销这一环节是节事活动创造效益的有益砝码。在市场经济大潮中，组织者只有以不断创新的营销观念为导向，才能在竞争激烈的经济浪潮中领航。节事活动营销推广的过程主要包括发现和分析市场机会、选择目标市场、制定营销组合以及组织、执行和控制市场营销等几个步骤。

（八）志愿者招募

志愿者是指那些出于自己意愿，免费向节事活动奉献服务的人，他们在节事活动的举办过程中起了重要的作用，能够从事很多方面的工作，甚至进入活动管理机构。举办节事活动的过程中，有一个重要问题，即不能预测志愿者的数量与质量，所以经常需要预算多一些数量的志愿者。了解志愿者的动机有利于向志愿者给予报酬，志愿者一般出于两种目的：充实自己，帮助别人。根据旅游节事活动的特征，可以把志愿者工作分为：赞助商、大学、高中学校、服务部门、社会与体育俱乐部、特殊利益群体、以前的志愿者、宗教组织、专业性的团体等。尽管一旦节事活动的消息传开，许多志愿者会马上参加，但管理机构还是应该预先确定招聘计划，以防有变。如 2018 年在我国上海举办的首届中国国际进口博览会中对志愿者的总需求数为 2500 人，报名工作在 2018 年 4 月陆续开展，其中进口博览会的志愿者工作将按照"一次招募、分批上岗"的原则滚动开展。首批长期管理岗位志愿者计划招募 30 人，于 5 月底完成。其余岗位志愿者将结合各高校实际情况和岗位要求，于倒计时 100 天前完成招募。培训工作也将滚动推进。

（九）赞助商支持

赞助，通常是指某一单位或某一个人拿出自己的钱财、物品来对其他单位或个人进行帮助和支持。确切地说，赞助是指企业为了实现自己的目标而向某些活动或组织提供支持的一种行为。赞助已经成为节事活动营销的一种普遍形式，其双赢的结局使无数赞助商和节事活动组织者趋之若鹜。对于赞助商来说，赞助是一个绝佳的投资机会，通过赞助过程获得潜在的商机和利润，运用标志、促销手册和媒体策略等向尽可能多的潜在消费者宣传企业或产品，并将品牌与旅游者等消费者最喜欢的节事活动联系起来，建立、提升或改变品牌的形象或名誉。

1. 赞助物的分类

赞助物，是指赞助单位或个人向受赞助者提供的赞助物品。它往往取决于赞助单位或个人的实力与受赞助者的实际需求。例如，2008 年北京奥运会的赞助商有可口可乐、通用电气、恒康人寿、柯达、麦当劳、松下、三星、斯伦贝谢、斯沃琪、维萨、联想等。通常，赞助物可以分为如下几类：

（1）现金，即赞助单位或个人以现金或支票的形式，向受赞助者所提供的赞助。它可使受赞助者根据自己的客观需要，对其进行受一定限制的支配。

（2）实物，即赞助单位或个人以一种或数种具有实用性的物资的形式，向受赞助者所提供的赞助。它不仅可以及时地满足受赞助者的需要,而且不易被对方挪作他用。

(3)义卖,即赞助单位或个人将自己所拥有的某件物品进行拍卖,或是划定某段时间将本单位或个人的商品向社会出售,然后将全部所得,以现金的形式,再捐赠给受赞助者。此种赞助的赞助额事先难以确定,但影响较大,并且易于赢得社会各界的支持。

(4)义工,即赞助单位或个人派出一定数量的员工,前往受赞助者所在单位或其他场所进行义务劳动或有偿劳动,然后以劳务的形式或以劳务所得,向受赞助者提供赞助。它可以使有关方面有钱出钱、有力出力,更好地调动其积极性,并获得更为广泛的参与。

2. 获得赞助商的支持

旅游节事活动的赞助方不会把赞助费的支付当成其义务,他们都在寻求提高广告和赞助权的附加值,将赞助权益纳入系统的旅游节事活动的行销战略计划中。对于需要赞助的旅游节事活动,如何获得赞助商的支持是策划者需要考虑的问题,这主要包括以下几个方面:

(1)赞助商重视整合营销。许多情况下,传统电视媒体的广告费越来越高,赞助成为对大小公司都更有吸引力的传播方式。因此,需考虑为赞助商提供包括报纸、广播、直接递送、交叉促销、在现场进行捆绑销售、网络营销、体验营销等多种手段综合运用的营销系统。

(2)通过谈判说服赞助者。在与潜在赞助者谈判的过程中,不要直接回答对方的"你需要多少赞助"这个问题,而应当向潜在赞助者展示商业计划书,明确每一项支出需要的赞助数目,然后仔细逐条地解释各项要点,最后说明目标是要找到有实际预期收益的赞助者。此外,在与赞助商的谈判过程中,不能表现出绝望的情绪,这样会让赞助者感到对赞助的不安全或隐忧,任何一位赞助者都是在对节事活动组织者的管理能力充分信任的情况下才会赞助。

(3)必要的激励措施。除了能够获得赞助回报外,赞助者还希望能有其他的激励措施,提高他们在节事活动中的曝光率,并有利于实施他们的整体营销计划。节事活动的组织者应该采取一些有效的激励措施来吸引赞助者,以获得他们的支持,从而达到双赢。这些措施包括购买媒体、交互营销、答谢会、新闻发布会、产品样本派发、消费者调查等。

(4)帮助赞助者避免隐蔽式市场营销。隐蔽式市场营销,是指非赞助者通过给出虚假印象,让公众误把其当作赞助者的一种促销战略。这一战术经常被一些赞助者的竞争者使用,试图将自己与并不是他们赞助的活动联系起来。因此,节事活动的组织者要关注市场的动态,尤其是关注赞助者的竞争对手的市场营销行为,及时阻止隐蔽性的市场营销行为,以维护赞助者的利益。

(5)建立节事活动风险机制

赞助的活动失败,赞助就成了浪费,甚至可能使赞助者的声誉受损。因此,旅游节事活动的组织者必须精心策划活动,建立完善的风险管理机制,打消赞助者害怕活动一旦失败给自己带来负面影响的顾虑。

(6)让有资质的潜在赞助者获得长期赞助权。在赞助商看来,如果与所赞助的活动建立了长期的联系,那么放弃该活动的赞助权是一种浪费。坚持长期稳定的赞助,从逻辑上讲,可以使品牌与活动结合得更为紧密,可以用较少的投资在长时间内取得良好的效果。如果因没有任何约定来维系活动与赞助者之间的关系而丧失赞助权的话,那么先前所做的赞助就浪费了。而更为糟糕的是,有些活动会继续寻找新的赞助商,而新的赞助权很可能会落入赞助者的竞争对手之手。因此,节事活动的组织者可以利用赞助者的这种患得患失的心理而允许其在随后的几年里长期拥有赞助权。

（十）财务成本管理

对于旅游节事活动项目的投资者来说,除了社会效益外,费用和利润是他们最关心的问题。如果缺少严格的项目财务成本管理,节事活动的开支会远远超出预算,最终造成项目无法按照计划实施,甚至亏本。所以,对活动项目的财务成本进行管理十分重要。旅游节事活动项目的财务成本管理包括成本预算、收入估算和成本控制三项内容。

1. 成本预算

成本预算包括劳动力、场地和设备租金、原材料、分包商和顾问、广告宣传、能源动力、意外费用、应急费用八个方面。

(1)劳动力。这部分预算包括预计在旅游节事活动中工作的各类人员,如设计师、工作人员和管理人员等,还包括每人的或者分类的工时数、工时率。

(2)场地和设备租金。这部分预算包括活动场地(含室内、室外)、相关设备(如同声翻译设备、数字会议与网络会议系统和主席发言机、多媒体演示设备等)的租金。因场地和设备的租金有多种计费方法,可以按时间给付,也可以按时间次数给付,甚至一次性给付,所以在进行成本预算时,既要考虑节约成本,又要考虑意外事件。

(3)原材料。这部分预算包括举办旅游节事活动所需建设工程的原料,比如在场馆建设过程中需要的油漆、木料、墙纸、毛毯,也包括举办节事活动时所需的物品,如纸、艺术品、纪念品、食品等。

(4)分包商和顾问。当旅游节事活动的组织者缺少某项专门技术或没有完成整个活动的资源时,他们可以雇佣分包商或顾问执行这项任务,比如设计小册子、编辑培训手册或者举办招待会等。

(5)广告宣传。一项旅游节事活动要成功举办,广告宣传起了很大的作用,这部分成本的估计不能单单考虑费用的多少,还要分析"质量"的好坏。

(6)能源动力。一项大型旅游节事活动的举办,能源动力的费用往往也要考虑在内。

(7)意外费用。任何旅游节事活动都存在风险,意外费用是由于可预见的风险而可能导致的活动项目增加的费用,如由于旅游节事活动目标的不确定性、成本估算方法的差异、新技术应用时的不稳定性以及活动举办过程中配合不好与指挥失灵等原因产生的额外费用。

(8)应急费用。应急费用又称不可预见费用,是为应付未能预见的事件或变化而准备的费用。这种费用主要是用于防备因失误或疏忽而造成的成本增加。同类旅游节事活动的经验表明:对于不确定事件以及可能发生的环节,都需要留足应急费用。应急费用在节事活动成本中所占的比例一般为 $8\%\sim10\%$ 。但是,如果是特殊的节事活动,没有经验,情况不同,不确定性因素多,风险很大,通常可取 20% ;反之,如果有丰富的经验,各种资料齐全,把握较大,风险较小, 5% 也可以。

2. 收入估算

收入项目包括广告收入、优惠销售收入、捐款、赞助收入(常见于艺术和体育活动)、投资利息收入、注册费收入、商业销售收入(如体育活动的转播权)、大型活动票房收入、经销商佣金收入、集资(常见于社区活动)、客户(常见于公司活动)、拨款等。

3.成本控制

成本控制是运用以成本会计为主的各种方法,预定成本限额,按限额开支成本费用,以实际成本和成本限额比较,衡量活动的绩效和效果,并以例外管理原则纠正不利差异,以提高工作效率,实现甚至超过预期的成本限额。进行有效的成本控制的关键是要经常及时地分析成本的实际数与计划数的差别。尽早发现成本差异和低效率,以便及时采取纠正措施。首先,分析实际成本与计划成本的差异,确定要采取纠正措施的工序。其次,决定要采取何种特别措施纠正成本差异。最后,修订旅游节事活动计划,包括日期、成本预算,综合筹划纠正措施。

(十一)现场管理

旅游节事活动一般要经过较长时间的前期筹划、筹备,才能进入关键的实施阶段,即现场管理环节。这是最紧张也是最关键的一步,管理不善不仅功亏一篑,甚至会有生命危险,在社会上造成恶劣的影响。现场管理包括场地的布置与管理、后勤管理和人员管理三个方面。

1. 场地的布置与管理

(1)场地的类型与选择

旅游节事活动举办的场地有室内场地、露天场地和临时搭建的凉棚式场地三类。室内场地,指固定建筑物内的场地,如各类会议中心、展览馆、体育馆、音乐厅、歌剧院等。露天场地,指由于流动性等原因,用于举办旅游节事活动的草坪、广场、有规定线路的街道等露天场所。凉棚式场地,指临时搭建的用来举办节事活动的暂时性场地。到底选择何种类型的场地来举办旅游节事活动,需要进行综合考虑,主要从活动的性质、活动的规模、场地的位置、设施设备要求、场地条件对活动项目的适合性五个方面来考虑。

(2)场地的布置与装饰

场地的布置和装饰都必须围绕整个活动的主题展开,灯光、音响和特殊效果都是为烘托活动的气氛进行设计,如整个活动背景的色调、舞蹈的形式等都应留有使游客和观众发挥充分想象力的空间,音响和灯光能够使娱乐活动更加完美,诱导观众全身心投入,而不会发生视线被阻挡或嘈杂声过响而淹没音乐的情况。

2. 后勤管理

对于所有的旅游节事活动而言,后勤工作是最需要花力气去考虑的一个部分,也是较为琐碎的部分,即便是极其微小的细节也会影响活动的成败。后勤管理主要包括与供应商/服务商的协作、交通管理、安全管理等方面。

(1)与供应商/服务商的协作

一般普通观众注意不到活动看台设施和移动公厕的提供者,注意不到节目表的印刷商、志愿者制服的制造商、临时电源供应商、移动基站服务商以及现场垃圾清洁商等,而作为活动的组织者,选择好的供应商/服务商是非常重要的。首先要确定需要的产品和服务的种类,其次要明确与供应商/服务商彼此的权利和义务,最后要保证商品保质保量如期到达。

(2)交通管理

交通管制是旅游节事活动期间最普遍的难题,有效地疏导活动举办期间的大量人流、车流需要周密的计划,也需要当地公安、交通部门、活动组织方和志愿者的通力配合。后勤部门应及早规划各类人员抵达和离开活动场所的交通方式,并安排相应的交通工具和停车场,还应考虑停车场内是否有足够的照明设施、指示标牌及管理人员,减少犯罪的发生率,给停车者安全感。保持交通畅通的另一措施是设置路障和利用警力控制过往行人。此外,举办大型的节事活动,还要对司机进行培训,让他们了解各种情况下可选择的行车路线。

（3）安保管理

许多成功的活动组织者都信奉"安全第一"的原则,他们将安全措施放在重中之重,尤其是演出者和观众的安全是最重要的,对任何隐患都需采取预防措施,切忌视而不见。安全管理不只是现场保安或保安部门的责任,而应该是所有参与者的责任,只有开展全员安全管理才能保证活动平安、有序。需要制定安全与危险防范措施,保证演出者和观众的安全,对警力、消防和紧急救护做相当的安排。此外,还要做好有价物品的运送和保护工作。

3. 人员管理

旅游节事活动举办现场中的人员可以分为三类,即组织者,观众、游客等消费者以及邀请来的演员、嘉宾和媒体记者等。对于现场工作人员来说,现场工作是所有工作中最关键的一环,它决定着活动的成功与否,同时也是最紧张和最疲劳的一个工作环节,所以做好临聘人员、团队的激励工作十分重要,以确保他们现场工作的积极性和高度投入。而对观众、游客等消费者和邀请来的演员、嘉宾和媒体记者等,不仅要做好接待服务工作,而且要确保他们的人身、财产安全。

三、执行阶段

（一）监察控制

在旅游节事活动举办之前,召开一次或几次必要的会议,以消除最后可能的障碍,确保有可替代的措施,以防万一。如此,有了确保的管理、应急计划,旅游节事活动就能如期进行。组织者安排各种监控行动,确保活动按照既定计划推进,在必要的时候采取紧急修正措施。当管理者的计划改变时,应该与所有的员工沟通好,让他们按照改变了的计划行事。

（二）事故处理

导致旅游节事活动取消、延期、活动现场混乱（如火灾、洪水、地震、突然停电、台风、爆炸等）的不可预测的事故是组织者不可控制的事情。保险能够转移组织方的风险,体现为两方面的好处:一是能够获得专家关于风险的管理建议;二是能够保证获得财务损失的补偿。旅游节事活动的组织者必须要考虑:如果发生……应该怎么办?应该为所有有可能发生的事故准备两套防御方案,以及一整套有效解决事故的计划,并且还要对所有的员工进行培训,使他们能够处理各种可以预见的、不可预见的突发事故。

（三）关闭工作

关闭工作是指旅游节事活动结束后把所有的事情复原,包括拆除并转移各种设备和清扫。在租赁合同里,应该指明由设备提供商拆除、运走设备（如音响设备、临时舞台、可移动的洗浴室等）,以及拆除的时间安排。如果是组织方自己购买的设备,那么设备的销售或租赁还能为活动带来后期的收入。对清扫工作并没有硬性的限制,但是对举办地点的清扫,应该包括促销以及用来标记的材料的回收。

四、评价阶段

（一）目标评价

原先计划中预定的目的和目标的实现程度，是旅游节事活动评价所需要完成的主要任务之一。目标评价，首先要对照原定目标的主要指标，检查活动结束以后的实现情况，确定实际变化之处及分析变化产生的原因，判断目标的实现程度。其次要在实践中检验原定决策目标的正确性、合理性，通过评价找出原定目标的问题，如不明确的目标、过于理想化的目标及不切实际的目标，为下次活动目标的制定提供依据和经验。

（二）工作评价

旅游节事活动的筹备和实施工作的内容比较广泛，涉及时间进度、推广宣传、现场服务、财务实施等情况，对照策划内容进行比较和分析，找出差距，分析原因。一般包括以下几个方面：一是筹备工作的评价，包括旅游节事活动工作的统筹、准备、协调及各项筹备工作的安排和调整等；二是服务代理工作的评价，对通过公开招标的服务商、代理商、指定赞助商、旅游代理商、清洁公司、保安公司等工作进行评价；三是宣传推广工作的评价，包括媒体宣传与公关、推广进度安排、宣传渠道的建立、宣传资料的印制与发放、宣传效果、新闻媒体的反映（刊载、播放的次数、版面大小、时间长短）等；四是管理机构的评价，对构建的组织结构形式、人员组成、工作态度、团队精神、工作效率等进行评价，评价工作人员组合安排是否合理、效率是否高、工作时间是否适宜等；五是现场管理工作的评价，包括场地选择、舞台音响、后勤管理、物流配送、清洁保安、志愿者管理、现场工作人员管理、突发事件应急措施和各环节的服务，以及对这些服务的质量、提供方式等进行评价；六是时间管理的评价，包括对招商、宣传推广、服务及整体时间进度安排等进行评价；七是服务管理工作的评价，包括筹备管理的质量和效率，接待服务的各环节质量、培训、后续工作等；八是财务实施的评价，包括对节事活动的预算制定与执行情况、成分、费用支出时间的安排，收益、收款情况，超支原因及其他财务管理问题进行评价。

（三）效益与影响评价

1. 效益评价

效益评价即财务评价和经济评价，主要的分析指标为内部收益率、净现值和贷款偿还期等盈利能力和偿还能力，包括成本效益评价、成本利润评价等。

2. 影响评价

旅游节事活动的影响评价内容包括经济影响、环境影响和社会影响。

（1）经济影响评价。这主要分析评价旅游节事活动对所在地区、所属行业企业或国家所产生的经济方面的影响，评价的内容包括分配、就业、换汇成本、技术进步等。由于经济影响评价的部分因素难以量化，一般只能作定性分析，或并入社会影响评价范围。

（2）环境影响评价。这一般包括旅游节事活动的地区环境质量、自然资源利用和保护、区域生态平衡和环境管理等几个方面。

（3）社会影响评价。这是对节事活动在社会经济发展方面的有形或无形的效益和结果的一种分析，重点评价节事活动对举办国、举办地和社区的政治、文化、经济、生活的影响。

第三节　旅游节事活动策划实训

一、实训目的

掌握进行旅游节事活动策划的一般步骤和每一步的关键环节,能根据确定的旅游节事活动主题,完成旅游节事活动方案的编制、执行及评价工作。

二、实训要求

请根据策划背景材料的介绍,并自主查阅相关网站与资料,利用深圳欢乐谷的既有资源、往届节事活动的举办经验及未来发展方向,结合目前旅游市场需求的变化,深入分析目标旅游者的需求特征,完成"××××年深圳欢乐谷玛雅狂欢节活动方案"。

三、实训背景材料

(一)杭州西溪国家湿地公园材料

1. 湿地概况

杭州西溪国家湿地公园坐落于浙江省杭州市,横跨西湖区与余杭区两个行政区,距离西湖约5公里,距主城区武林门约6公里。东起紫金港路西侧,西至绕城公路绿带东侧,南起沿山河,北至文二西路。总面积1038公顷,其中湿地面积564.45公顷,湿地率54.38%。

西溪湿地公园划分为保育区、恢复重建区、合理利用区三个功能区。保育区面积580.42公顷,占湿地公园面积的55.92%;恢复重建区面积55.44公顷,占湿地公园面积的5.34%;合理利用区面积402.14公顷,占湿地公园面积的38.74%。西溪湿地的地质单元属三墩凹陷,下伏白垩系杂色砂岩,上覆厚约40~50米的第四系亚砂土和亚黏土,第四系上部25米厚的亚黏土属全新统,是浙北地区经二次海侵海退形成的。

西溪湿地公园集生态湿地、城市湿地、文化湿地于一身,堪称中国湿地第一园,杭州历史上曾有"西湖、西溪、西泠"并称"三西"之说。水是西溪的灵魂,园内约54%的面积为河港、池塘、湖漾、沼泽等水域,正所谓"一曲溪流一曲烟",整个湿地公园的河流纵横交汇,其间分布着众多的港汊和鱼鳞状的池塘,形成西溪独特的湿地景致。西溪湿地公园是一个典型的多样化生态系统,湿地复杂多样的植物群落,为野生动物提供了良好的栖息地,是鸟类、两栖类动物的繁殖、栖息、迁徙、越冬的场所,对于提高城市物种多样性有重要的作用。西溪湿地公园蕴含"梵、隐、闲、俗、野"五大主题文化元素,公园主要景观有福堤、绿堤、寿堤、秋芦飞雪、火柿映波、龙舟胜会、莲滩鹭影、洪园余韵、蒹葭泛月、渔村烟雨、曲水寻梅、高庄宸迹、河渚听曲等"三堤十景",以及东关荷塘、荆源访古、四季花海等近几年新增景点。2012年1月10日,被评为国家AAAAA级旅游景区。

2. 主要景点

(见第三章旅游产品策划)。

3. 主要节事活动

(1)探梅节(2月至3月)

诗人龚自珍写的《病梅馆记》中有"江宁之龙蟠,苏州之邓尉,杭州之西溪,皆产梅"的记载,可见西溪也曾是江南三大赏梅胜地之一。西溪的梅花主要以绿萼梅、红梅,杏梅为主,其中"绿萼梅"也叫西溪梅,属于梅花中的极品。每年的二三月份就是西溪的赏梅佳季。释文绮在《西溪梅墅》中写道:"孤山狼籍后,此地香未已。花开十万家,一半傍流水。"便是说西溪的梅花因为小气候、环境等原因,要比杭州城里的花时迟,与孤山等地的梅花能够形成"错时开放"之妙,延长了游人赏梅花的花期。

"水上探梅,摇舟探梅"是西溪特有的赏梅方式。这"探"字很有讲究:一探在于西溪的梅弯曲于水上,有迎客之势;二探在于船从梅树下经过,梅触手可及;三探在于"探"有寻找、摸索之意,河道弯环,正是乘舟寻梅的意趣。

(2)花朝节(4月至5月)

"百花生日是良辰,未到花朝一半春。万紫千红披锦绣,尚劳点缀贺花神。"花朝节俗称"花神节""百花生日""花神生日",旧时为每年农历二月十五。

至清代后,这一传统节日逐渐消失。直到2011年,首届花朝节在西溪湿地成功恢复举办。现在的花朝节,以绿堤为主要观赏区之一,海棠、琼花、杜鹃、牡丹、梅花、紫藤、山楂、玫瑰、铁线莲、樱花、丁香、百合等花卉区沿绿堤分片展开,每一块区域都有一种独特的美。如今,西溪已从花卉品种、花卉布展、体验活动等多环节着手,让西溪湿地四季有花可赏,打造永不落幕的花朝节。

(3)龙舟文化节(6月至7月)

西溪的蒋村龙舟历史悠久,始于唐宋,盛于明清,源远流长。清代,乾隆皇帝御赐蒋村龙舟为"龙舟胜会"。蒋村龙舟分为"满天装""半天装""赤膊龙舟""泼水龙舟"等,不仅形式多样,而且划法也多种多样,它不赛速度赛表演,颇有"花样"划龙舟的意味,当地更有"划龙船体强庆丰年,观龙舟吉利保平安"的民谣,具有浓厚的地方特色。2011年,蒋村龙舟被评为国家级非物质文化遗产。龙舟不仅承载着中国的历史与文化,更是民族团结奋进的象征。

(4)火柿节(9月至10月)

西溪湿地在保护过程中,保留了原来的4000多棵柿子数。西溪柿树不仅数量多,种类也不少,分别是:火柿、扁柿、方柿。火柿又叫树头红,成熟时挂在树上红彤彤的就像灯笼一般,从树上摘下就可以直接吃,果肉松软、甘甜,深受人们喜爱;扁柿又叫盆柿,生、青、硬,吃起来口感像苹果;而方柿,又叫烊柿,所谓"烊"。就是把采摘下来的柿子放进石灰水中去掉柿子涩味,"烊"过的方柿才可以吃,当地烊柿制作工艺还被评为浙江省非物质文化遗产。古荡的方柿还是全国六大名柿之一,曾有古荡方柿天下闻的美名。每年九月十月柿子成熟的时候,西溪还会举办"火柿节",游客可以来感受柿子丰收的喜悦。

(5)听芦节(11月至12月)

西溪现有芦苇约360亩(1亩≈666.67平方米)的芦苇,芦苇不仅是净化水质非常好的植物,也是西溪湿地秋冬季节一道亮丽的风景。"火柿银花秋西溪"是西溪湿地最美的景致,火柿映波、白芦摇曳,意境非凡,这便是西溪的"听芦节"。

（二）策划案提纲参考

1．××节前期调研

    1.1 资源条件分析

    1.2 区域节事活动发展现状

    1.3 ××节可行性分析

    1.4 ××节的目标

2．××节的定位

    2.1 市场定位

    2.2 主题定位

    2.3 形象定位

3．××节活动项目策划

    3.1 核心品牌项目

    3.2 轰动性活动项目

    3.3 辅助性活动项目

4．××节的营销传播

    4.1 举办前的造势运作

    4.2 宣传印刷品设计与制作

    4.3 活动期间新闻发布与报道

    4.4 节后新闻传播

5．××节的现场管理与执行

    5.1 展览、会议安排

    5.2 组织机构与人员分工

    5.3 开、闭幕式设计

    5.4 环境布置与活动场地布置

    5.5 活动组织与节目邀请

    5.6 配套接待服务安排

    5.7 安全保卫及紧急事件处理安排

6．××节的评价

    6.1 节后跟踪监测与效果分析

    6.2 节后跟踪服务

四、实训组织与过程

（一）组建实训组织机构

为了便于各地师生方便开展此项实训，亦可就近选择相应的校企合作单位。

1．指导老师

建议设置校内专业指导老师 1～2 名，企业指导老师 1～2 名。其中，校内专业指导老师具体负责节事活动策划的技术操作流程，企业指导老师负责帮忙资料搜集、市场分析、实地调研、分析活动的可行性等。

2．学生分组

建议将全班划分为若干个实训小组，每个小组设项目组长 1 名，成员 4～6 名。项目组成员宜随机分配，不宜把同寝室、同地区、同性格的同学划归一组。

（二）实训的具体过程

1．现场调研考察与讨论交流

由专业指导老师带队，至企业现场与企业指导老师汇合，并由企业指导老师及其助手带领学生实训团队对企业进行专题性调研、考察，以尽可能多地搜集资料。此过程可视实际情况采用二手材料分析得出相关结论。

2．旅游节事活动的策划与论证

根据旅游节事活动策划的决策阶段、内容策划阶段、执行阶段和评价阶段的技术要求，完成该项活动方案的编制与论证。

3．实训成果的评价与总结

由校内专业指导老师、企业指导老师及学生代表组成实训成果评价小组，对每个实训小组的成果进行综合评价；事后，每个实训小组形成最终的总结报告，提交校企双方。

五、实训成果评价细则

（一）评价主体及其权重

本次实训成果的评价建议由校内专业指导老师、企业指导老师及学生代表（每个实训小组各选 1 名代表）参加，权重分别为 40%、40% 和 20%。

（二）评分细则（见表 4-1）

表 4-1　旅游节事活动策划方案评价标准

活动名称：＿＿＿＿＿＿＿＿＿＿　　　　汇报人：＿＿＿＿＿＿　　　　第＿＿＿组

评价内容		评价分值	评价标准	评价得分
策划内容	内容完整性	15 分	包括活动名称、主题、时间、地点、组织单位、活动内容、预算、营销及其他，每缺一项扣 2 分	
	活动主题及内容策划	25 分	策划内容紧紧围绕主题得 22～25 分；基本围绕主题得 17～21 分；活动有新意但偏离主题得 11～16 分；活动无新意且偏离主题得 0～10 分	
	活动设置的科学合理性	15 分	时间、地点设计合理得 12～15 分；基本合理得 8～11 分；不甚合理得 0～7 分	
	内容的准确性	10 分	涉及组织单位、活动预算、营销等相关内容	
表现方式	PPT 演示稿	15 分	PPT 演示稿条理清晰、表现到位得 12～15 分；条理基本清晰、表现基本得体得 7～11 分；其他方面得 0～6 分	

续表

评价内容		评价分值	评价标准	评价得分
表现方式	现场演讲	10分	演讲者形象气质佳、演讲流利、条理清晰者得8～10分；形象一般、演讲一般得5～7分；其他方面得0～4分	
	现场答辩	10分	现场答辩流利、回答内容准确得8～10分；答辩一般，内容基本准确得5～7分；其他方面得0～4分	
	评委签名：		合计得分：	

本章重点提示

旅游节事活动，是指能够对人们产生吸引，并可以被用来开发成消费对象的节日和活动的总和。它具有明显的时间性或周期性、短期性、群众性、民族性和地域性、主题性、综合性等特征。

了解旅游节事活动的类型对于开发和策划节事活动、推动会展业和旅游业的发展有着十分重要的意义。节事活动内容广泛，形式多样，可以根据不同的标准，站在不同的角度对其进行分类，如按规模和重要性的不同划分、按产生的属性不同划分、按内容的不同划分、按主题的不同划分、按组织者的不同划分等。

举办旅游节事活动的目的不仅仅在于吸引旅游者、消费者、赞助商、承包商等参与者，而且还在于成功举办后所能带来的多种牵动效应。它一方面推动当地经济的发展，带来物质文明的发展，另一方面为当地文化的定位奠定基础，带来精神文明的发展。

策划一个完整的节事活动需要经历决策、内容策划、执行、评价四个阶段。在决策阶段，由单位或个人发起举办节事活动的倡议，经过可行性分析检测"可行"之后，成立相应的管理组织机构，并确定节事活动的目标。内容策划是节事活动策划的核心步骤，具体包括主题与名称策划、标志物策划、举办时间和地点的确定及选择、举办单位的筛选、具体活动内容设计策划、营销推广、志愿者招募、获得赞助商支持、财务成本管理、现场管理等内容。在执行阶段要重点做好监察控制、事故处理、关闭工作三方面的工作。

旅游节事活动是一个新兴的产业，只有通过科学的、严格的评价，才能使所有的活动项目利益相关者认识到它的作用和影响，并总结成功经验，接受失败教训，不断提高活动的质量。

【思考与训练】

1. 旅游节事活动对地方发展的负面影响可能有哪些？
2. 如何解决一次性节事活动和重复性节事活动的可持续性问题？
3. 您如何看待许多"洋节"的兴起和我国传统节日的退化？
4. 在进行节事活动策划的过程中，如何处理传统性与现代性的关系？
5. 在旅游节事活动的现场管理中，可能会出现哪些问题？该如何规避或解决？

第五章　旅游形象策划

第一节　旅游形象策划

一、旅游形象的概念

（一）形象

　　《现代汉语词典》中,将"形象"的解释为"能引起人的思想或感情活动的具体形态或姿态。目前,形象这一概念被广泛地使用在不同的事务中,例如国家形象、企业形象、商品形象、城市形象等。其中,个人形象反映了一个人的本质、文化修养和气质等。城市形象反映城市的自然环境条件、历史文化传统、文化渊源、经济水平以及地域人文特征。

　　我们认为形象是客观事物在人脑中的反映,它包含三个方面的含义:第一,形象是一种具体的形态、模样,是事物的外在表象,是有形的、可描述的,是一种客观的物质存在,具有客观性。第二,形象是通过人的主观感受体现出来的,人是形象的感受者,具有主观性。形象的客观性说明,客观物质存在本身是形象的基础,是形象的内在本质;形象的主观性说明,形象是人们认识客观物质存在的入口,是客观事物被人们了解、熟悉以致接受的关键。第三,形象拥有动态变化的特性。客观事物总是不断发展变化的,其外部特征也随之变化。这决定了客观事物的形象是可以变化的,这种变化能够根据某种需要按照一定的发展轨迹进行,这就是形象的可塑性。形象的可塑性使得形象策划成为可能。

（二）旅游形象

对旅游形象的研究始于20世纪70年代。英国学者克罗姆顿（Crompton）将旅游地形象定义为人们对一个旅游地的信任、意见及影响的总和。彭华认为，旅游形象是旅游资源（包括人造景观）的本体素质及其媒体条件（服务环节）在旅游者心目中的综合认知和印象；黄震方将旅游形象定义为人们对一个目的地的信任、意见及印象的总和；程金龙和吴国清指出，旅游地形象是一个综合性的概念，是旅游地内外部公众对旅游地总体的、抽象的、概括的认识和评论。

李蕾蕾认为，旅游者对旅游地形象的感知，除了包括对旅游地所在地理环境实体如风景实体的感知外，还包括对当地人文社会的抽象感知，后者的感知是通过游客满意程度来实现的。旅游地的知名度和美誉度是旅游者关于目的地的印象的定量评价指标。李蕾蕾将旅游形象结构分为主体、客体和本体三方面。其中，旅游形象的主体包括旅游者、当地居民和规划设计师，指那些从事旅游地形象设计、建立和传播推广等活动的人。

经过了40多年不断深入的研究，国内外学者对旅游目的地形象含义的理解经历一个从模糊到具体，从片面到较全面，从宽泛到集约的过程。

我们认为，旅游形象是旅游地及旅游企业文化的综合反映和外部表现，是通过自身的行为、产品和服务在社会公众心目中绘制的图景和造型，是公众以其直观感受对旅游地及旅游企业等作出的总体看法和评价。这一定义包含以下几方面的含义：

（1）旅游形象是社会公众的普遍看法或评价，而不是某个人或少数人的偏见或褒奖。

（2）可以从两个角度来理解旅游形象：从旅游地角度看，旅游形象是旅游地资源优势的集中体现和整合提炼；从旅游者角度看，旅游形象是旅游者通过各种传播媒介或实地游览后，对旅游地的总体印象和期望。

（3）旅游形象由形象主体、形象客体和形象本体三个部分构成。其中，形象主体是现实的或潜在的旅游者。形象客体泛指认知的对象，包括旅游企业形象、旅游目的地形象等。形象本体是具体的评价、看法或偏见，是主体对客体认知的结果。

二、旅游形象策划的概念

（一）形象策划

形象策划又称CI（Corporate Identity）策划，是指通过企业形象创意构思与设计提升，实现提高整体竞争力和获得良好业绩的过程，是最初在美国推出，近几年流行的一种专门的经营技法。我国翻译成"企业形象识别"，是指一个企业为了获得社会的理解和信任，将企业的宗旨和产品包含的文化内涵传达给社会公众而建立的视觉形象系统。

CI策划的目的不是形象本身，而是通过企业形象的提升，提高整体竞争力，从而获得良好的业绩。CI中的Identity具有统一性和独立性两个基本特征。统一性是指企业内外、上下的一致性，例如统一的标志、标准色等，以便集中强化形象，使信息传播更为迅速有效。独立性则要求识别具备区别于其他行业和部门的特性，使公众能在感觉上感到本企业与其他企业的不同。

（二）旅游形象策划

旅游形象策划出现晚于企业形象策划。西方国家于 20 世纪 70 年代将 CI 概念引入旅游企业和旅游地形象策划中，但也停留在浅层的对旅游产品的统一包装方面。20 世纪 80 年代，我国几个优秀饭店企业运用了非常有特色的商标、标志和标准色等视觉识别形象。例如广州的白天鹅宾馆，以白天鹅的图案作为宾馆的标志，白色作为标准色，在宾馆的设备、设施、文件用具和物品上处处印上白天鹅的图案，突出自己的企业文化和持色。

旅游形象策划是旅游地经过人为干预的形象再造过程，通常可分为旅游地形象策划（Tourism Destination Identity System，TDIS）和旅游企业形象策划（Tourism Corporate Identity System，TCIS）。其中，旅游地可以大到一个国家、一个区域或城市，如中国旅游形象策划、美国旅游形象策划、普吉岛旅游形象策划等，也可以小到某一个特定的景区，如西湖风景名胜区旅游形象策划、北京故宫旅游形象策划；旅游企业包括旅游社、宾馆酒店、旅游景区、旅游购物商场等。

旅游形象策划是在对旅游地或旅游企业的客观形象和旅游者感知形象的认识的基础上，根据旅游地或旅游企业的现实水平和发展前景，针对旅游目标市场系统化地设计和塑造期望形象，并借助公众参与、各种活动及传播媒介的力量，将期望形象传递给旅游者的全过程。其目的是提升旅游地或企业的知名度、赞誉度和认可度，达到良好的经济效益、社会效益和环境效益。

三、旅游形象策划的意义

（一）丰富旅游学及相关学科的理论和实践

旅游形象策划是旅游地理学中旅游流（旅游需求）和旅游者行为方面的重要研究内容，也是企业管理学、市场营销学、心理学、经济学等学科中旅游者行为和满意度研究的重要内容。因此，旅游形象策划的理论和实践能对这些学科的发展起到积极的作用——丰富其研究内容，深化其理论，完善其研究方法。

（二）吸引更多游客，拓展旅游客源市场

从消费者的消费行为来看，一般消费者首先是对产品产生注意，继而产生兴趣，再是激发购买的欲望，并记住其中的内容，最后是付诸行动。形象在此过程中起着非常重要的作用。特别是现代社会产品的竞争已经从价格竞争、质量竞争向形象竞争转变，形象已经成为继人、财、物之后企业的第四种资源。

　　对于旅游地而言,形象是旅游地引起客源市场注意的关键,只有形象鲜明的旅游地才能更容易被旅游者感知和选择。面对激烈的市场竞争,形象驱动策略已成为旅游地提高自身吸引力和知名度,在众多竞争对手中被大众所识别和接受的重要途径。实际上,旅游地形象策划的作用在于展现旅游地的魅力,引起人们的注意,增加旅游地被选择机会。如表 5-1 所示是全国旅游目的地吸引力指数前十名的城市。

表 5-1　旅游吸引力指数排行

1	三亚	100.00
2	北京	78.97
3	桂林	73.50
4	厦门	70.32
5	昆明	59.56
6	杭州	54.65
7	重庆	53.43
8	丽江	50.90
9	张家界	57.23
10	成都	45.53

　　旅游地形象策划的最终目的就是,经过策划,要让旅游地形象发展到形象阶梯的顶端位置,让旅游地成为旅游者的首选目的地。

　　(三)塑造区域形象,促进区域经济社会发展

　　旅游形象不仅是区域形象的重要组成部分,而且在很多情况下,旅游形象可以代替区域形象。通常,人们对区域形象的认知首先是通过对其旅游形象的认知开始的。因此,旅游形象的塑造、维护和推广有利于树立良好的区域形象,为区域发展创造良好的"软"环境。例如,三亚能从鲜为人知的小渔村迅速发展成现代化的优秀旅游城市,并吸引了世界著名的企业落户三亚,显然与三亚优良的旅游形象是密不可分的。良好的旅游形象还有利于弘扬地方传统文化,激发建设美好家园的责任心和使命感;有利于提升旅游地居民的整体素质,营造热情好客的社会风气。

　　旅游地形象是区域形象的一部分,在很多情况下,旅游形象可以代替区域形象。因此,旅游形象的策划、塑造和推广有利于树立良好的区域形象,为区域发展创造"软"环境。同时,区域经济和社会的发展,反过来又能拉动旅游需求,促进旅游业的发展。

　　1. 良好的形象本身就是一个地区或企业巨大的无形资产和财富

　　企业商标、企业名称的注册和各种官司能充分说明这一点,有些企业的品牌本身就有数亿甚至数十亿的价值。因此,无论是旅游地还是旅游企业,都十分重视旅游形象策划。

　　2. 现代旅游者对旅游形象具有依赖性

　　旅游者选择旅游地时,除考虑距离、时间、交通方式、旅行成本等一般因素以外,越来越重视旅游地形象。旅游者习惯采取一般实物商品的选购思维来选择旅游地。而对旅游地形象的评价要比对实物产品中那些可见因素的评价更加模糊和依赖。在旅游市场从卖方市场

转为买方市场的今天,旅游者越来越依赖旅游形象来选择旅游地,并决定是否重游。形象驱动策略已成为旅游地和旅游企业提高自身吸引力和知名度,在众多竞争对手中被社会公众所识别和接受的重要途径。因此,树立和维护良好的旅游形象,是开拓旅游客源市场、提高经营效率的重要手段。

3. 旅游形象传播具有"非线性"特点

现代旅游业的发展是以"受众社会"为背景的,因此,现代旅游的显著特征之一便是,旅游地或旅游企业与社会事件的联系是"非线性"的。某个地区、某个时刻所发生的事件,甚至一个小的事情都可能引起其他地方和未来时刻发生很大的变化,从而改变旅游地在旅游者心目中的形象认知,进而影响着旅游者的决策。

4. 良好的旅游形象是一种积极的精神力量

这种精神力量对旅游业发展的积极作用是显著的,具体表现在:能鼓励旅游地居民和旅游企业员工朝着共同的信念努力拼搏;能增强旅游地和旅游企业的竞争力,给公众以新的认识、新的感受,提高知名度;有利于形成旅游地对旅游者和社会公众的凝聚力和吸引力;能吸引更多的商贸往来,增加旅游投资;有利于旅游业的综合发展。旅游形象的建立可以鼓励旅游企业员工朝着共同的信念努力拼搏。

四、旅游形象策划的理论基础

(一)旅游地形象认知空间理论

旅游地形象认知的首要因素是来自于旅游地属于地理空间这一认知客体的属性,旅游地的空间认知因素是其最不可替代的因素,是旅游地形象策划和传播推广的基础。旅游者对旅游地的空间认知,首先是旅游者对旅游地所处位置的认知,它在哪里? 其次,才会认知它是一处什么样的旅游地,有些什么样的旅游吸引物,是否就是我心目中理想的旅游地,即对被认知旅游地与其他旅游地的空间比较认知。旅游者对旅游地形象空间的认知具有等级层次、距离衰减、地域分异的特点。

1. 等级层次性规律

各种地域空间的等级层次性是人们认识地域的基本出发点。在大多数人的心中,已经形成了一种地理空间等级层次的阶梯,或者称为地理空间的"认知链"。认知链是由旅游地所从属的不同等级层次的空间构成的一个链条,每当提到一个地方,我们就会自觉地通过这个阶梯、链条来确定它的位置,而这种被意识到的位置,不仅仅是位置而已,还蕴含着由于位置的确定所带出的有关这个地方的认知内容和对旅游地形象的指示意义。

认知链是旅游者心中关于旅游地的一种形象阶梯,认知链上地域的上下级关系使旅游地形象离不开地理文脉,这便构成旅游地形象认知的背景律;而从被认知对象与其同级别的地域关系来看,旅游地形象的认知符合接近率和相似律,即地理位置的临近和文化、政治、经济、民族和宗教等方面的相似性,容易被旅游者认知为同一形象,从而产生旅游地形象认知的替代效应,即背景替代、接近替代和相似替代。

(1)背景替代。对地方形象的认知依赖于该地的背景形象。比如,一个外国游客要到奉化去旅游,但是不了解该地,只知道奉化是宁波市的一个区,而他对宁波市有一定的了解和认知,那么他往往就会以宁波的形象代替奉化的形象。

（2）接近替代。如果两个同等级层次的旅游地在地理空间上相邻,则容易被认知为具有相似形象的旅游地。比如,我们并不了解某个旅游地,但是对与之相邻的那个旅游地非常熟悉,这个时候就容易将已知旅游地形象认知为未知旅游地形象。

（3）相似替代。其是指由于政治、文化、民族、宗教等认知要素的相似,使人们容易将已有的旅游地形象认知为与其具有某些相似认知要素的未知旅游地形象。比如,中国的四大佛教名山,由于都是以佛教文化为主的山岳型旅游地,容易让人们形成相似替代,去过一个山之后,可能就认为其他几座山也与之相似。

2. 距离衰减规律

依据空间等级层次规律确立旅游地所处的阶梯位置,是旅游地空间形象认知的一般规律。但在旅游地形象的实际认知过程中,由于不同客源地的旅游者与被认知旅游地存在不同的位置关系,这种位置关系又会导致不同地域的旅游者对同一旅游地的地理位置的理解和认知产生差异。一般来说,来自距旅游地越遥远的旅游者对旅游地的认知水平就越低,甚至发生认知扭曲。反之,人们对所居住的地方及其周围的认知水平较高、较全面。距离衰减规律是一种自然界和人类社会中普遍存在的规律之一,旅游地形象的认知也存在距离衰减规律,目的地与客源地的空间距离越远,认知链就越长,对旅游地的认知程度就越低。

3. 地域分异规律

地理环境的地域分异不仅在自然界,而且在经济和社会人文方面都有表现。旅游景观也存在空间分异,这种分异意味着景观信息的存在,从观光旅游是景观信息的探索和景观的感知过程来看,旅游行为发生的一个重要因素就是人们对地域差异的好奇。正是由于旅游地在自然景观与社会文化等方面与旅游者所居住的地方存在差异,才吸引着人们前往旅游,特别是进行远程旅游。因此,旅游者在旅游前期望目的地具有不同于其居住地的地域性吸引力,而且在实地旅游时,也主要感知那些目的地独有的地方性要素,就是这些地方性的景观和文化使旅游地的形象被突出、被识别和被认知。

（二）旅游地形象认知时间理论

人们对旅游地形象的认知不仅受地域空间的影响,还具有一定的时间性,主要表现为阶段性、周期性和季节波动性。

1. 阶段性

我们将一次旅游活动的全部过程分为三个阶段,即旅游前、实地旅游、旅游后,不同阶段对应不同的旅游地形象认知,旅游地形象的意义也会有所不同,从而形成旅游地形象认知的阶段性。

（1）旅游前。当旅游者由于内心或外在的刺激而产生强烈的旅游需求时,便出现了具体的旅游购买与消费问题的认定,即明确如何满足这次旅游的愿望。这时旅游者就会进入咨询搜集的阶段,或从脑中的记忆,或通过各种各样的外在渠道来搜集这次旅游所需的信息,特别是可能的旅游目的地信息。然后对所得的信息进行评价,并作出购买决策,即选定旅游目的地。这一阶段,旅游者依据对旅游地的间接认知进行选择决策。

（2）实地旅游。从旅游者离开住地的那一刻起至其回到住地的那一刻止,是旅游者购买与消费旅游产品、完成外出旅游活动的过程,也是旅游者旅游活动全过程的主体部分和核心内容。旅游者通过实地旅游获得对旅游地的直接认知,形成对旅游地形象的验证。

(3)旅游后。旅游者回到住地后,还会在一段时间之内回想和评价本次旅游经历,形成满意或不满意的感受,并会将旅游后的感受传达给周围的其他人,或者沉淀为记忆,充实其脑中有关旅游地的旅游形象,从而影响其本人是否重游此地或他人未来的旅游决策。

2.周期性

一般认为,任何一个旅游地不可能是长盛不衰的,都会具有一个从产生到消亡的过程,这就是所谓的旅游地生命周期。

旅游者对旅游地发展的不同阶段有不同的认知与评价,旅游者知道这是否是一个新开发的旅游地或成熟古老的旅游地,是否是正热的旅游地或温冷的旅游地……这些关于旅游地形象的认知随着旅游地生命周期的变化而变化,可同构为旅游地形象的生命周期模式,对旅游地发展不同阶段的形象设计与传播具有指导意义。

3.季节波动性

旅游地发展的季节波动性或淡旺季差异,往往是由于旅游地所处地理环境的气候变化影响到旅游需求的变化而产生的,因而在不同的季节,人们对某一旅游地的形象会有所不同。那么在进行旅游地形象的设计和建设时,往往要突出某个季节的形象吸引力,离开季节宣传推广旅游形象,有时会产生形象偏差。

(三)旅游形象的效应

1.马太效应

"马太效应"(Matthew Effect)来自于《圣经·马太福音》中的一个寓言:"凡有的,还要加给他,叫他多余;没有的,连他所有的,也要夺过来。"它的寓意是贫者越贫,富者越富。1968 年,美国科学史研究者罗伯特·莫顿(Robert K. Merton)首次用"马太效应"来描述社会心理现象。

旅游地之间的竞争关系主要以马太效应表现出来。越是形象良好、旅游资源特点突出、旅游资源深度开发、在客源分配与旅游供给等方面具有既定优势、品牌效应和市场竞争力强的旅游地,就越容易得到社会公众的认可,其知名度和美誉度就越高;相反,对于知名度较低、旅游资源特色不突出的旅游地,就越难得到社会公众的认可,就容易被笼罩在强势的旅游地阴影之中。

一些原来形象不好的旅游地,即使后期实际形象已经改善和提高了,还是难以得到公众的重新认可。旅游地的这种优劣势虽然有相互转化的现象,但更多的是两极分化,即优势旅游地更优,劣势旅游地更劣。因此,旅游地要想在某个领域保持优势,就必须在此领域迅速做强做大。

2.替代效应

替代效应(Substitution Effect),通常表现为人们用某个旅游地突出的局部形象替代整体形象,或用知名度较高的旅游地形象替代知名度较低的旅游地形象。由于人们对旅游地形象的认知规律具有等级层次性,所以人们一般会用比较了解的、高级别的、空间尺度大的区域的形象替代不太了解的、低级别的、空间尺度小的区域的形象,即对某地的认知或某地的形象依赖于该地的背景(地脉与文脉)形象。我们称之为"背景律"或背景替代。同时还存在接近替代和相似替代,即如果两个同等级的旅游地在地理空间上位置相邻,则容易被认知为具有相似形象的旅游地。比如,中国海南岛、泰国普吉岛、马来西亚热浪岛等热带度假胜地,都具有清新的空气、宜人的气候、迷人的海岛风光和丰富的度假元素,相似的旅游形象和旅游资源的同质性,使这些旅游地在旅游者心目中所形成的旅游形象是相似的。所以,这些同等级的旅游地旅游业发展的关键就在于树立更突出、更鲜明的旅游地形象,毕竟,旅游者很可能只选择所有相似目的地中的一个。海南的旅游形象要想在这些同质化市场竞争中脱颖而出,就必须整合旅游资源,找出独特的吸引点和市场卖点,以最大限度地树立鲜明的旅游地形象。

3. 首因效应和近因效应

首因效应(Primacy Effect),即人们常说的"第一印象",是指公众在第一次接触某事物时所产生的印象,以及这种印象对以后进一步认识事物所产生的积极的和消极的作用。第一印象会给旅游者留下鲜明、深刻的印象,形成一种很难改变的心理定势,对后面的认知也会起到指导性作用。

近因效应(Recency Effect),也称为"最后印象",是指公众在最后接触某事物时产生的印象。在旅游形象的设计中,特别重视第一印象区的设计。第一印象区是旅游者最先进入旅游景区的视觉领域,如旅游地机场、火车站、风景旅游区的入口区等。最后印象区是旅游者离开目的地时最后与目的地接触的场所,例如,最后一个旅游观光点、旅游者离开目的地时经过的边界区等。例如,东京迪士尼乐园和美国好莱坞环球影城的第一印象区,即门景区,标志性建筑虽然都是以地球和水为主题,但设计风格截然不同,给旅游者的认知印象自然也不一样。对于不同类型的旅游者,第一印象区和最后印象区的作用是不一样的,对首游者来说,对第一印象区形象的作用要大于最后印象区,而对重游者而言,最后印象区形象的作用要大于第一印象区。

4. 晕轮效应

在日常生活中,当一个人在别人心目中有较好的形象时,他会被一种积极的光环所笼罩,从而也把其他良好的品质赋予他。晕轮效应区是指对旅游地整体形象具有决定性意义的地方。晕轮效应区能使游客的印象产生放大作用,因此,旅游形象的设计若能在此得以淋漓尽致表达,将会比在其他地方的表现更容易产生积极影响。一般,城市旅游形象的晕轮效应区是城市中心商务区(CBD),对于有新城、老城之分的城市,还包括历史古迹中心区(HC),有的城市还发展出旅游憩商务区(RBD)。例如北京的历史中心区以故宫为中心,CBD为金融区,而 RBD 则在前门、王府井、西单一带。深圳将发展包括锦绣中华、中国民俗文化村、世界之窗等主题公园在内的华侨城为未来的 RBD,而福田中心区将发展为未来的 CBD,这些地方都是表达城市旅游形象的重点区位。

第二节 旅游地形象策划的技术方法

如果旅游者根本就不知道存在某个旅游地,那他绝不会选择这个旅游地;如果他知道这个旅游地,但在他的意识中,这是一个不好的旅游地,那么他也不会选择这个旅游地。因此,在对旅游地形象进行策划之前,必须要对旅游地形象的现状进行调查和识别。

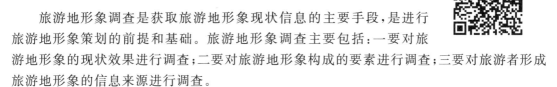

一、旅游地形象调查

旅游地形象调查是获取旅游地形象现状信息的主要手段,是进行旅游地形象策划的前提和基础。旅游地形象调查主要包括:一要对旅游地形象的现状效果进行调查;二要对旅游地形象构成的要素进行调查;三要对旅游者形成旅游地形象的信息来源进行调查。

（一）旅游地形象现状效果调查

旅游地形象现状效果调查就是要了解旅游者对旅游地的认识程度、喜好程度和是否会将其纳入自己的消费对象,即对旅游地的知名度、美誉度和认可度进行调查。

1. 旅游地知名度

旅游地知名度,是旅游者(包括潜在旅游者)对旅游地识别、记忆的状况。旅游地知名度并不代表一定就是好的一方面,它也有坏的一面,但好与坏都可以提高知名度。其测算公式为:

$$旅游地知名度＝(知晓旅游地的人数/被调查人数)×100$$

2. 旅游地美誉度

旅游地美誉度,是旅游者(包括潜在旅游者)对旅游地的褒奖、赞赏、喜爱情况。其测算公式为:

$$旅游地美誉度＝(称赞旅游地的人数/知晓旅游地的人数)×100$$

3. 旅游地认可度

旅游地认可度,是旅游者(包括潜在旅游者)把旅游地的产品和服务纳为自己消费对象的程度。其测算公式为:

$$旅游地认可度＝(行为人数/知晓旅游地的人数)×100$$

（二）旅游地形象构成要素调查

对旅游地形象的调查,除了需要了解旅游者对某旅游地知道或不知道以及对该旅游地有好或不好的评价外,还要进一步了解该旅游地在旅游者心中究竟具有怎样的形象内容,旅游地本身有哪些要素使旅游者形成这样的形象内容,或者说,一提起该旅游地,旅游者心中会想起什么。

如表 5-2 所示为 2016 年孙旭对浙江古镇旅游形象的调查结果。

表 5-2　国内游客对浙江古镇旅游形象构成要素评价结果统计表

古镇旅游形象构成要素		国内游客评价结果频数及比例					分值
		5 分	4 分	3 分	2 分	1 分	
自然环境与城镇景观	频数	150	298	155	12	0	3.95
	比例/%	24.39	48.46	25.20	1.95	0	
人文环境	频数	79	275	245	11	5	3.67
	比例/%	12.85	44.72	39.84	1.78	0.81	

续表

古镇旅游形象构成要素		国内游客评价结果频数及比例					分值
		5分	4分	3分	2分	1分	
文化氛围	频数	92	268	231	19	6	3.69
	比例/%	14.96	43.58	37.56	3.09	0.81	
旅游服务人员素质	频数	58	166	331	57	3	3.36
	比例/%	9.43	26.99	53.82	9.27	0.49	
古镇商业化程度	频数	49	194	187	136	49	3.09
	比例/%	7.97	31.54	30.41	22.11	7.97	
古镇内部卫生质量	频数	69	247	238	49	12	3.51
	比例/%	11.22	40.16	38.70	7.97	1.95	
古镇的内部交流	频数	53	238	259	60	5	3.45
	比例/%	8.62	38.70	42.11	9.76	0.81	
古镇的酒店设施	频数	60	206	298	42	9	3.43
	比例/%	9.76	33.50	48.45	6.83	1.46	
古镇的旅游咨询服务	频数	56	206	312	32	9	3.44
	比例/%	9.11	33.50	50.73	5.20	1.46	
古镇的治安	频数	79	277	238	16	5	3.67
	比例/%	12.85	45.04	38.70	2.60	0.81	
古镇旅游产品质量(开展的活动和项目)	频数	58	187	296	60	14	3.35
	比例/%	9.43	30.40	48.13	9.76	2.28	
古镇的旅游商品(纪念品、特产等)	频数	65	160	318	51	21	3.32
	比例/%	10.57	26.02	51.71	8.29	3.41	
旅游活动内容与古镇形象一致度	频数	53	252	250	55	5	3.48
	比例/%	8.62	40.98	40.65	8.94	0.81	
旅游产品丰度	频数	53	180	283	76	23	3.27
	比例/%	8.62	29.27	46.01	12.36	3.74	
居民好客度	频数	55	204	291	58	7	3.39
	比例/%	8.94	33.17	47.32	9.43	1.14	

结果显示,国内游客认为浙江古镇旅游形象的构成要素主要为(均值>3.5)自然环境和城镇景观、人文环境、文化氛围、古镇内部卫生质量、古镇的治安等。

(三)旅游者形成旅游地形象的信息来源调查

不论旅游地在旅游者心中具有怎样的形象,它都是旅游者对旅游地信息认知的结果,而旅游地信息有时是旅游者主动搜集的,有时是旅游者无意获知的。不论何种情形,信息都有来源和传播的渠道,对其进行调查是旅游地形象传播策划的重要依据。如表 5-3 所示即是境外旅游者形成中国旅游形象的信息来源和渠道的调查统计结果。

表 5-3　境外旅游者形成中国旅游形象的信息来源和渠道

旅游者	广告信息 /%	亲友介绍 /%	旅行商推荐 /%	其他媒介 /%	合计 /%
外国人	29.6	17.6	31.1	21.7	100.0
团体	23.3	14.9	49.6	12.2	100.0
散客	35.3	20.0	14.7	30.0	100.0
华侨	40.3	26.4	15.6	17.7	100.0
团体	25.0	25.0	45.8	4.2	100.0
散客	45.9	26.4	5.5	22.2	100.0
港澳同胞	52.7	16.2	8.7	22.4	100.0
团体	32.7	11.7	45.2	10.4	100.0
散客	54.9	16.7	4.7	23.7	100.0
台湾同胞	35.7	22.7	20.2	21.4	100.0
团体	28.9	19.1	41.4	10.6	100.0
散客	38.1	23.9	12.9	25.1	100.0
合计	38.1	17.6	22.4	21.9	100.0
团体	24.6	14.9	48.6	11.9	100.0
散客	44.6	18.9	9.9	26.6	100.0

由此可见,境外旅游者了解中国、形成旅游形象的基本途径是广告,其次为旅行商推荐,分别占 38.1％、22.4％。约 1/5 的海外旅游者是通过“其他媒介”获得信息,但此次调查并没有列出“其他媒介”具体包括哪些媒介,因而难以了解所占比例较高的“其他媒介”的内涵。

二、旅游形象诊断

旅游地形象诊断,即对旅游地形象现状的进行评价,判断现状形象对旅游者的影响效果和旅游地有哪些最能吸引旅游者的要素。

（一）现状形象对旅游者的影响效果

在对现状形象对旅游者的影响效果进行评判时,常常通过旅游地的知名度和美誉度(实际表现和重要性)的组合来对旅游地的形象进行评价,这样就形成旅游地形象的四种状态(见图 5-1)。

1. 第Ⅰ象限

处于第Ⅰ象限的旅游地具有较高的知名度和赞誉度(实际表现和重要性),相应地,其认可度也较高,是目前发展状态良好的旅游地。对于这类形象良好的旅游地,形象策划的目标是保持和强化良好的形象。

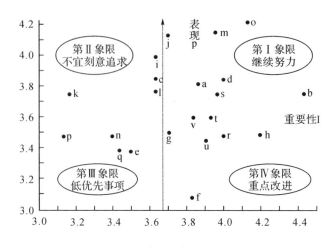

图 5-1　旅游地形象的四种状态

说明:

1. 位于第Ⅰ象限的 TDI 的变量:o(自然风光)、m(旅游景点)、d(清洁卫生)、a(政治稳定)、b(社会治安)和 s(景点交通便利度);

2. 位于第Ⅱ象限的 TDI 的变量:j(轻松休闲的环境)、i(气候条件)、c(拥挤程度)、k(不同的生活方式)、i(增长见识的机会);

3. 位于第Ⅲ象限的 TDI 的变量:p(夜生活)、q(购物设施)、n(节庆活动)、e(语言沟通)、g(当地居民的友好程度);

4. 位于第Ⅳ象限的 TDI 的变量:h(服务生素质)、r(当地的交通基础建设)、t(住宿)、u(餐馆)、v(当地菜肴及食品)、f(价格费用)。

2. 第Ⅱ象限

处于第Ⅱ象限的旅游地赞誉度(实际表现)较高,但知名度(重要性)较低,说明其旅游产品和服务质量较高,但对外宣传促销力度不够。对于这类形象良好但不出名的旅游地,形象策划的目标是如何将旅游地的良好形象快速有效地传播出去。

3. 第Ⅲ象限

处于第Ⅲ象限的旅游地知名度和赞誉度都(实际表现和重要性)较低,这类旅游地可能正处于其生命周期的推出期,旅游产品和服务还不成熟。对于这类赞誉度较低且不出名的旅游地,形象策划的首要目标是改造不良的形象,然后有效地将改造后的良好形象快速有效地传播出去。

4. 第Ⅳ象限

处于第Ⅳ象限的旅游地知名度(重要性)较高,但赞誉度(实际表现)较低,这类旅游地很可能已经进入了其生命周期的衰退期,需要及时更新旅游产品,推出新的旅游服务项目,所以其进行形象策划的目标是如何重塑旅游地形象。

(二)旅游地对旅游者的核心吸引要素

在对旅游地形象构成要素的调查中,有些景区、景点、景物或要素是游客提及最多或者给游客的印象最深,这些要素往往也就形成了旅游地对旅游者的核心吸引力。在进行旅游地形象策划时,就必须要将这些对旅游者最具吸引力的要素纳入其中,唯有此才能实现旅游地形象展现旅游地的魅力、吸引人们的注意、增加旅游地被选择机会的功能。

以上分析表明,通过知名度、赞誉度和认可度的组合,可以分析出旅游地当前在旅游者心目中的感知形象,从而为进行旅游形象定位和塑造提供一定参考依据。众多研究表明,境内游客和境外游客获取旅游信息的途径具有高度一致性。其中,境外游客最常用的五种途径依次是电视、报纸杂志、书籍、口传和电影;我国国内游客常用的依次是电视、报纸杂志、广播、书籍和口传。此外,团体旅游者获取旅游地信息最常见的途径是旅行商(如旅行社),散客旅游者则以广告最多。

三、旅游地形象定位

旅游地形象定位,就是基于地理环境演变、历史文化传承和社会心理积淀三维时空耦合所塑造的旅游地的地方性(特质性)向旅游者推出最具吸引力的旅游卖点的过程,其基本手法是"去操作已经存在于心目中的东西,去重新组合已经存在的联结关系"。旅游地形象定位就是挑选旅游地最具生气的局部形象进行强化和放大,突出个性,以争取公众的指定选择。旅游地形象定位不一定要大气磅礴、对仗工整、语言优美、富有底蕴,但是一定要能够深入游客的心,吸引他们前来旅游。它是旅游地形象设计的前提,它为形象设计指明方向。旅游地形象定位必须根植于当地文化背景,体现资源和地方特色,还要有一定的地域性和较强的排他性。旅游地形象定位的最终表述往往概括为一段简短精练的文字或一句通俗易懂的话。

（一）旅游地形象定位要素

旅游地形象定位是旅游地形象策划的核心。准确的旅游地形象定位需要旅游资源本我特质的释放、旅游者的感知和认知、旅游地之间的空间竞争、旅游市场定位四大要素的支撑。

1. 旅游资源本我特质的释放

旅游资源的本我特质,即旅游资源自身所具备的价值(历史价值、艺术价值、文化价值、科学价值)、品质、特色,它决定了旅游资源自身的级别,是旅游地形象定位的基础。有的资源价值很大,但形不成风景,就难以转化为旅游产品。因此,旅游资源只具备本我特质还不行,还应兼具本我特质的释放功能。旅游资源存在于这个世界上,以不同的方式释放自己、表现自己和展示自己。资源所表现出来的美感度,体现出来的观赏性、参与性,释放出来的气质往往决定了它的吸引力大小。旅游资源本我特质的释放,是旅游资源通过地形、气候、气象、山水等形式将其内在特质形象地表现出来,或雄奇,或隽秀,或幽深,或灵雅,或惊险,或神秘,或巧夺天工,或惊天动地,人们置身其景,能被其美丽的景观、迷人的风采、特有的气质所吸引。

2. 旅游者的感知和认知

旅游者的感知是旅游者对旅游地资源所释放出来的本我特质的印象。就单个旅游者而言,这对旅游地形象的确立也许无足轻重,而且每个旅游者对旅游地的印象因其经历、修养、素质的不同而各有差异;但正是基于旅游资源自身的特色和品质,以及对这些特色和品质的形象表述,才使得经过常年累月、上百年来众多游客产生了"共性感知",这些共性感知经过提炼,就成为旅游地形象。

认知是比感知更高一级的认识形式。感知停留在感受、知觉层面上,对被感知对象的认识往往止于印象层面。尽管这种感知印象离理性认识还有差距,但恰恰这一感知印象对对象的感觉很可能切中要害,这正是感知的价值所在。认知比起感知要理性得多,它是在感知对象之后,在游历过程中和旅游行为结束之后,对旅游地这一对象的属性、特性、品质深入而理性的认识。经过认知阶段后,就容易在旅游者大脑中对旅游地的印象最终定格。这一阶段包括了游历过程中的深入考察、思考,游历结束后的回忆和翻阅大量资料,从而对自己的印象加以判断。所以,认知是对旅游地属性、特色、品质的理性认识,它容易提炼出旅游地形象,即对旅游地形象进行抽象的总结。

3. 旅游地之间的空间竞争

旅游地的空间竞争是指在一定的地域空间范围内,分布着若干的旅游地,由于旅游者的行为规律决定了不可能将这一区域内的所有旅游地作为自己的旅游目的地,因而客观上这些旅游地之间存在着市场竞争。市场竞争首先表现为旅游地之间的形象竞争,其次是产品竞争。

旅游地之间的空间竞争决定了旅游地之间存在着形象竞争。形象竞争的核心是使旅游地自身与其他旅游地的形象区别开来并进而使自身的产品特色与其他旅游地的产品特色区别开来。掌握空间竞争的规律,针对这种空间竞争规律拿出一套可操作性强的方案,是旅游地形象策划能否成功的关键。

4. 旅游市场定位

旅游市场定位就是确定旅游地的目标市场群,对客源市场进行细分,以便针对性地营销,并开发出适应目标市场需求的旅游产品。旅游市场定位对旅游地形象定位的影响主要在于旅游市场定位决定了旅游地产品特色定位,产品特色定位在某种程度上就会影响甚至改变旅游地形象定位。这一切都是由市场的需求决定的。这种情况在旅游地之间发生竞争时和老旅游地发展到一定阶段时,就表现得特别明显。

(二)旅游地形象定位策略

旅游地形象定位常用的策略有领先定位、比附定位、逆向定位、空隙定位和重新定位等。

1. 领先定位

领先定位即领先法则,它是营销学里的一个著名法则,其基本意思是人们只会记住同一类型的事物当中最领先的那一个,也就是说大家一般都会把注意力放在第一性的东西。比如,我们可能会记得一个省考的状元是谁,他考几分,而对第二、第三名等就不太了解了;我们知道北京大学是中国最古老的大学,而对第二古老、第三古老的大学就不太清楚了。在旅游景区的形象定位上,国内的"天下第一山"——湖南张家界、"天下第一瀑布"——贵州黄果树瀑布、"天下第一楼"——黄鹤楼皆采用领先定位策略。

领先定位策略告诉我们,一个地方的旅游业想做好做大,一定要在某个方面有特色和领先的东西。领先定位是最容易的一种定位策略,适宜于那些独一无二、不可替代的事物,比如四川的熊猫之乡、中国的长城、埃及金字塔等,这种情况不需要花大力气就能使形象保持经久不衰的地位。但如此绝对领先、形象稳固的旅游地毕竟不是多数,大部分要依据其他方法进行形象定位。

2. 比附定位

比附定位,是一种紧跟行业领导者的战略,其主要发生在业内竞争品牌领先位置相当稳固、原有位序难以打破重组的情况下,或自己品牌缺乏成为领导品牌的实力和可能的情况下采取的一种定位策略。这种定位策略法在旅游形象定位中采用得越来越多,旅游地形象可以通过与原有的根植于人们心目中第一位的形象相比附,确定"第二位"的形象,比如海南三亚的旅游形象定位为"东方夏威夷",甘肃甘南藏族自治州的旅游形象定位为"中国小西藏",宁夏的旅游形象定位为"塞上小江南"等。这种定位策略能使自己的品牌与领先品牌发生一定的比附关系。其一般有以下三种形式:

(1)甘居"第二"。其就是明确承认同类中另有最负盛名的品牌,自己只不过是第二而已。这种策略会使人们对公司产生一种谦虚诚恳的印象,相信公司所说是真实可靠的,同时迎合了人们同情弱者的心理,这样较容易使消费者记住这个通常难以进入人们心中的序位。如美国阿维斯出租汽车公司定位为"我们是老二,我们要进一步努力"之后,品牌知名度迅速上升,赢得了更多忠诚的客户。江苏省无锡市惠山泉定位为:天下第二泉,也是采用此类策略。

(2)攀龙附凤。其切入点亦如上所述,首先是承认同类中已有卓有成就的品牌,本品牌虽自愧不如,但在某地区或某一方面还可与这些最受消费者欢迎和信赖的品牌并驾齐驱,平分秋色。例如,银川:塞上江南,横店:中国好莱坞等。

(3)高级俱乐部。旅游地如果不能取得第一名或攀附第二名,便退而采用此策略,借助群体的声望和模糊数学的手法,打出限制严格的俱乐部式的高级团体牌子,强调自己是这一高级群体的一员,从而提高自己的地位形象。如可宣称自己是××行业的3大公司之一,10家驰名商标之一,50家大公司之一等。美国克莱斯勒汽车公司宣称自己是美国"三大汽车公司之一",使消费者感到克莱斯勒和第一、第二一样都是知名轿车,从而收到了良好的效果。

在采用比附定位策略对旅游地形象进行定位时,需要注意的是,与被比附的旅游地之间应该具有不同的客源市场;否则,由于人们在面对同类事物时,习惯选择位于"第一"的事物,因而在同类旅游地中也会选择知名度较高的旅游地,即被比附者。因此,非但不能借助著名的旅游地提高自己的知名度,反而会误导人们觉得此旅游地是其所比附旅游地的"模仿"而失去吸引力和美誉度。

3. 逆向定位

逆向定位策略,来自"逆向思维"的启发,即在定位时,一定要有反其道而想之的能力。如果每个人都往东走,想一想,往西走能否找到自己想要的东西。逆向定位强调并宣传定位对象是消费者心目中第一位形象的对立面和相反面,同时开辟了一个新的易于接受的心理形象阶梯。例如,美国的"七喜"饮料就宣称自己为"非可乐",从而将所有的软饮料分为可乐和非可乐两类:"七喜"则自然成为非可乐饮料中的第一位了;河南林州市林滤山风景区的"暑天山上看冰锥,冬天峡谷观桃花"和野生动物园的定位也属于逆向定位。野性动物园将人们心目中的动物园形象分为两类:一类是早已为人熟识的普通笼养式动物园,在中国,这类动物园以北京动物园最著名、动物种类最丰富;另一类为开放式动物园,游客与动物的活动方式对调,人在"笼"中,动物在"笼"外,从而建立起国内第一个城市野生动物园的形象。

4. 空隙定位

比附定位和逆向定位都与游客心中原有的旅游地形象阶梯相关联,而空隙定位全然开辟了一个新的形象阶梯。空隙定位的核心是分析旅游者心中已有的形象阶梯的类别,发现和创造新的形象阶梯,树立一个与众不同、从未有过的主题形象。与有形商品相比,旅游点的形象定位更适合于空隙定位,尽管旅游点的数目也呈现爆炸性增长,特别是同类人工景点相互模仿,促使景点数量剧增,但仍然存在大量的形象空隙。旅游者期待着个性鲜明、形象独特的新类型景点出现。例如,中国第一个小人国"锦绣中华"的建立,使国内旅游者心中产生小人国旅游景观的概念,并随着各地微缩旅游景观的大量兴建,产生小人国旅游点形象阶梯,显然,"锦绣中华"比后来者处于强势地位。

5. 重新定位

市场不是静止的,形象的定位也不能一劳永逸,也许一个形象在市场上最初的定位是适宜的,但当"消费者爱好偏移"或"竞争品牌逼近"时,它可能不得不面对重新定位的问题。严格说来,重新定位并非一种独立的定位方法,而是原旅游地采取的再定位策略。旅游地的发展都会经历产生、成长、成熟、衰落各个阶段。由于旅游地的发展存在生命周期,如何面对衰落,一直是旅游经营者的一大难题。重新定位,不失为一条可选之路。

重新定位,是目前大多数旅游地采用的定位策略。现在,许多老的旅游地已在旅游者心中建立起稳固而清晰的老形象,再去宣传老形象,已不能适应旅游需求的变化,更难以产生号召力和吸引力,人们总是希望用新的东西去替代旧的东西,重新定位可以促使新形象替代旧形象,从而占据一个有利的心里位置。比如,美国加利福尼亚州在旅游者心目中早已浓缩、简化为空洞的概念——游泳池、沙滩、金门大桥、好莱坞,而且这些形象描述不断为其他旅游地借用,需要重新对其形象进行定位,加利福尼亚州就紧紧围绕其在地理、气候、人种、文化等方面的"多样性"这个核心特点,将其形象定位为"那些加利福尼亚"。再如新加坡的"朝气蓬勃新加坡"到"尽情享受新加坡"和"新亚洲";我国成都的"休闲之都"到"东方伊甸园",香港的"万象之都"到"动感之都"等。

四、旅游地形象设计与塑造

旅游地形象只有获得公众的认可,才能拥有广泛的影响力和强大的生命力。因此,旅游形象的塑造仅仅靠一个抽象的概念化的定义或几句辞藻华丽的宣传口号是远远不够的,它是一个系统工程,更是一个管理工程,贯穿于旅游地软、硬件建设和开发的全过程。综合各家观点,旅游地形象设计和塑造包括七方面的内容:旅游地理念形象(TMI)、旅游地视觉形象(TVI)、旅游地行为形象(TBI)、旅游地听觉形象(TAI)、旅游地文化景观形象(TCI)、旅游地电子形象(TEI)和旅游地核心景观(CLD)。

(一)旅游地理念形象(TMI)

旅游地理念形象是指由旅游地的经营哲学、宗旨、精神、发展目标、经营战略、道德、风气等精神因素所形成的特殊精神。它一旦被大众所接受,既能对内部公众产生巨大的凝聚力,又能对外部公众产生巨大的吸引力,从而集聚区内外的各种力量,保持旅游地良好形象的可持续发展。旅游地理念形象要具有强烈的个性和明确的识别性,以区别于其他旅游地。比如,海南博鳌将环境建设作为博鳌开发的前提与基础,强调人与自然的亲和关系,更多地关注现代人的精神生活和健康疗养,崇尚人与自然的高度和谐,倡导环保的旅游方式。

理念属于思想意识范畴,是旅游经营管理的指导思想。例如,使命和宗旨是旅游发展的最高目标。它要解决的是"旅游业为什么存在和发展"的问题,即旅游业依据何种社会责任而进行活动。旅游业不仅为社会提供产品和服务,而且对人类进步负有使命,从而赢得公众普遍而持久的支持和理解。

1. 旅游地形象宣传口号

旅游地形象宣传口号是旅游地形象策划的重要组成部分,也是旅游地核心的精辟表达。要搞清楚旅游地形象宣传口号的设计要求,首先需要了解它的作用机理。在实际工作中,我们发现,一条优秀的旅游地形象宣传口号,即使在宣传和促销过程中最大限度地接触到了目标旅游消费群,也往往只能促使其中很少的一部分最终完成购买行为。那么,是什么抑制了众多目标旅游消费者的购买呢?

实际上,我们所有人的头脑中都存在着"屏蔽"或"过滤器",它们会压制大多数信息,而只强调其中少数的特定部分。为了更清楚地了解旅游地形象口号作用中的"过滤器"衰减机理,李燕琴和吴必虎引用了维克多·密德尔敦在《旅游营销学》中的一个例子,并针对旅游形象口号的宣传进行了修正。

如图 5-2 所示,假设,一条旅游形象口号已通过多种形式在目标旅游消费者中进行充分的宣传和促销。柱 A 表明,旅游形象口号将首先面临"接触屏障"的挑战,也就是说,由于各种各样客观原因的存在,整个目标群体可能只有 75% 的人能够通过宣传单、报纸、杂志、电视、电台等多种媒体接触到该口号。但是,并非所有读者都会耐心地阅读完所有内容,并注意到这条口号,即使注意到或听到也很可能很快就忘记了。所以柱 B 表明,人们识别信息时大脑中存在着"认知屏障",经过这一层过滤,可能只剩下 30% 的目标旅游消费者对该形象口号产生认知,并能在一定时段内回想起该口号。回想起该口号的目标旅游消费者,也不一定都对该旅游地产生兴趣,并考虑到此地旅游,旅游消费者不同的个性使其对旅游地有着各自不同的偏爱。柱 C 表明,通过"个性屏障"的过滤,大约只剩下 20% 的目标旅游消费者仍然对该旅游地保持兴趣。除上述屏障外,现实生活中还存在着各种各样的"客观屏障",比如时间、财力。柱 D 表明,由于这些"客观屏障"的作用,最终真正成行,也就是实现旅游购买行为的可能只有 12%。而在这 12% 的购买者中,又有约一半的人属于原本就对该地感兴趣,即使未接触到该宣传口号,也准备去旅游的忠实旅游者,所以旅游地形象口号宣传真正争取到的旅游者可能只有目标旅游消费者的 6%。

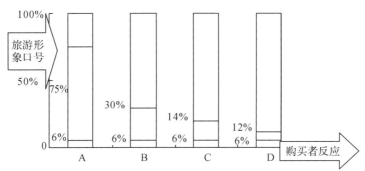

A:75%的人接触到该口号; B:30%的人能回想起该口号;
C:20%的人产生兴趣; D:12%的人购买

图 5-2 旅游形象口号宣传中的"过滤器"

从图 5-2 可以看到,旅游地形象口号在作用到目标旅游消费者群后,会经历若干"过滤器"的衰减作用。要尽量减少信息损失,就要针对每一阶段,提出具有针对性的设计要求。为了提高 A 阶段的百分比,就要降低旅游地形象口号的文字难度。设计时应避免使用生涩的字词,特别是偏文言的词汇,口号要易于读懂,易于识别。通常,在遇到可读性很差的语句时,读者会不自觉地将其跳过,从而使得接触到口号的人群比例下降。此外,在 A 阶段还要注意在传播旅游形象口号的时候,选取目标旅游消费者较为偏好的媒体。增加 B 阶段的百分比,则要求尽量缩短旅游地形象口号的文字长度。形象口号必须易于记忆,所以字数不可过多,通常以控制在 10 个字以内为宜,最多不超过 15 个字,读起来要给人朗朗上口的感觉,以便在经过一段时间后,仍然有较多的读者能回想起这条宣传口号以及与之紧密联系的旅游地。要使旅游地形象口号的宣传真正奏效,除识别和记忆之外,还必须引起目标消费群足够的注意和兴趣。因此,C 阶段要求所设计的口号最好能切合目标群体的某种需求,如对自然、对精彩生活、对别样风情的一种向往,并通过具有震撼力、吸引力、号召力和启发性的口号体现出来。特别要强调的是,旅游地形象口号的设计要避免跟风,否则不但不能正确反映旅游地的资源特色与目标消费群的特点,而且还会引起消费者的厌恶情绪。C 阶段的潜在消费者要真正实现其购买行为,在 D 阶段要求旅游地形象口号的宣传维持相应的密度,并与其他促销手段相配合,激发潜在购买者的购买动机。

根据旅游形象口号在宣传中的"过滤器"衰减机理,我们首先必须了解目标旅游者头脑中的"过滤器",至少要了解其中主要的"过滤器",然后按目标旅游者最乐于接受的方式设计旅游地形象宣传口号。这些"过滤器"会受到多方面的影响,主要包括目标购买者的人口统计特征、社会地位、经济收入、兴趣、性格等,因此要设计出优秀的旅游地形象宣传口号,首先要求设计者对旅游地的目标旅游者有充分的了解,而了解目标旅游者的前提就是要清楚旅游地的特色,并把握整个时代的潮流所在,简言之,就是要求旅游地形象口号能反映时代特征和地区特色。

2. 旅游地形象宣传口号设计原则

旅游形象定位往往浓缩成一句主题口号加以传播和推广。宣传口号是旅游地形象创意构思的语言文字化表现,它一般以旅游地所处的自然、社会环境为背景,以其赋存的景观资源为基础,将旅游地最具吸引力的特征加以高度抽象并提炼成一句朗朗上口、便于记忆的话语。旅游地形象宣传口号是旅游者最易于接受的了解旅游地形象的最有效方式之一,它好比广告词,一句优秀的广告词往往能产生神奇的效果。为了实现这种效果,旅游地形象口号的设计需结合以下几个原则:

(1)地方特征——内容反映特色

口号的实质内容必须来源于地方独特性,来源于旅游地的地脉和文脉元素,唯有充分挖掘和深刻分析旅游地的地域背景,发现和提取地方性的元素充实到口号中,才能避免过于空泛。特别是对于平淡无奇的旅游地或城市,依靠能够反映地方特性的旅游形象口号仍然可以出奇制胜,回味无穷。

(2)行业特征——表达针对旅游者

旅游地形象口号的制定必须充分了解游客的心理需求和偏好,要体现旅游行业的特征,要使旅游者轻易地认识到这是旅游地形象口号,而不是政治口号、招商口号等其他口号。

(3)时代特征——语言紧扣时代

旅游地形象口号在表达方面还要反映时代特征,要有时代气息,要反映旅游需求的热点、主流和趋势;要与当下的时事背景,新闻热点,重大自然、科技、文化等事件相连,反映时代的正能量和新气象。

（4）广告效果——形式借鉴广告

旅游地形象口号首先必须能够打动旅游者的心、激发旅游者的欲望,要成为旅游者永久而深刻的记忆,能够广泛迅速地传播,即要有广告效应。因此,旅游地形象口号要具有广告词的凝炼、生动和影响力。商品广告词的创意设计已经越来越超越商品自身,而成为一门艺术,旅游地形象的口号创意也要借鉴这种广告艺术。用浓缩的语言、精辟的文字、绝妙的组合构造一个有魅力、有吸引力的旅游地形象。部分旅游地形象宣传口号设计如表5-4所示。

表5-4　部分旅游地形象宣传口号设计

序号	旅游地名称	旅游地形象宣传口号
1	湖南省	神奇潇湘浪漫游
2	四川省	天下四川,熊猫故乡
3	广东省佛山市	狮舞岭南,传奇佛山
4	浙江省	诗画江南,山水浙江
5	山东省枣庄市	江北水乡,运河古城
6	四川省都江堰市	拜水都江堰,问道青城山
7	陕西省西安市	龙在中国,根在西安
8	贵州省	走遍大地神州,醉美多彩贵州
9	宁夏回族自治区	雄浑西部风光,秀美塞上江南
10	香港	动感之都:就是香港
11	河南	心灵故乡,老家河南
12	山西	晋善晋美(华夏古文明,山西好风光)
13	甘肃	精品丝路,绚丽甘肃
14	天津	天天乐道,津津有味

（二）旅游地视觉形象（TVI）

旅游地视觉形象是人—地感知形象的核心组成部分,以旅游视觉识别符号为载体,反映旅游地独特的自然景观与文化。旅游地视觉形象是指由旅游地的基本标识及应用标识、形象外观包装、品牌形象等构成的旅游地形象子系统。其中,基本标识包括旅游地名称、标志、商标、标准字、标准色;应用标识包括象征图案、旗帜、口号、招牌、吉祥物等。外观指旅游地的自然环境、基础设施、服务设施等。一个旅游地的视觉识别设计要区别其他旅游地,不仅要做到标准化和统一化,还应做到全面化和特色化。视觉形象是整个旅游地形象识别系统中最形象直观、最具有冲击力的部分。

LOGO,即标识、商标或标识语,指易于辨认且清晰明了的名字、标志或商标,包括文字、图形、字母、数字、三维标志和颜色组合,以及上述要素的组合。不同于古代的印记,LOGO是现代经济的产物,并承载着企业的无形资产,是企业综合信息传递的媒介。在企业形象传递过程中,它是应用最广泛、出现频率最高,同时也是最关键的元素。LOGO作为企业形象识别系统(Corporate Identity System,CIS)战略的最主要部分,企业强大的整体实力、完善的管理机制、优质的产品和服务,都被涵盖于LOGO中,通过不断的刺激和反复刻画,深深地留在受众心中。

　　LOGO 设计就是将具体的事物、事件、场景和抽象的精神、理念、方向通过特殊的图形固定下来,使人们在看到 LOGO 标志的同时,自然产生联想,从而对企业产生认同。LOGO 与企业的经营紧密相关,是企业日常经营活动、广告宣传、文化建设、对外交流必不可少的元素,随着企业的成长,其价值也不断增长。曾有人断言:"即使一把火把可口可乐的所有资产烧光,可口可乐凭着其商标,就能重新起来。"可想而知,LOGO 设计的重要性。因此,具有长远眼光的企业,十分重视 LOGO 设计,同时也十分了解 LOGO 的作用。在企业建立初期,优秀的设计无疑是日后无形资产积累的重要载体,如果没有能客观反映企业精神、产业特点的造型科学优美的标志,等企业发展起来,再做变化调整,将对企业造成不必要的浪费和损失。例如,中国银行进行标志变更后,仅全国拆除更换的户外媒体,就造成了 2000 万元的损失。

　　为了更好地表达 LOGO 和便于 LOGO 的传播,往往要借助计算机和设计软件来进行 LOGO 设计,常用的 LOGO 设计软件主要包括 CorelDRAW、PhotoShop、AutoCAD、Flash、3dMAX 等。部分旅游地或旅游企业 LOGO 设计如图 5-3 所示。

图 5-3　部分旅游地或旅游企业 LOGO 设计

　　1. 旅游地名称

　　旅游地往往以地名为名称,旅游景点的名称比一般地名具有更高的对外知名度。例如,利用张家界的高知名度,原湖南的大庸市改名为张家界市。借助旅游风景区的知名度建立起依托城市与景区一体化的旅游地,有利于旅游地的经济社会发展。

　　2. 旅游地形象标志

　　旅游标识又称为微标、标志,英文为"LOGO",它是旅游地形象设计中直观的内容,是应用最广泛的旅游地代表符号,体现旅游地的地方精神和文化特色。在当今各种信息充斥的时代,作为瞬间传递信息和识别产品的符号,无疑在取得消费者认可方面起着先锋作用。为此,旅游标识设计要在遵从独特性、社会性、吸引性、认同性、整体性、层次性和艺术性原则的基础上,着重反映旅游地的核心要素,即旅游地的地脉和文脉。比如,奥运会形象元素是构建北京 2008 年奥运会形象与景观工程的基本元素(见图 5-4),其中包括奥林匹克五环、北京

图 5-4　北京奥运会 LOGO 设计

奥运会会徽、色彩系统、主题口号、二级标志、吉祥物、体育图标、核心图形以及一组图片形象。如申办奥运会会徽由奥运五环色构成,形似中国传统民间工艺品的"中国结",又似一个打太极拳的人形;北京残奥会会标有三个部分组成;北京奥运会二级会标中包括以绿树为标志的北京奥运会环境标志;两个火红相扣心型的志愿者标志;代表中国传统文化精髓的灯笼作为中心内容的北京奥运会文化标志,以及主题口号和比赛项目的标志。

3. 标准字体与标准色

(1)标准字

旅游地标准字是视觉识别系统常见的符号之一,由特殊字体组成,或经过特别设计的文字来体现旅游地名称,是富有个性和艺术美的字体。标准字体长期使用,给人以对旅游地形象的认同感,与标识一起使用,具有视觉效果的强烈统一性。尤其是文字,具有明确的说明性,可直接传达信息,再通过视觉、听觉和触觉的同步运用,具有强化旅游地形象、补充说明图形标志、增强诉求力的作用。

(2)标准色

标准色是指旅游地经特别设计而选定的代表旅游地形象的特殊颜色,广泛用于旅游地的标志识别、产品广告、旅游商品包装、建筑装饰以及多种项目上。如果颜色运用合理,能给人以强烈的视觉刺激,并留下对旅游地的深刻印象,成为旅游地形象视觉识别系统的重要因素。比如,2008年北京奥运会会徽——"中国印·舞动的北京",以印章作为主体表现形式,将中国传统的印章和书法等艺术形式与运动特征结合起来,采用艺术的手法表现一个向前奔跑、迎接胜利的运动人形。篆字中国印"京"字,形状酷似汉字的"文"字,蕴含中国悠久的传统文化。主体颜色选用中国传统喜庆颜色——红色,作为主体图案基准颜色,还是我国国旗的颜色,代表着伟大的中华人民共和国。可见,北京奥运会标志的主体颜色具有代表国家、代表喜庆、代表传统文化的特点。

(3)旅游地形象象征图形

旅游地形象象征图形,是指如实地将旅游地最富魅力的旅游吸引物直接呈现给旅游者或者借助实地旅游者的体验间接向旅游消费者展现旅游地吸引力的图形或抽象。旅游地形象象征图形设计的表现手法主要包括直接展示法、间接表现法和抽象表达法三种。

一是直接展示法。这是一种最常见的、运用十分广泛的表现手法。它将旅游地某一个或几个独具性的景象作为LOGO的象征图形,如实地将旅游地最富魅力的旅游吸引物直接呈现给旅游者,使旅游消费者对该旅游地产生一种向往的感觉。它要求抓住和强调旅游地与众不同的特征,并把它鲜明地表现出来,将这些特征置于LOGO的主要视觉部位或加以烘托处理,使观众在接触LOGO的瞬间即很快感受到,对其产生注意和视觉兴趣。对于那些具有绝对垄断性资源的旅游地,适合于采用这种表现方法。

二是间接表现法。这是比较内在的表现手法,即LOGO的象征图形上不出现旅游地的任何景和物,而是借助于其他有关事物来表现该旅游地带给旅游者的欢乐,如旅游者的感受。这种表现手法往往将实地旅游者的体验、感受、表情等略加夸张,作为LOGO的象征图形,用于展示该旅游地的魅力。这种表现手法更多地适用于那些以节事活动、主题游乐为主要吸引物的旅游地。

三是抽象表达法。运用抽象表达法设计的旅游地LOGO象征图形,往往来源于自然形态并经过提炼得到。通过把形态的"神"紧紧抓住并加以强调,舍弃具象的"形"。抽象是对具体形象的高度概括与升华,抽象的形象更集中,且富有启发性。

四是象征性吉祥物。吉祥物是视觉形象基础要素的重要组成部分,旅游地的吉祥物对于视觉形象的塑造和推广具有重要意义。著名的节事活动和主题公园都有自己的吉祥物,生动、有趣、形象的吉祥物容易得到公众的喜爱,达到广泛传播的效果。例如,四川卧龙保护区的吉祥物大熊猫,不仅是景区的吉祥物,也是这个地区标志性的视觉载体。2000年澳大利亚悉尼奥运会吉祥物是3种澳洲本土动物:笑翠鸟、鸭嘴兽、针鼹鼠。笑翠鸟代表了奥林匹克的博大精深;鸭嘴兽代表了澳大利亚和澳大利亚人民的精神与活力;针鼹鼠则是一个信息领袖,在它的指尖上有资料和数据。又如,北京奥运会吉祥物由5个"福娃"组成,他们的原型和头饰蕴含着其与海洋、森林、火、大地和天空的联系,其形象设计应用了中国传统艺术的表现方式,展现了中国的灿烂文化。这些吉祥物不但反映了奥运会主办地的特色,而且将团结、友谊、公平竞争等奥林匹克精神固化在可爱的实际形象上,博得了全世界人们尤其是儿童的喜爱。

五是象征人物(形象代言人)。聘请知名人士作为形象大使代表旅游地形象,从而增强旅游地形象的感召力,这已成为众多旅游地的主要选择。知名人士的良好口碑及其广泛的号召力能影响并带动相关群体,产生名人效应。利用名人效应与旅游地形象紧密的结合进行公关推广,有利于增强旅游地形象的感召力。例如,香港特别行政区政府对旅游有准确的定位,邀请成龙担任形象大使,进行推广活动的宣传。另外,政治人物也可以成为旅游地国家的象征性人物,韩国国家旅游局策划推出了一则"请到韩国来旅游"的旅游广告,其中就有时任韩国总统金大中面向镜头发出邀请的画面。

六是纪念品。旅游纪念品是旅游者从旅游地购买并带走的一种有形产品,有助于旅游者识别目的地形象。毕竟除了照片和留在旅游者记忆中的经历和感受外,只有纪念品是目的地实地形象体现和延伸的形象符号了。例如,北京奥运会期间外国友人争相购买中国的丝绸、字画等,这些纪念品代表中国旅游形象的一部分。旅游纪念品是延伸、传播旅游地形象的有效载体和符号,规范发展当地独具特色的旅游纪念品,是树立和传播当地旅游形象的重要过程。只有具有地方特色、工艺质量高和品种类型丰富的旅游纪念品才有竞争优势,才有生命力,才能赢得更多旅游者对旅游地形象的认同感。如北京奥运会带动了具有中国元素奥运收藏品的创造发明,如纪念章、纪念钞、邮票、明信片、金币等。这些珍贵的收藏品都融入了奥运元素中的中国传统文化精髓,如青花瓷、祥云、鸟巢、福娃等,突出了鲜明的奥运形象。

七是旅游从业人员制服。制服是企业、团体或专项活动特别规定式样的限制性服饰,是行业、团体、岗位的形象标志,是其综合素质与实力的缩影。制服具有普通服装的基本功能、职业使用功能,同时也体现企业的性质、功能、理念、职业特点、职位与级别。因此,制服是旅游者视觉直接感知(间接消费)的内容,也是旅游地提供服务的重要组成部分。

八是户外广告。户外广告主要分布在旅游地各个地方,是旅游地视觉景观的一部分,并可以广泛地接触到社会各阶层的公众。户外广告要求组成和制作都必须到位,即内容完整、语言鲜明简练、广告词与色彩的结合恰到好处。只有这样,才能有效地影响旅游者的旅游地形象感知。一般而言,旅游地的户外广告包括广告牌、巨幅招贴画、旗帜、气球广告等,它们不仅构成了旅游地形象的重要组成部分,也为旅游者提供直接准确的旅游向导,并具有信息解释功能。

九是旅游地交通工具。在旅游业高度发达的今天,旅游交通除实现旅游者空间移位的基本功能外,在某种程度上还具有满足旅游者旅行、游览和娱乐需要的多重特殊功能。越来越多的旅游交通工具和设施,如豪华游轮、旅游列车、游览马车等,逐渐发展成为既能满足旅游者物质上的享受,又能实现精神文化观赏价值的旅游吸引物,具有某些旅游资源的特征,而且独特的交通工具能给旅游者留下深刻的印象。例如,四川峨眉山上的人力交通工具——滑竿,几乎成为该风景区独特的形象符号。英国伦敦的双层巴士是城市具有代表的形象,双层豪华旅游巴士来往于伦敦城的各旅游景区间,不仅方便旅游者游览观光,而且可以作为城市一道极具复古气息的亮丽风景线。

（三）旅游地行为形象（TBI）

旅游地行为形象是由旅游地组织及其成员在内部和对外的生产经营管理及非生产经营性活动中表现出来的员工素质、旅游地制度、行为规范等因素构成的旅游地形象子系统。旅游地行为形象是旅游地形象策划的动态识别形式,有别于旅游地名称、标志等静态识别形式。

1. 服务行为形象

旅游服务行为主要包括旅游接待服务行为和景区服务行为。旅游接待服务涉及民航、车船、饭店、餐饮、购物、旅行社等行业;景区服务是指旅游者在游览和娱乐时所接受的景区内提供的服务。一般,旅游者对旅游地深刻的感知来自于游览和娱乐过程中所接受的服务。作为塑造旅游地形象的重要措施,服务识别除达到旅游行业的基本要求外,还必须注重个性化服务。因此,为树立良好的服务形象,就必须培养和提高旅游地员工的服务意识、道德素养、营销意识、礼节仪表、文化修养及业务水平等,使所有从业人员能够自觉树立维护旅游景区的良好形象,为旅游者提供优质的服务。例如,为了维护北京奥运旅游形象,北京的旅游服务人员应该在言谈举止、服务技能、服务态度等方面加强锻炼,提高自身素质和服务技能,为旅游者提供个性化、标准化的服务。北京出租车司机为迎"奥运"学英语,以确保在接待外国游客时能够顺利完成服务和传递热情。

2. 居民整体形象

居民是旅游地中人数最多的一类,长期生活在此地,他们的生活方式、语言、服饰、活动行为等都成为被旅游者所感知和观察的对象,同时,本地居民也会相应地去观赏来自不同地方的旅游者。当地居民的热情友好及良好精神风貌是总体形象的重要组成部分,是旅游者在旅游过程中获得满意的重要基础。北京奥运会期间,来自世界各地的旅游者来到北京,北京市民对自身素质的严格要求对北京奥运旅游形象建设起到了相当重要的作用。本地居民对旅游者要表现出一种好客热情的东道主姿态,对旅游者的问询应热情解答,对旅游者的要求要尽力满足,这将给旅游者留下美好的印象。

（四）旅游地听觉形象（TAI）

一般,一个旅游地的形象层面涉及越全面、越丰富,其影响力和感染力就越大。听觉形象设计一般包括旅游地宣传歌曲、旅游地的本土方言和地方民歌等方面的策划与制作。比如,海南省的旅游对外宣传歌曲之一为《永远的邀请》,海南形象宣传片《魅力海南》从听觉感知角度给旅游者传达了具有浓郁地方特色的海南整体形象。北京奥运会形象设计通过北京奥运会主题曲《我和你》（《You And Me》）、北京奥运会倒计时100天主题曲《北京欢迎你》与北京旅游形象宣传片《北京 2008》,向海内外的游客展现了北京的古都风貌和现代活力;除此之外还有湖南的地方民歌《浏阳河》。

(五)其他感觉形象设计要素

嗅觉和味觉形象也是体现旅游地形象的重要方面。旅游地的美食和特色小吃给旅游者带来美好的味觉感受及回忆,已成为重要的旅游吸引物。如在四川成都,旅游者不仅能品尝地道的各类川味小吃,还可以观看川菜烹饪表演,既满足了味觉需求,又了解了中华民族博大精深的饮食文化,获得了物质上和精神上的双重享受。因此,旅游地的食物如果给旅游者留下深刻难忘的印象,旅游者对该地的总体旅游形象的评价则会很高。

总之,一个旅游地的形象设计越丰富、越全面,它的形象辐射力就越强,就越能迅速提高旅游地的知名度和美誉度。

(六)旅游地核心景观(CLD)

1. 第一印象区

第一印象区指的是旅游者在实地旅游时,最先到达(进入)的地方,即城市边界出入口,通常是城市对外交通的火车站、机场、港口、码头、高速公路收费站等,这些地方是游客形成城市第一印象的地方,将会影响其进入城市的旅游感受以及离开城市后的旅游记忆。另外,城市内部及周边重要风景名胜区和旅游景点的门景位置也属第一印象区。

2. 最后印象区

最后印象区指的是旅游者离开目的地时与目的地接触的地点。一般来说,对于首次旅游的旅游者,第一印象区的形象意义比最后印象区大,而对于重游者而言,最后印象区的形象意义比第一印象区大。

3. 晕轮效应区

晕轮效应区是对旅游地整体形象具有决定意义的地方。如果这些地点具备良好的形象,旅游者对旅游地的整体形象都会是满意的;反之,如果旅游者在这些地点得到不良的印象,会扩散成对旅游地整体形象的偏颇认知。因此,晕轮效应区能使游客的印象产生放大的作用,旅游形象的设计若能在此得以淋漓尽致表达,将会比在其他地方的表现更容易产生积极的影响和效果。

4. 地标区

地标区是旅游地独具特色的标志性景物所在的区域,与第一印象区有着同等重要的地位。例如,建筑高度 492 米的上海环球金融中心和毗邻的金茂大厦一起形成了上海的新地标;台北 101 摩天大楼,高达 508 米,成为台湾的标志性建筑;香港的地标区从原来的中银大厦变为新的香港会议展览中心。一般而言,在现代化的城市,高建筑往往成为标志性建筑,因此在旅游者心目中容易识别而留下深刻印象。没有地标区的旅游地很难产生鲜明的形象。

五、旅游地形象的传播策略

旅游地的发展必须着眼于对潜在旅游者实施有效的促销和引导,并向旅游目标市场提供长期、有效、有吸引力的旅游感知形象,以诱发旅游者的出游动机,增强旅游者的购买信心,缩短旅游者的旅游决策时间。向旅游目标市场提供旅游感知形象的过程,实际上是旅游地形象的传播过程,成功有效的传播需要切实可行的传播策略,常用的策略有形象广告、公关宣传、网络宣传、节事推销和口碑传播等。

（一）形象广告

广告是一种高度大众化的信息传递方式,传播面广、效率高、速度快。因此,通过广播、电视、报纸、书刊等媒介进行宣传,是目前旅游地树立和强化旅游形象的首要途径。要利用好报纸电视的专题报道、专题片的宣传效应,充分利用画册、明信片、挂历、邮票、宣传材料的传播效应,通过组织报纸或电视采访、影视剧的拍摄、有关书籍的出版、户外广告的展示和宣传资料的分发来促进旅游地形象的有效传播。

1. 报纸

报纸具有可重复阅读、价格低廉、便于携带、时效性强、信息量大、受众相对稳定等特点。当然,报纸信息的影响力比广播和电视要弱。

2. 广播

广播信息的传播影响力非常广泛、渗透力强。广播不依赖文字做媒介,所传播的信息比较直接真实,成本也较低廉。但是,广播宣传要受时间的限制,而且只能通过声音传播信息,缺乏图文并茂,具有一定的局限性。

3. 电视

电视以直观性、普及性、实时性成为当前具有效力的形象广告媒介。电视运用多种艺术手段,如活灵活现的画面,将语言、音响、色彩、人物形象等有机结合起来,对受众具有极强的感染力。传播学的研究证明,阅读文字能记住 10%,收听语言能记住 20%,观看图像能记住 30%,边听边看能记住 50%。因此。电视具体、直观、形象的特点比报纸和广播更能吸引人。但是,电视传播的弱点是费用昂贵,广告成本比较高。例如,马来西亚每年在旅游广告宣传上的投入高达 2 亿美元,在中央电视台旅游广告栏目经常能看到宣传马来西亚多元文化、热带风光、美食为主题的广告。这些广告已经成为吸引中国游客到马来西亚旅游的重要宣传和促销手段。

（二）公关宣传

公共关系是一种促进与公众建立良好关系的方式,其影响面广、影响力大,有利于迅速塑造并传播良好的旅游地形象。因此,要积极参加、组织各种与旅游有关的展览会、交流会、研讨会、演出会、招商引资会、新闻发布会等形式的公关活动,邀请专家学者、旅游企业的管理人员、著名作家、有广泛影响的新闻媒介的记者前来旅游地旅游参观,以扩大旅游地的知名度。

（三）网络宣传

网络宣传是目前传播信息和文化交流最有效、最便捷的手段之一,网络能把旅游地形象信息丰富、翔实、图文声像并茂地传播开来,因此,越来越多的旅游地和企业开始使用网络建立和传播自己的旅游形象和旅游服务信息。网络是旅游信息传播不容忽视的手段。在采用此手段时,旅游地要建立自己的主页,并力争进入各主要网络搜索引擎,与热门站点建立友情连接,利用电子邮件发送能树立旅游形象的电子宣传品。

（四）节事推销

节事活动一般来说活动范围大、内容多，旅游者的参与面广。因此，在旅游地形象的塑造和传播中，节事具有其他策略不可比拟的效果。例如，悉尼的"绿色奥运会"为悉尼乃至澳大利亚塑造了可持续发展的积极形象。澳大利亚旅游委员会认为，悉尼奥运会使澳大利亚的形象塑造向前推进了 10 年。

（五）口碑传播

口碑是游客在完成一次旅游活动后所获得的体验，以及对旅游产品和基础设施等的综合评价。将这些体验和评价向他人传播的过程即为口碑传播。在现代市场宣传途径里，口碑是大多数出游者获得旅游信息的主要途径，因此，良好的口碑对塑造旅游地形象尤为重要。要想获得良好口碑，就应该从涉及旅游者旅游过程的六大要素着手，努力营造游客满意而归的条件。高品质的旅游产品、参与性强的体验方式、优质的旅游服务等，都是创造良好口碑的重要因素。

第三节　旅游形象策划实训

一、实训目的

本实训旨在考察学生对本章项目所学内容的理解和掌握情况，培养学生旅游地形象策划的技能，并要求学生熟悉旅游形象策划的内容和基本方法。

二、实训要求

以团队合作的形式开展旅游形象策划实训。请同学们以小组为单位、以目标企业或者家乡为实训对象，对该地旅游形象的现状进行调查与评价，并提出新的主题形象、宣传口号与 LOGO 设计。

三、实训背景材料

（一）选择目标企业或者家乡作为形象策划目的地，并搜集基本旅游发展材料

（二）策划案提纲参考

1. 总体概况

　　1.1 社会经济发展分析

　　1.2 旅游资源特色分析

　　1.3 区域竞争情况分析

　　1.4 旅游形象的推广回顾

2. ××地××地旅游形象诊断

　　2.1 问卷设计与调查

　　2.2 游客消费行为分析

3. 游客对××地旅游形象的评价

　　3.1 ××地旅游形象认知

　　3.2 ××地旅游形象感知

　　3.3 ××地旅游核心元素分析

　　3.4 ××地旅游形象总体评价

4. ××地旅游形象认知差异及问题分析

5. ××地旅游形象策划

　　5.1 ××地旅游形象的重新定位

　　5.2 ××地旅游形象宣传口号设计

　　5.3 ××地旅游形象 LOGO 设计

　　5.4 ××地旅游形象推广新思路

四、实训组织与过程

（一）组建实训组织机构

为了便于各地师生方便开展此项实训,可就近选择相应的旅游景区或合作单位。

1. 指导老师

建议设置校内专业指导老师 1～2 名,企业指导老师 1～2 名。其中,校内专业指导老师具体负责形象策划的技术操作流程,企业指导老师负责帮忙实地调研、分析形象策划的相关元素等。

2. 学生分组

建议将全班划分为若干个实训小组,每个小组设项目组长 1 名,成员 4～6 名。项目组成员宜随机分配,不宜把同寝室、同地区、同性格的同学划归一组。

（二）实训的具体过程

1. 现场调研考察与讨论交流

由校内专业指导老师带队,至旅游地现场与行业指导老师汇合,并由行业指导老师及其助手带领学生实训团队对旅游地形象进行专题性调研、考察,以尽可能多地搜集资料。

2. 旅游形象的策划与论证

对旅游地形象进行诊断并定位,尽可能地从旅游地理念形象(TMI)、旅游地视觉形象(TVI)、旅游地行为形象(TBI)、旅游地听觉形象(TAI)、旅游地文化景观形象(TCI)、旅游地电子形象(TEI)和旅游地核心景观形象(CLD)等角度进行旅游地形象的设计与塑造。

3. 实训成果的评价与总结

由校内专业指导老师、企业指导老师及学生代表组成实训成果评价小组,对每个实训小组的成果进行综合评价;事后,每个实训小组形成最终的总结报告,提交校企双方。

五、实训成果评价细则

（一）评价主体及其权重

本次实训成果的评价建议由校内专业指导老师、企业指导老师及学生代表(每个实训小组各选 1 名代表)参加,权重分别为 40%、40% 和 20%。

(二)评分细则(见表 5-5)

表 5-5　旅游形象策划方案评价标准

任务名称:＿＿＿＿＿＿＿＿　汇报人:＿＿＿＿＿　第＿＿组　指导老师:＿＿＿＿＿＿＿＿＿

评价内容		评价分值	评价标准	评价得分
策划内容	内容完整性	25 分	包括旅游地形象的调查、诊断、定位、宣传口号及 LOGO 设计,每缺一项扣 3 分	
	形象主题及内容策划	25 分	形象策划内容吻合景区营销现状需求得 21～25 分;基本吻合得 10～20 分;不甚吻合或不吻合得 0～9 分	
	形象设计的科学合理性、准确性	15 分	形象设计合理、准确能够体现景区价值得 12～15 分;基本合理准确得 6～11 分;不甚合理准确得 0～5 分	
表现方式	PPT 演示稿	15 分	PPT 演示稿条理清晰、表现到位得 12～15 分;条理基本清晰、表现基本得体得 6～11 分;其他方面得 0～5 分	
	现场演讲	10 分	演讲者形象气质佳、演讲流利、条理清晰者得 8～10 分;形象一般、演讲一般得 5～7 分;其他方面得 0～4 分	
	现场答辩	10 分	现场答辩流利、回答内容准确得 8～10 分;答辩一般,内容基本准确得 5～7 分;其他方面得 0～4 分	
评委签名:			合计得分:	

本章重点提示

　　旅游形象是旅游地及旅游企业文化的综合反映和外部表现,是通过自身的行为、产品和服务在社会公众心目中绘制的图景和造型,是公众以其直观感受对旅游地及旅游企业等作出的总体看法和评价。

　　旅游地形象策划就是在旅游地吸引力要素和旅游市场分析的基础上,通过创造性思维,形成能够吸引旅游者并激发其旅游动机的旅游地独特的形象定位和形象识别的过程。旅游地形象策划的主要任务是:在对旅游地知名度、美誉度、认可度、形象构成要素、信息获取渠道等调查的基础上,对旅游地现状形象的效果和旅游地的核心吸引要素进行诊断,据此对旅游地形象进行定位,并设计出具有震撼力的形象宣传口号和富有视觉冲击力的形象 LO-GO,制定出新颖独特的手段将其有效传播出去。

【思考与训练】

　　1. 如何处理旅游地形象策划过程中的形象"替代效应"?

　　2. 简述城市形象与城市旅游形象的关系。

　　3. 影响旅游地形象塑造的因素有哪些?

第六章　旅游促销策划

导入案例

英国旅游局蹭"佩奇"热

2019年春节前夕,一部名为"啥是佩奇"的短片火遍全网,让小猪佩奇这个深受孩子们喜爱的英国卡通形象再次声名大噪。事实上,佩奇在中国城市家庭早已家喻户晓,相关衍生品层出不穷。

趁着这股热度,英国旅游局披露消息,随着中国农历猪年的到来,英方希望通过小猪佩奇等英国品牌吸引中国游客前来观光消费。英国旅游局将与英国航空公司以及中国OTA进行合作,宣布将把佩奇元素融入各大旅游景点,借助小猪佩奇等品牌加强旅游宣传。这波蹭热点的操作,可以说很应景了。

第一节　旅游促销

促销是指企业通过人员和非人员的方式把产品和服务的有关信息传递给顾客,以激起顾客的购买欲望,影响和促成顾客购买行为的全部活动的总称。

旅游产品具有不同于一般产品的无形性特征,绝大多数旅游产品的买卖很难做到供需直接见面,非一般意义上的"一手交钱,一手交货",且其使用价值不像一般产品那样容易被感知,对其使用价值的判断带有很强的个人主观性,因此在全域旅游背景下,旅游企业要取得营销活动的成功,除了要以适当的价格、适当的渠道向市场提供适当的旅游产品之外,还要采取适当的方式促进旅游产品的销售。

一、旅游促销概述

（一）旅游促销的概念

旅游促销是指旅游企业通过各种传播媒介向目标旅游者传递有关旅游企业和旅游产品的信息,帮助旅游者认识旅游产品所能带来的利益,引起旅游者的注意、了解和兴趣,刺激旅游者的需求,影响旅游者的购买行为,从而达到促进旅游产品销售的目的。简言之,旅游促销就是旅游企业采取不同的促销手段将旅游产品传递给旅游者,从而刺激其产生消费行为的过程。

旅游促销的实质是实现旅游企业和旅游者双方之间的信息沟通。一方面,旅游企业作为产品或服务的提供者,可以通过广告、人员推销、新媒体营销等多种促销方式,将企业自身以及相关的旅游产品或服务传递给旅游者;另一方面,作为消费终端的旅游者,也可以借助促销形式将对旅游产品或服务的认知和需求反馈给旅游企业,以便旅游企业可以根据市场需求提供更好的、适销对路的产品。

（二）旅游促销的分类

1. 人员促销

人员促销是指旅游企业的推销人员与旅游消费者直接面谈推销业务,通过面对面的交流,向消费者介绍旅游方面的产品或服务,传递信息,促成交易。人员促销成功率高,但费用大,在我国,旅行社的外联部、旅游饭店的销售部的工作多属此类。但它们很少面向游客,而是与旅行商或旅行代理人打交道。

2. 非人员促销

非人员促销主要是通过广告、营业推广、公共关系等促销方式,向大众传递信息,刺激消费。非人员促销活动的覆盖面较广,但促成实际成交的效果不如人员促销。在我国,这部分工作一般由国家旅游局国际市场开发司统筹安排,各省（区、市）旅游局以及各旅行社、旅游饭店的市场开发或促销部门分别承担。

（三）旅游促销的作用

对于旅游企业来说,旅游促销就是要通过各种不同的促销组合手段向旅游者传递旅游产品能够为旅游者带来怎样的利益,激发旅游者的需求,从而达到诱发旅游行为的目的。一般来看,旅游促销的作用有以下几个方面。

1. 提供旅游信息,沟通供需关系

旅游促销的直接作用是进行信息传递,实现旅游产品生产者与旅游最终消费者之间的沟通。通过旅游促销,一方面可以把旅游产品的特性与作用等信息传递给旅游消费者,刺激其购买;另一方面可以及时了解旅游者对消费旅游产品的反馈情况,从而激发旅游企业升级产品、改进服务,以适应旅游市场的发展。

2. 刺激旅游需求,引导旅游消费

旅游产品作为高层次的非一般生活必需品,其消费需求弹性大,波动性强,具有一定的潜在性和朦胧性。通过生动、形象、活泼、多样的旅游促销手段,可以唤起旅游消费需求,强化旅游消费需求,甚至创造和引导特定旅游产品的消费需求,从而增加旅游企业的市场销售量,获取更多利润。如回归大自然旅游热、漂流热的兴起,可以说都与相应的旅游促销活动有关。

3. 突出产品特点,强化竞争优势

在全域旅游的视角下,旅游产品的同质化越来越明显,旅游企业之间的竞争也越来越多地由价格竞争转变为非价格竞争。要想在非价格竞争中胜出,实现旅游产品、旅游服务等的差异化成为唯一途径。旅游促销恰恰是传播旅游产品差异化策略的主要手段,它通过对同类旅游产品的某些差异信息进行强化,传递给旅游者不同于竞争对手的鲜明特色,给旅游者带来特殊的利益,从而不断加强旅游产品的核心竞争力,明确旅游企业的竞争优势,提升旅游企业营销的经济效益。

4. 树立良好形象,加强市场地位

旅游是一种高层次的消费与审美活动,通过生动而有说服力的旅游促销活动,往往可以塑造友好、热情、安宁、服务周到以及其他人格化的良好旅游服务形象,赢得更多的潜在旅游消费者。旅游市场风云多变,一旦出现有碍旅游地或旅游企业发展的因素时,就可通过一定的宣传促销手段,改变自身的消极印象,重塑自身的有利形象,以达到恢复、稳定甚至扩大其市场份额的作用。

5. 冲销淡旺季差异,稳定销售

旅游产品的季节性特点决定了旅游市场需求的淡、旺季。如果旅游营销主体经营多种旅游产品,而这些产品又分布在不同的季节,就可以在不同的季节都有适时的旅游产品供应,比如在淡季,根据游客的特点和景区自身的特点,灵活采取门票减价、增值门票或淡季套票的形式让旅游者得到实惠,从而缩小淡旺季的需求差距,稳定销售。

二、旅游促销组合

（一）旅游促销组合

旅游促销组合是指旅游企业有目的、有计划地将人员推销、广告、公共关系、营业推广、新媒体营销等促销手段,进行灵活选择、有机组合和综合运用,形成整体的促销攻势。促销组合是促销策略的前提,在促销组合的基础上,才能制定相应的促销策略。

（1）人员推销,是指企业派出销售人员直接与消费者接触,向目标顾客进行产品介绍、推广,促进销售。

（2）广告,是指有特定的赞助商以付费的方式进行的创意、产品和服务的非人员展示和促销。

（3）营业推广,是指企业为刺激消费者尽快采取购买行动,而采取的短期诱导性的营业方法,如优惠券、折扣等,从而吸引顾客注意,诱导产生购买行为。

（4）公共关系,是指为了使潜在消费者对本企业的产品产生好感,树立企业良好的形象,向广大消费者制造正面舆论而进行的宣传。

（5）新媒体营销,是指企业在新媒体思维的指导下,充分利用新媒体平台的功能、特性,针对目标受众的需求,研发个性化的产品和服务,采取新媒体营销方法,开展新媒体营销活动。

扩展案例

六百岁故宫就这样练成"网红"

从故宫西华门进入,经过宝蕴楼、金水河,有一座红墙围绕的院子。这里原来是寿康宫南侧的小厨房,在热播剧《甄嬛传》中,寿康宫是甄嬛,也就是乾隆母亲最后的住所。

负责故宫的官方网站、微博、微信、APP 等新媒体的策划、发布与运营的资料信息部数字传媒组,就坐落于此。历史与新媒体时代碰撞的结果是,故宫博物院新媒体端的"菜品",就是在这个"厨房"里被"烹饪"出来的。

再过三年,紫禁城就 600 岁了。这座明清两代的皇家宫殿,近两年的公众形象,却不像是一位迟暮老者,而是展现出逆生长的"萌"。不管是此前朋友圈里流行的"明成祖朱棣从画像中跳出来"的 H5 页面,还是出现在故宫淘宝店中类似雍正皇帝"不与朕相干"手书折扇这样的文创产品,都在传达一个信息:年岁渐长的故宫,并未停止追赶时代的脚步。

可就在几年前,媒体的笔端不乏这样的质问:台北故宫博物院以文创取胜,而北京故宫博物院却每每靠社会新闻吸引公众眼球?这说的是 2013 年 7 月,台北故宫博物院推出了一款胶带,上印清代康熙皇帝御笔"朕知道了"四字。这款看似不起眼的胶带几天内迅速爆红。

而故宫形象的转变,也发生在短短几年间。如今,故宫卖萌、搞笑的网络形象,很大程度是由"故宫淘宝"建立起来的。故宫文创产品的成功营销几乎都出自"故宫淘宝"之手:帝后画像被"玩"成表情包,每个创意产品都配上"脑洞大开"的文案。"故宫淘宝"由北京尚潮创意纪念品公司运营,由故宫文化服务中心授权开发文创产品,同时进行利润分成。

威严的皇族历史人物集体卖萌,呈现极大的反差趣味,也成了故宫贴近年轻人最佳的传播方式。但"卖萌"之路,并非一朝铺就。"故宫淘宝"微信公众号的推送始于 2013 年 9 月,早期的文章中规中矩,诸如"清宫御膳房""清代体育"这样的标题索然无味,点击量自然不甚理想。

直到 2014 年 8 月 1 日,一篇名为"雍正:感觉自己萌萌哒"的文章出现,也成为"故宫淘宝"公众号第一篇阅读量超 10 万的爆款文章。此后,"故宫淘宝"公众号就像一匹脱缰野马:2014 年 12 月 5 日,为配合故宫淘宝"美人屏风月历"以及故宫出品的"胤禛美人图"APP,"雍正十二美人"正式出道;2015 年 3 月 5 日,在《朕有个好爸爸》一文后,康熙帝也成了"网红"。

有人说,故宫在"萌萌哒"大行其道的时候,找到了接地气的互联网"虚拟形象"。但这个在网络世界赢得一片喝彩的"虚拟形象",也伴随着一些质疑的声音:这种戏谑的语言方式是否会有失历史的严肃性?其实,在这一点上,"故宫淘宝"比众多新媒体要有底气得多,因为其背后是故宫专业的学者团队。他们的成文步骤是:研究者写出符合史实的文章,再由一支年轻团队"转译"成符合年轻人阅读习惯的轻松诙谐的语言。

在文创产品上以卖萌为特色发力,也给故宫带来巨大的收益。截至 2015 年年底,故宫博物院研发的文创产品已经超过 8700 种,各种渠道的销售收入总额突破了 10 亿元。而到 2016 年为止,故宫已经研发了 9170 种文创产品、上百个产品系列,收益更为可观。

(二)影响旅游促销组合的因素

由于各种促销手段都有其不可避免的利弊之处,因此在整个促销过程中,旅游企业必须根据自己的营销目标和所处的营销环境,灵活地选择、搭配各种促销手段,制定旅游促销组合策略,以期提高促销的整体效果。

1. 促销目标

促销目标是影响促销组合决策的首要因素。每种促销工具都有各自独特的特性和成本,因此确定最佳促销组合,需要考虑促销目标。例如,某旅游企业的促销目标是扩大销售量,获得最大的销售利润,针对该企业的促销目标,可以采用广告和营销促进策略以实现短期效益。而另一个旅游企业的促销目标是树立企业形象,为其旅游产品今后占领市场赢得有利的竞争地位奠定基础,因此可以更多地使用公共关系以实现长期目标。

2. 市场特点

市场特点受经济政治、文化风俗、消费习惯等影响,促销工具在不同类型的市场上所起的作用是不同的,因此作为旅游企业要综合考虑旅游市场和促销工具的特点,选择合适的促销工具,以达到最佳促销效果。如果目标市场地域范围大,旅游者分散,应多采用广告进行促销;反之,则可以以人员推销为主。

3. 产品特点

影响促销组合的产品因素主要体现在旅游产品性质和旅游产品生命周期两个方面。

(1)旅游产品的性质不同,旅游者购买的需求也不同,因此需要不同的促销组合。一般而言,价格昂贵、购买风险较大的旅游产品,旅游者往往不满足于一般广告所提供的信息,而倾向于理智性购买,希望得到更为直接可靠的信息。对这类旅游产品,人员推销、营销公关往往是重要的促销手段。对于购买频繁、价值不高以及季节性较强的旅游产品,旅游者倾向于品牌偏好。对这类旅游产品,广告、新媒体往往是重要的手段。一些风俗节日旅游,如我国傣族的泼水节、彝族的火把节等,广告促销的效果十分明显。

(2)在旅游产品生命周期的不同阶段,旅游企业促销重点不同,所选择的促销方式也应有所不同(见图 6-1)。①导入期,促销的重点目标是使潜在旅游者认识、了解产品,因此,促销的主要方式应当是各种广告和营销公关。广告和公共关系能够帮助公众建立对产品和企业的良好认知,产生较高的品牌知名度。②成长期,促销的重点目标是增进旅游者的兴趣与偏爱,以扩大产品销售量。这时,旅游广告和营销公关还需加强,但广告的侧重点就在于宣传产品的品牌和特色,从而树立良好的企业形象。消费者对企业及其产品已经有了一定的认知,营业推广在这一阶段可以适当减少。③成熟期,这时竞争者增多,为了扩大产品销售,以便与竞争产品争夺客户,广告宣传还需加强,但广告侧重点应在于突出本产品区别于竞争产品的优点。营业推广应继续发挥其强大的刺激作用,以激发市场人气,扩大销售,给旅游者以优惠,配合使用人员推销和营销公关,特别是人员推销应大力加强,加大访问客户的频率,维系与旅游中间商的关系等。④衰退期,市场上已出现优于本产品的竞争产品,广告的

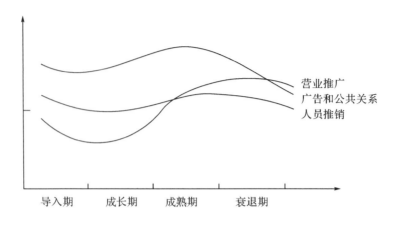

营业推广

广告和公共关系

人员推销

导入期　　成长期　　成熟期　　衰退期

图 6-1　各种促销方式在产品不同生命周期的表现

作用仍然是帮助消费者保持对企业及其产品的记忆,以便尽可能多地回笼资金,投入新的旅游产品,公共关系的作用减弱,人员推销的效益性下降,营业推广仍能发挥作用,以吸引偏爱本产品的老顾客继续购买。

4. 旅游者购买准备过程的阶段

旅游者的购买准备过程一般分为 6 个阶段,即知晓、认识、喜欢、偏好、确信和购买。对处于不同阶段的旅游产品,销售促进和营销公关的作用变化不大,而人员推销和广告的作用则变化很大。越是在准备过程的初期,广告的作用越大,人员推销的作用越小;反之,越是在准备过程的后期,广告的作用越小,人员推销的作用越大。旅游企业应根据这一特点采用不同的促销组合方式。

5. 促销费用

旅游企业开展促销活动需要一定的经费支撑。促销方式不同,费用会有很大的差异。旅游企业在确定促销组合时要充分考虑企业的承担能力,并能够适应竞争需要。企业要全面衡量、综合比较,在满足促销目标的前提下,要做到效果好而成本低,使促销费用发挥出最大效用。

6. 促销策略的类型

旅游企业促销方式的选择,也取决于其已定的策略类型。按照旅游企业促销力量作用的方向,可把旅游促销策略从总体上分为"推式"与"拉式"两类。

"推式"策略又称从上而下式策略,是指以旅游企业推销人员为主,辅以旅游中间商销售促进,兼顾旅游消费者的销售促进,把旅游产品推向销售渠道,层层渗透,最终推向旅游市场,到达旅游消费者手中的策略。"推式"策略风险小、周期短,适用于资金短缺、规模较小的旅游企业销售知名度较低的旅游产品,如产品销售地域较集中的旅游产品,处于成熟阶段的旅游产品,购买频率较低及专业性较强的旅游产品等。实行"推式"策略,要求推销队伍力量雄厚、素质较高,能针对不同的旅游产品、不同的旅游中间商采用不同的方式。

"拉式"策略又称从下而上式策略,是指以旅游者为主要促销对象,依靠广告、公共关系等促销方式,设法吸引潜在旅游者对旅游产品产生兴趣和需求,刺激他们产生消费的欲望,由旅游者向旅游中间商,旅游中间商向旅游企业求购,由下而上,层层拉动购买。这种策略适用于潜在旅游者较广泛的旅游产品,也适用于处于导入期的旅游产品。

第二节 旅游促销的技术方法

一、促销策划的步骤

(一)确认目标受众

目标受众是指接受促销信息的人群。在制定促销组合策略时,首先应该考虑促销组合主要针对的人群,以便选择需要传递的信息,确定信息传递的方式以及传递信息量的大小,保证目标受众能及时、准确地收到信息,做出相应的购买决策。

企业在促销开始时就要明确目标受众是谁,是潜在购买者还是正在使用者,是老人还是儿童,是男性还是女性,是高收入者还是低收入者。确定目标受众是促销的基础,它决定了企业传播信息应该说什么(信息内容)、怎么说(信息结构和形式)、什么时间说(信息发布时间)、通过什么说(传播媒体)和由谁说(信息来源)。

(二)制定促销目标

促销目标是为未来的促销计划提供一个总体构想,为下一步选择具体的促销形式、制定具体的促销活动实施计划提供依据;然后,要在广泛的比较分析各种促销方式的优劣后,依据目标对促销方式和促销工具进行筛选,确定适合促销目标的若干促销形式。

促销目标包括通过促销要解决的问题以及预期的旅游者的反应。促销的实质是信息的沟通,但是旅游企业和旅游购买者的沟通过程并不总能顺利地进行,如派不懂业务的推销员进行推销会导致沟通的失败。因此,必须明确通过促销要解决的关键问题,才能选择合适的促销组合以达到最终的营销目标。促销要解决的问题归纳起来分为认识、感觉和行动三个方面。

(三)设计促销信息

设计促销信息需要解决四个问题:信息内容、信息结构、信息形式和信息来源。

1. 信息内容(说什么)

信息内容是信息所要表达的主题,也被称为诉求。其目的是促使受众作出有利于企业的良好反应。一般有三种诉求方式:

(1)理性诉求(Rational Appeals)。针对受众的兴趣,指出产品能够产生的功能效用及给购买者带来的利益,如洗衣粉宣传去污力强,空调宣传制冷效果好,冰箱突出保鲜等。一般工业品购买者对理性诉求的反应最为敏感,消费者特别在购买高价物品时也容易对质量、价格、性能等的诉求作出反应。

(2)情感诉求(Emotional Appeals)。通过使受众产生正面或反面的情感,来激励其购买行为的一种诉求方式。如使用幽默、喜爱、欢乐等促进购买和消费,也可使用恐惧、羞耻等促使人们去做应该做的事(如刷牙、健康检查等)或停止做不该做的事(如吸烟、酗酒)等。

(3)道德诉求(Moral Appeals)。诉求于人们心目中的道德规范,促使人们分清是非,弃恶从善,如遵守交通规则、保护环境、尊老爱幼等。这种诉求方式特别适用于企业的形象宣传中。

2. 信息结构（如何说）

信息结构也就是信息的逻辑安排，主要解决三个问题：一是是否作出结论，即是提出明确结论还是由受众自己作出结论；二是单面论证还是双面论证，即是只宣传商品的优点还是既说优点也说不足；三是表达顺序，即沟通信息中把重要的论点放在开头还是结尾的问题。

3. 信息形式（怎样说）

信息形式的选择对信息的传播效果具有至关重要的作用。如在印刷广告中，传播者必须决定标题、文案、插图和色彩，以及信息的版面位置；通过广播媒体传达的信息，传播者要充分考虑音质、音色和语调；通过电视媒体传达的信息，传播者除要考虑广播媒体的因素外，还必须考虑仪表、服装、手势、发型等体语因素；若信息经过产品及包装传达，则特别要注意包装的质地、气味、色彩和大小等因素。

4. 信息来源（谁来说）

由谁来传播信息对信息的传播效果具有重要影响。如果信息传播者本身是接受者信赖甚至崇拜的对象，受众就容易对信息产生注意和信赖。比如玩具公司请儿童教育专家推荐玩具，高露洁公司请牙科医生推荐牙膏，口红请网络美妆达人推荐等，都是比较好的选择。

（四）选择信息沟通渠道

信息沟通渠道通常分为两类：人员沟通与非人员沟通。

1. 人员沟通渠道

人员沟通渠道是指涉及两个或更多个人的相互间的直接沟通。人员沟通可以是当面交流，也可以通过电话、E-mail甚至微信等网络聊天方式进行。这是一种双向沟通，能立即得到对方的反馈，并能够与沟通对象进行情感渗透，因此效率较高。在产品昂贵、风险较大或不常购买及产品具有显著的社会地位标志时，人员沟通的影响尤为重要。

人员沟通渠道可进一步分为倡导者渠道、专家渠道和社会渠道。倡导者渠道由企业的销售人员在目标市场上寻找顾客；专家渠道通过有一定专业知识和技能的人员的意见和行为影响目标顾客；社会渠道通过邻居、同事、朋友等影响目标顾客，从而形成一种口碑。在广告竞争日益激烈、广告的促销效果呈下降趋势的情况下，口碑营销成为企业越来越重视的一种促销方式。

2. 非人员沟通渠道

非人员沟通渠道是指不经人员接触和交流而进行的一种信息沟通方式，是一种单向沟通方式，包括大众传播媒体（Mass Media）、气氛（Atmosphere）和事件（Events）等。大众传播媒体面对广大的受众，传播范围广；气氛指设计良好的环境因素制造氛围，如商品陈列、POP广告、营业场所的布置等，促使消费者产生购买欲望并导致购买行动；事件指为了吸引受众注意而制造或利用的具有一定新闻价值的活动，如新闻发布会、展销会等。

（五）制定促销预算

促销预算是指企业在计划期内对有关促销费用支出的预算，是企业面临的最难做的营销决策之一。不同的企业在市场需求、竞争地位、促销目标上存在多方面的差异，使得编制促销预算成为促销策划的一个重要环节。促销费用过低，会影响促销效果；促销费用过高，会影响企业的正常利润。

旅游企业制定促销预算的方法有许多，常用的主要有以下几种：

（1）量入为出法。这是一种量力而行的预算方法，主要是旅游企业根据自身的财力情况来安排促销经费。这种方法量力而行、易于操作，能够保证促销资金的到位，但在资金的运用上缺乏针对性，如在资金较少时造成促销效果不好，资金充裕时造成资源的浪费。

（2）销售额百分比法。这是依照销售额的一定百分比来制定促销预算。该方法简单、明确、易控制，但缺乏弹性，容易忽视企业的促销目标和促销效率。

（3）竞争对等法。这主要根据竞争者的促销费用来确定企业自身的促销预算。这种方法运用起来很简单，但是没有考虑本企业的具体情况，具有很大的盲目性，而且也很难判断竞争者的预算是否科学、合理。

（4）目标任务法。这是根据旅游企业具体的促销目标和促销方式确定所需的预算。企业首先确定促销目标，然后确定达到目标所要完成的任务，最后估算完成这些任务所需的费用。这种方法注重促销效果，使预算能够满足实际需求，但是制定难度较大。

（六）选择促销组合

目标受众和促销目标的确定，为促销工具的选择奠定了基础。几种促销方式各有优势和不足，企业在确定了促销总费用后，面临的重要问题就是如何将促销费用合理地分配于各种促销方式的促销活动。几种促销方式各有优势和不足，既可以相互替代，又可以相互促进、相互补充。选择促销工具组合，要综合考虑产品性质、产品生命周期、消费者购买所处阶段等多种因素，并和企业自身特点相结合。因此，设计促销组合须注意以下几点：

1. 了解各种促销方式的特点

各种促销方式在具体应用上都有其优势和不足，都有其实用性。所以，了解各种促销方式的特点是选择促销方式的前提和基础。

（1）旅游广告。广告是一种高度大众化的信息传播方式。其优点是：辐射面广，信息传递速度快；可多次重复宣传，能提高产品的知名度；形式多样，艺术表现力强，可树立旅游产品的整体形象。缺点是：信息停留时间短，说服力较弱；传递信息量有限，购买行为具有滞后性；某些广告媒体成本高。因此，广告策略主要适用于一般消费者。

（2）公共关系。其主要目的是为了和公众达成良好的关系。其优点是：借助第三者传递信息，可信度较高，容易赢得公众信任；信息传递方式多样，影响力大，有利于建立旅游企业形象。缺点是：着重于与公众建立良好的关系，所以不能直接达到销售效果；活动设计有难度，组织工作量较大。公共关系策略主要适用于一般公众。

（3）人员推销。人员推销是最直接的促销方式。其优点是：能与顾客面对面，有利于沟通；针对性强，可直接促成交易；易培养与顾客的感情，建立长期稳定的联系。缺点是：覆盖面小，传播效率低，平均销售成本较高；对推销人员的要求较高，需要经过专业培训。人员推销策略主要适用于目标市场和旅游中间商。

（4）销售促进。销售促进是一种短期内刺激销售的促销方式。其优点是：对顾客的吸引力大，刺激性强，迅速激发顾客需求，能在短期内改变顾客的购买习惯。缺点是：注重短期销售利益；使用不当可能导致顾客的不信任。销售促进策略主要适用于现实及潜在的旅游者。

（5）新媒体营销。新媒体营销是一种集合了互联网思维、大数据思维、共享经济思维等多种新媒体营销思维的新兴促销方式。其优点是：随时随地，能够通过微信、微博、直播平台、自媒体等多种形式，适应消费者碎片化的阅读特点；传播快，收效好。缺点是：舆论导向把控性差，如果出现负面信息，能够迅速扩大影响。新媒体营销策略适用于广大旅游企业和大多数旅游者。

　　2．充分考虑影响促销组合的因素

　　企业的促销组合受到多方面因素的影响，具体如下。

　　(1)产品的类型。一般，按照促销效果由高到低的顺序，消费品企业的促销方式为广告、新媒体营销、营业推广、人员推销和公共关系；产业用品则为人员推销、营业推广、广告、新媒体营销和公共关系。

　　(2)促销总策略。企业的促销总策略有"推动策略(Push Strategy)"和"拉引策略(Pull Strategy)"之分。推动策略是企业把商品由生产者"推"到批发商，批发商再"推"到零售商，零售商再"推"到消费者。显然，企业采取推动策略，人员推销的作用最大。拉引策略是以最终消费者为主要促销对象。企业首先设法引起购买者对产品的需求和兴趣，购买者对中间商产生购买需求，中间商受利润驱动向厂商进货。可见，企业采用拉引策略，广告、新媒体营销是最重要的促销手段。

　　(3)购买者所处的阶段。顾客的购买过程一般分6个阶段，即知晓、认识、喜欢、偏好、确信和行动。在知晓阶段，广告和公关的作用较大；在认识和喜欢阶段，广告、新媒体营销作用较大，其次是人员推销和公共关系；在偏好和确信阶段，人员推销和公共关系的作用较大，广告次之；在购买阶段，人员推销和销售促进的作用最大，广告和公共关系的作用相对较小。

　　(4)产品所处的生命周期阶段。产品所处的生命周期阶段不同，促销的重点不同，所采用的促销方式也就不同。一般来说，当产品处于投放期，促销的主要目标是提高产品的知名度，因而广告和公共关系的效果最好，营业推广也可鼓励顾客试用。在成长期，促销的任务是增进受众对产品的认识和好感，广告、新媒体营销和公共关系需加强，营业推广可相对减少；到成熟期，企业可适度削减广告，增加营业推广，以巩固消费者对产品的忠诚度；到衰退期，企业的促销任务是使一些老用户继续信任本企业的产品，因此，促销应以营业推广为主，辅以公共关系和人员推销。

　　(5)促销费用。四种促销方式的费用各不相同。总的说来，广告、新媒体营销宣传的费用较大，人员推销次之，营业推广花费较少，公共关系的费用最少。企业在选择促销方式时，要综合考虑促销目标、各种促销方式的适应性和企业的资金状况进行合理的选择，要符合经济效益原则。

　　(七)促销效果评估

　　促销效果评估是企业促销工作的一项重要内容，分为事前评估、事中和事后评估三类。它们的特点各异，作用各异。

　　1．事前评估

　　事前评估是指促销计划正式实施之前所进行的调查活动。其目的在于评估该计划的可行性和有效性，或以此在多个计划中确定出最佳方案。事前评估主要有征求意见法和试验法两种。

　　2．事中评估

　　事中评估就是在促销活动进行过程中对其效果进行评估，其方法是消费者调查，主要调查消费者对促销活动的反应、消费者的结构以及消费者的意见。从这几个方面可以大致客观地评价促销活动的效果。

3. 事后评估

事后评估是在促销活动告一段落或全部结束后对其产生的效果进行评估。常用的方法是比较法和调查法。

二、促销策划的目标

在开始策划促销活动方案前,企业首先要明确的是促销活动的目的和任务。不同的促销目标需要不同的促销手段来完成。概括地看,促销目标总体分为两大类:一是追求短期效果;二是追求长期效果。

(一)追求短期效果的促销活动

追求短期效果的促销活动的目的是通过短时促销立即提高产品销量,使从未使用本产品的消费者尝试使用本产品,使习惯使用本产品的消费者增加购买量或购买次数,刺激吸引潜在消费者变为现实消费者。这种促销能由中间商的配合会使产品销售更顺畅,短期内提高本产品的竞争能力。一般可通过提高购买人数、提高人均购买次数和增加人均购买量三种途径来实现。

(二)追求长期效果的促销活动

追求长期效果的促销活动是配合广告活动而做的促销工作,以提高广告的效果,建立良好的品牌形象和企业形象,广告、公共关系对于此目标的实现是比较好的手段,其他促销方式也要配合广告来实施。要实现这种促销目标,需要花费较高的成本,而且效果不是短期内就可以显现的。

(三)促销的六个基本目标

1. 增加市场销售额

旅游企业有时为了充分利用旅游资源和旅游设施设备,或在面对直接竞争时为了争取到更多的消费者,就要为消费者提供更多附加利益或优惠,以刺激消费者的购买欲。

2. 发展新的顾客

在竞争激烈、需求变化快的市场中,一个旅游企业无论它是否已经拥有了很高的市场份额,只要还有接待能力,就要不断开拓新市场,挖掘市场潜力,扩大接待规模,这对于企业保持持续发展的势头非常重要。

3. 培养和强化市场美誉度

企业产品在市场上拥有了一定的美誉度后,市场对产品就形成了偏爱,这种偏爱往往带有很强的感情色彩,一经形成,市场对这个产品的购买就具有某种惯性,不会轻易改变这种消费习惯。企业通过促销提高市场美誉度,可收到长期的效益。

4. 提高公众的兴趣

在日常生活中,人们需要各种休闲娱乐方式丰富自己的生活。有意识地设计将休闲娱乐与宣传促销融为一体的活动,为消费者和潜在消费者提供参与性、趣味性较强的促销宣传活动,可以吸引很多潜在消费者前来参与,让他们在参与休闲娱乐活动的过程中了解产品和企业的信息,对企业和产品产生兴趣和好感。

5. 争取中间商的支持

有些产品和服务的促销是针对中间商的,通过优惠计划、奖励计划等刺激中间商,使他们对销售本企业产品有更强的动力,通过系列公关活动得到中间商的帮助和支持。

6. 建立良好的品牌形象

促销在树立企业形象和提高品牌意识方面有重要作用,但一旦把塑造企业或产品的公众形象作为现阶段的促销目标,就要暂时放弃其他的目标和利益,并且各种促销方式要相互配合,以企业长远的品牌效益为重,尽量避免进行短期促销行为。

三、选择促销工具及其组合

(一)影响选择促销工具的影响因素

在明确促销目标后,需要选择促销工具。促销工具多种多样,各有其特点和使用范围,在选择工具时要考虑以下几个因素。

1. 必须与促销目标一致

制定促销目标往往为促销工具的选择提供了较为明确的依据和范围,不同的促销工具适应于不同的促销目标(见表6-1)。

表 6-1　针对不同促销目标选择不同促销工具

促销工具		POP 推广	优惠	免费门票	赠品	减价
促销目标	提高销量	★	★	★	★	★
	增强中间商接受度		★			★
	建立品牌形象巩固品牌形象	★			★	★

2. 市场的类型

不同的产品需要不同的促销工具,所选的促销工具必须适应企业所处的市场类型的特点和相应的需求。

3. 竞争条件和环境

竞争条件和环境包括企业自身的状态、资金、人力、优点和不足及外部竞争者的数量、实力、竞争策略等,还要考虑客观环境方面的制约因素、社会的政治经济水平、人们的消费习惯和政府的法规政策等。

4. 促销预算

任何企业用于促销的资金总是有预算、有限度的。为了达到促销的目的,使有限资金发挥最大效益,就需要充分考虑各种促销工具的促销效果。

5. 促销管理者态度的影响

每种促销工具各有其优缺点与适用范围,促销管理者从不同的角度出发分析会有不同的见解,管理者的经验分析、事先的消费者调查,都可能给管理决策者的选择带来影响。

在比较了各种促销工具的优缺点后,从企业的资源条件和经营管理水平出发,选择出既能达到预期的促销目标,又能降低企业促销成本,节约人力、物力的促销工具,而是尽量追求效用的最大化和成本的最小化。在一次促销活动中,往往采用的不只是一种促销工具,而是把各种促销工具组合在一起,形成互补,往往会达到"1+1>2"的效用,这就是促销组合在实际中广泛应用的原因。

（二）旅游广告

旅游广告是旅游目的地国家或地区、旅游组织或旅游企业以付费的方式,通过非人员媒介传播旅游产品及企业自身的有关信息,扩大产品影响,提高知名度,树立企业形象,最终达到促进销售目的的一种沟通形式。旅游广告有着其他促销形式不可替代的优点。它不仅生动形象、覆盖面广,而且可以长期高密度地进行,效果持久,效力强大。尤其在旅游市场竞争日益激烈的今天,旅游企业更重视广告的作用。

1. 广告的含义和类型

广告是广告主以付费的方式,通过一定的媒介有计划地向公众传递有关商品、劳务和其他信息,借以影响受众的态度,进而诱发或说服其采取购买行动的一种大众传播活动。

（1）按内容分

广告可以分为经济广告和非经济广告。非经济广告是为了达到某种宣传目的而不是盈利所作的广告。经济广告也称狭义广告,广告策划中所指的广告主要是狭义广告。

（2）按所使用的媒体分,广告可分为报刊广告、广播广告、电视广告、户外广告（如广告牌、灯箱、车身、条幅、霓虹灯等户外载体）、自办宣传品广告（如招贴、手册、音像材料等）等传统的媒体广告,以及网络广告、短信广告、电梯广告、公交车辆视频广告等新型媒体广告。

拓展案例

上海迪士尼度假区——每个小孩子心中的童话梦

相信"迪士尼"这个词在我们心中并不陌生,尤其是在小朋友的心里,它更是一个梦想级的存在。迪士尼出品的每一部动画都堪称经典,从早年设计的米老鼠、唐老鸭到现在的冰雪公主等卡通形象,一直为大众所熟知且仍然处于流行当中。因此,迪士尼在业内成为不可超越的神话!已经完工投入运营的上海迪士尼度假区投放了一则口号为"点亮心中奇梦,开启你的秋日童话"的宣传视频。在视频中可以看到由工作人员扮演的各个时期经典的迪士尼卡通人物和动画里曾出现过的奇幻城堡等卡通元素,还能够和迪士尼公主们进行互动。广告片通过视频呈现给人们一个现实版的童话世界,让迪士尼游乐园成为人们与童话世界近距离接触的桥梁,满足童年时期自己想要置身童话世界的美好祈愿,借此勾起了人们对童话王国的憧憬,来进行宣传。

2. 旅游广告的功能

在当代社会,广告既是一种重要的促销手段,又是一种重要的文化现象。广告对企业、消费者和社会都具有重要作用。

（1）广告对企业的功能。首先是传播信息,沟通产销。广告对企业的首要功能是沟通产销关系。其次是提高市场占有率,增强竞争力。广告定位中的差别化策略可以有效提高企业的市场占有率。最后广告有助于消费者建立品牌偏好,最终导致购买行为,使得企业可以以最少的投入获得尽可能大的产出,塑造良好的企业形象。

(2)对消费者的功能。第一,广告可以指导消费。消费者获取商品信息的来源主要有四种,即商业来源、公共来源、人际来源和个人来源。广告即是消费者最重要的商业来源。可以说,在现代社会,面对琳琅满目的商品,如果离开了广告,消费者将无所适从。第二,广告能够刺激需求。广告的一个重要功能就是刺激消费者的购买欲望,促使消费者对商品产生强烈的购买冲动。广告刺激的需求包括初级需求和选择性需求。初级需求是指通过广告宣传,促使消费者产生对某类商品的需求,如对电脑、汽车等的需求;选择性需求是指通过广告宣传,促使消费者产生对特定品牌的商品的需求,如联想电脑、红旗汽车等,引导消费者认牌购买。第三,广告可以培养消费观念。广告引导着消费潮流,促使消费者树立科学的消费观念。

(3)对社会的功能。首先,广告能够美化环境,丰富生活。路牌广告、POP 广告、霓虹灯广告等,美化了城市形象,使都市的夜晚变得星光灿烂、绚丽多姿。因此,广告被称为现代城市的脸。优美的广告歌曲、绚丽的广告画、精彩的广告词,无不给人以艺术的享受。其次,广告能够影响意识形态,改变道德观念。据调查,一个美国人从出生到 18 岁在电视中看到的广告达 1800 个小时,相当于一个短期大学所用的学时。所以,广告对社会的价值观念、文化传承都具有非常重要的影响。

3.旅游广告促销方案的制定

在竞争激烈的今天,当代企业所要考虑的并不是要不要做广告,而是要如何做出精品广告,从而赢得消费者对广告的信任的问题,这需要企业进行科学的广告决策。企业的广告决策一般包括五个重要的步骤,简称"5M",具体如下。

(1)确定广告目标(Mission)。企业广告决策的第一步是确定广告目标。广告目标是企业通过广告活动要达到的目的,其实质就是要在特定的时间对特定的目标受众完成特定内容的信息传播,并获得目标受众的预期反应。

广告的目标大致分为告知、劝说和提示 3 大类:①告知性广告,是一种以介绍为目标的广告,目的在于诱导消费者产生初始需求,主要用于旅游产品的导入期,即通过广告信息将旅游企业和产品介绍给消费者,给消费者留下一个良好的第一印象,起到激发消费者的购买欲望,或者激发消费者对新旅游产品的兴趣的作用。②劝说性广告,是一种竞争性广告,目的是促使消费者建立起特定的需求,对本企业的产品产生偏好。其一般用于旅游产品的成长期,旨在提高消费者对旅游产品或服务的喜好,强调旅游产品的使用价值及其差异化优势,说服消费者购买旅游产品。劝说性广告一般通过现身说法、权威证明、比较等手法说服消费者。③提示性广告,是一种加强消费者对商品的认识和理解的强化性广告。其经常用于产品的成熟期和衰退期,用来保持旅游产品在消费者心目中的形象,保持消费者对旅游产品的忠诚度,引发消费者的记忆,使他们注意到旅游产品或服务的存在以及它的销售地点、时间等信息。

(2)制定广告预算(Money)。广告预算一般包括调研费用、制作费用、媒体费用、管理费用以及其他费用。旅游企业在确定广告预算时必须充分考虑以下因素:

①产品生命周期。产品在投放期和成长期的广告预算一般较高,在成熟期和衰退期的广告预算一般较低。

②市场占有率的高低。市场占有率越高,广告预算的绝对额越高,但面向广大消费者的产品的人均广告费用却比较低;反之,市场占有率越低,广告预算的绝对额也较低,但人均广告费并不低。

③竞争的激烈程度。广告预算的多少与竞争激烈程度成正比。

④广告频率的高低。广告频率的高低与广告预算多少成正比。

⑤ 产品的差异性。高度同质性的产品,消费者不管购买哪家企业生产的都一样,广告的效果不明显,广告预算低;高度差异性的产品,因为具有一定的垄断性,不做广告也会取得较好的销售效果。而具有一定的差异性但这种差异又不足以达到垄断地位的产品,因为市场竞争激烈,所以广告预算反而应该比较多。

(3)确定广告信息(Message)。广告的信息决策一般包括以下三个步骤:

①确定广告的主题。广告主题是最能吸引消费者的核心,是广告所要表达的中心思想,应当显示产品的主要优点和用途以吸引消费者。"我们不生产水,我们只是大自然的搬运工。"这句广告词体现了产品纯天然的核心属性。对于同一类商品,可以从不同角度提炼不同的广告主题,以满足不同消费者的需要和同一消费者的不同需要。

②广告信息的评估与选择。一个好的广告总是集中于一个中心的促销主题,而不必涉及太多的产品信息。"农夫山泉有点甜",就以异常简洁的信息在受众中留下深刻的印象。如果广告信息过多过杂,消费者往往不知所云。

③信息的表达。旅游广告内容的表达,是指通过什么样的表现形式向消费者传递旅游信息。旅游广告要抓住消费者的注意力,旅游企业或组织就要善于运用独有的广告表现手法,使目标消费者对旅游产品产生兴趣,并最终促成购买。因此,旅游广告的表达是旅游广告创意中最富有挑战性的环节。

(4)选择广告媒体(Media)。广告媒体的种类很多,各有优缺点。选择适合的广告媒体可以达到较好的传播效果。在选择广告媒体时要充分考虑广告传播的目标、旅游产品的性质、目标受众群体的媒体习惯、媒体的影响力与费用等多方面因素。

(5)评估广告效果(Measurement)。广告的效果主要体现在三方面,即广告的传播效果、广告的促销效果和广告的社会效果。广告的传播效果是前提和基础,广告的销售效果是广告效果的核心和关键,企业的广告活动也不能忽视对社会风气和价值观念的影响。

(三)人员推销策略

人员推销是一种古老的推销方式,也是一种非常有效的推销方式。

1. 人员推销及要素

人员推销是指企业的销售人员与潜在消费者或中间商通过直接交谈,以推销商品,促进和扩大销售的活动。推销主体、推销客体和推销对象构成推销活动的三个基本要素。商品的推销过程,就是推销员运用各种推销术,说服推销对象接受推销客体的过程。

2. 人员推销的特点

相对于其他促销形式,人员推销具有以下特点:①注重人际关系,与顾客进行长期的情感交流。情感的交流与培养,必然使顾客产生惠顾动机,从而与企业建立稳定的购销关系。②具有较强的灵活性。推销员可以根据各类顾客的特殊需求,设计有针对性的推销策略,容易诱发顾客的购买欲望,促成购买。③具有较强的选择性。推销员在对顾客调查的基础上,可以直接针对潜在顾客进行推销,从而提高推销效果。④及时促成购买。人员推销可以在推销员推销产品和劳务时,及时观察潜在顾客对产品和劳务的态度,并及时予以反馈,从而迎合潜在消费者的需要,及时促成购买。⑤营销功能的多样性。推销员在推销商品过程中,承担着寻找客户、传递信息、销售产品、提供服务、收集信息、分配货源等多重功能,这是其他促销手段所不具备的。

3. 人员推销的步骤及策略

人员推销一般经过以下七个步骤:

(1)寻找潜在顾客。寻找有可能成为潜在购买者的顾客,这是推销工作的第一步。寻找潜在顾客的方法主要有:①向现有顾客打听潜在顾客的信息;②培养其他能提供潜在顾客线索的来源,如供应商、经销商等;③加入潜在顾客所在的组织;④从事能引起人们注意的演讲与写作活动;⑤查找各种资料来源(工商企业名录、电话号码黄页等);⑥用电话或信件追踪线索;等等。

(2)访问准备。在拜访潜在顾客之前,推销员必须做好必要的准备。具体包括了解顾客、了解和熟悉推销品、了解竞争者及其产品、确定推销目标、制定推销的具体方案等。不打无准备之仗,充分的准备是推销成功的必要前提。

(3)接近顾客。这是推销员征求顾客同意接见洽谈的过程。接近顾客能否成功是推销成功的先决条件。接近要达到三个目标:①给潜在顾客一个良好的印象,引起顾客的注意,比如穿着、举止、言谈、自信而友好的态度等;②验证在准备阶段所得到的信息;③为推销洽谈打下基础。

(4)洽谈沟通。这是推销过程的中心。推销员向潜在客户介绍商品,不能仅限于让客户了解你的商品,最重要的是要激起客户的需求,产生购买的行为。在介绍产品时,要特别注意说明该产品可能给顾客带来的利益,要注意倾听对方的发言,以判断顾客的真实意图。

(5)应付异议。推销员应随时准备应付不同意见。顾客异议表现在多方面,如价格异议、功能异议、服务异议、购买时机异议等。有效地排除顾客异议是达成交易的必要条件。一个有经验的推销员在面对顾客争议时,既要采取不蔑视、不回避、注意倾听的态度,又要灵活运用有利于排除顾客异议的各种技巧。

(6)达成交易。这是推销过程的成果和目的。在推销过程中,推销员要注意观察潜在顾客的各种变化。当发现对方有购买的意思表示时,要及时抓住时机,促成交易。为了达成交易,推销员可提供一些优惠条件。

(7)售后跟踪。"真正的销售始于售后"。产品售出后,并不意味着整个推销过程的终止。推销员必须做好售后的跟踪工作,如安装、退换、维修、培训及顾客访问等。对于 VIP 客户,推销员特别要注意与之建立长期的合作关系,实行关系营销。

4. 旅游企业的人员推销策划

(1)确定推销目标。人员推销的目标主要包括:①发现并培养新顾客;②将企业有关产品和服务的信息传递给顾客;③将产品推销给顾客;④为顾客提供服务;⑤进行市场调研,搜集市场情报;⑥分配货源。

人员推销的具体目标的确定,取决于企业面临的市场环境,以及产品生命周期的不同阶段。

(2)选择推销方式。推销主要有:①推销员对单个顾客。推销员当面或通过电话等形式向某个顾客推销产品。②推销员对采购小组。一个推销员对一个采购小组介绍并推销产品。③推销小组对采购小组。一个推销小组向一个采购小组推销产品。④会议/聚会推销。通过洽谈会、研讨会、展销会或家庭聚会等方式推销产品。

（3）确定推销队伍的组织结构。一般说来,可供选择的推销组织形式有以下几种:①区域性结构。其是指按地理区域配备推销人员,设置销售机构,推销人员在规定的区域内负责销售企业的各种产品。这适用于产品和市场都比较单纯的企业。它的主要优点是:第一,推销员责任明确,便于考核;第二,推销员活动地域稳定,便于与当地建立密切联系;第三,推销员活动范围小,节约差旅费用;第四,容易熟悉当地市场,便于制定有针对性的推销策略;第五,售后服务能做得比较到位。②产品型结构。其是指按产品线配备推销人员,设置销售机构,每组销售人员负责一条产品线,在所有区域市场销售。这种结构比较适用于产品技术性比较强、工艺复杂、营销技术要求比较高的企业。③顾客型结构。其主要根据不同类型的顾客配备不同的推销人员,主要优点是能更深入地了解顾客的需求,从而为顾客提供差异化的服务。④复合式结构。即将上述三种结构形式混合运用,有机结合。如按照"区域—产品"、"产品—顾客"、"区域—顾客",甚至"区域—产品—顾客"的形式进行组合,配备推销员。其优点是能吸收上述三种形式的优点,并从企业整体营销效益出发开展营销活动。这种形式比较适合那些顾客种类复杂、区域分散、产品也比较多样化的企业。

（4）建立推销队伍。

①确定推销队伍的规模。企业推销队伍的规模必须适当。

②选拔、培训推销员。企业的推销员主要有两个来源,即企业内部选拔和向外部招聘。不管推销员来自何方,一个合格的推销员都要具备良好的思想政治素质、文化修养和较强的实际工作能力,以及适宜的个性与素质。

③推销员的评价和激励。对推销员的合理评价决定了推销员的积极性。企业必须建立一套合理的评估指标体系,并随时注意收集有关的信息和资料。合理的报酬制度是调动推销员积极性的关键。对推销员的激励手段主要有:奖金、职位的提升、培训机会、表扬及旅游度假等。

（5）制定行动方案。它主要是指推销活动的具体实施细则,包括时间、地点、预算、人员的选择与分工、宣传品的印刷与管理以及预期的效果评估等。

（四）营业推广（SP）策略

1．营业推广及其适用性

营业推广又称销售促进,是指企业为刺激消费者迅速购买商品而采取的一种促进销售的策略。其目的是扩大销售和刺激人气。它是广告和人员推销的一种辅助手段,一般很少单独使用。

营业推广比较适合于对消费者和中间商开展促销工作,一般不太适用于产业用户。对于个人消费者,营业推广主要吸引三类人群:一是已经使用本企业产品的消费者,促使其消费更多;二是已使用其他品牌产品的消费者,吸引其转向本企业的产品;三是未使用过该产品的消费者,争取其试用本企业的产品。对于中间商,营业推广主要是吸引中间商更多地进货和积极经销本企业的产品,增强中间商的品牌忠诚度,争取新的中间商。

在产品处于生命周期的投放期和成长期,营业推广的效果较好;在成熟阶段,营业推广的作用明显减弱。对于同质化程度较高的产品,营业推广可在短期内迅速提高销售额,但对于高度异质化的产品,营业推广的促销作用相对较小。

一般来说,市场占有率较低、实力较弱的中小企业,由于无力负担大额的广告费,所以对所需费用不多又能迅速增加销量的营业推广情有独钟。

有时,企业也可以将营业推广与广告、公共关系等促销方式结合起来,以营业推广吸引竞争者的顾客,再用广告和公共关系使之产生长期偏好,从而争取到竞争对手的市场份额。

2. 营业推广的实施

企业进行营业推广活动,应重点做好以下工作:

(1)确定推广目标。企业在进行营业推广活动之前,必须明确推广目标。推广目标因不同的推广对象而不同。

①对消费者来说,推广目标主要是鼓励现有的消费者继续购买、大批量购买,由延时购买变为即时购买;吸引未曾使用过本企业产品的消费者试用,由潜在变为现实;吸引竞争品牌的消费者,改变品牌忠诚度等。

②对中间商而言,推广目标主要是改善销售渠道;维持较高的存货水平;建立品牌忠诚度,吸引新的中间商;鼓励推销本企业产品的积极性。

③对推销员来说,推广目标就是鼓励销售新产品;激发推销员的推销热情,激励其寻找更多的潜在顾客;刺激淡季销售。

(2)选择恰当的营业推广工具。企业可以根据市场类型、营业推广目标、竞争情况、国家政策以及各种推广工具的特点灵活选择推广工具。

①生产商对消费者的推广形式。如果企业以抵制竞争者的促销为推广目的,企业可设计一组降价的产品组合,以取得快速的防御性反应;如果企业的产品具有较强的竞争优势,企业促销的目的在于吸引消费者率先采用,则可以向消费者赠送样品或免费试用样品。

②零售商对消费者的推广形式。零售商促销的目的是吸引更多的顾客光临和购买。因此,促销工具的选择必须是能够给顾客带来实惠。实惠就是吸引力。在推广中,零售商经常采用商品陈列和现场表演、优待券、特价包装、交易印花、抽奖、游戏等推广形式。

③生产商对中间商的推广形式。生产商为了得到批发商和零售商的合作与支持,主要运用购买折扣、广告折让、商品陈列折让和经销奖励等方式进行推广。

④生产商对推销员的推广形式。生产商为了调动推销员的积极性,经常运用销售竞赛、销售红利、奖品等工具对推销员进行直接刺激。

(3)制定合理的营业推广方案

一个完整的营业推广方案必须包括以下内容:

①诱因的大小。即确定使企业成本/效益最佳的诱因规模。诱因规模太大,企业的促销成本就高;诱因规模太小,对消费者又缺少足够的吸引力。因此,营销人员必须认真考虑销售和成本增加的相对比率,确定最合理的诱因规模。

②营业推广对象。企业在进行推广时,要明确推广的对象是消费者、中间商还是全部推销人员,明确哪些人参加促销活动,或者哪些人有资格获得这些优惠。企业需要对促销对象的条件作出明确规定,比如赠送礼品,是赠送给每一个购买者还是只赠送给购买量达到一定要求的顾客等。

③营业推广媒体选择。即决定如何将促销方案告诉给促销对象。具体的营业推广形式,可以通过不同的途径来实施。如果企业将要举行一次赠送礼品的推广活动,可以采用以下方式进行宣传:一是印制宣传单在街上派送;二是将宣传单放在销售终端供顾客取阅;三是在报纸等大众媒体上做广告;四是邮寄给目标顾客;等等。

④营业推广时机的选择。时机的选择,是推广能够达到预期效果的关键因素,因此,企

业可以灵活地选择节假日、重大活动和事件等时机进行促销活动。

⑤确定推广期限。推广期限要恰当,不可太短或太长。时间过长会造成开支过大,资源浪费;时间过短达不到刺激购买的效果。根据营销专家的研究,比较理想的推广期限是3个星期左右。

⑥确定促销预算。一般有两种方式确定预算:一种是全面分析法,即营销者对各个推广方式进行选择,然后估算它们的总费用;另一种是总促销预算百分比法,即按经验确定,如奶粉的推广预算占总预算的30%左右,咖啡的推广预算占总预算的40%左右等。

(4)测试营业推广方案。为了保证营业推广的效果,企业在正式实施推广方案之前,必须对推广方案进行测试。这可以采取询问消费者、调查问卷以及在有限的区域内进行方案试行等途径,测试的内容主要是推广诱因对消费者的效力、所选用的工具是否恰当、媒体选择是否恰当、顾客反应是否足够等。发现不恰当的部分,要及时进行调整。

(5)执行和控制营业推广方案。企业必须制定具体的实施方案。实施方案中应明确规定准备时间和实施时间。准备时间是指推出方案之前所需的时间;实施时间是指从推广活动开始到95%的推广商品已到达消费者手中这一段时间。

(6)评估营业推广的效果。营业推广的效果体现了营业推广的目的。企业必须高度重视对推广效果的评价。评价推广效果,一般可以采用比较法(比较推广前后销售额的变动情况)、顾客调查法和实验法等进行。

（五）公共关系

1. 公共关系的构成要素及特征

从营销的角度讲,公共关系是企业利用各种传播手段,沟通内外部关系,塑造良好形象,为企业的生存和发展创造良好环境的经营管理艺术。

(1)公共关系的构成要素。公共关系的构成要素分别是社会组织、传播和公众,它们分别作为公共关系的主体、中介和客体相互依存。社会组织是公共关系的主体,它是指执行一定社会职能、实现特定的社会目标,构成一个独立单位的社会群体。在营销中,公共关系的主体就是企业。公众是公共关系的客体。公众是面临相同问题并对组织的生存和发展有着现实或潜在利益关系和影响力的个体、群体和社会组织的总和。企业在经营和管理中必须注意处理好与员工、顾客、媒体、社区、政府、金融等各类公众的关系,为自己创造良好和谐的内外环境。

社会组织与公众之间需要传播和沟通。传播是社会组织利用各种媒体,将信息或观点有计划地与公众进行交流的沟通过程。社会组织开展公关活动的过程实际上就是传播沟通过程。

(2)公共关系的特征。作为一种促销手段,公共关系与前述其他手段相比,具有自己的特点:①注重长期效应。公共关系是企业通过公关活动树立良好的社会形象,从而创造良好的社会环境。这是一个长期的过程。良好的企业形象也能为企业的经营和发展带来长期的促进效应。②注重双向沟通。在公关活动中,企业一方面要把本身的信息向公众进行传播和解释,同时也要把公众的信息向企业进行传播和解释,使企业和公众在双向传播中形成和谐的关系。③可信度较高。相对而言,大多数人认为公关报道比较客观,比企业的广告更加可信。④具有戏剧性。经过特别策划的公关事件,容易成为公众关注的焦点,可使企业和产品戏剧化,引人入胜。

拓展案例

景区推出寻亲门票

2019年春节期间,位于河南开封的中国翰园碑林景区再次推出"寻亲门票",引起广泛的社会关注,也为景区吸引了不少人气。原来,该景区在2018年春节期间首次推出该活动,在上万张门票背面粘贴上300名丢失儿童的照片和相关信息,并鼓励游客拍照发至朋友圈。而这些门票真的发挥了作用,在2018年年底促成一对失散多年的母女再次团聚。景区在振奋之余,决定今年继续推出"寻亲门票"。

制造社会关注度高的热门话题,是旅游营销的一种重要方式。丢失儿童问题是社会高度关注的话题,在景区门票上做文章,既是做公益,也是对景区的一种宣传,立意十分巧妙。而这些门票真的发挥了现实作用,对于景区来说可谓点睛之笔,也给了景区继续这一营销方式的勇气。

2. 公共关系活动的实施

公共关系活动的实施需要经历以下步骤:

(1)确定公关目标。目标的确定是公共关系活动取得良好效果的前提条件。企业的公关目标因企业面临的环境和任务的不同而不同。一般来说,根据公关沟通内容不同,企业的公关目标一般有:传播信息、联络感情、改变态度、引起行为。企业在策划了总目标后,还要根据实际情况和环境制定具体的、可量化的目标。

(2)确定公关对象。公关对象的选择就是公众的选择。公关对象决定于公关目标,不同的公关目标决定了公关传播对象的侧重点不同。目标公众的确定有利于具体方案的实施,有利于确定工作的重点,更好地选择传播媒介和传播技巧等。如果公关目标是提高消费者对本企业的信任度,毫无疑问,公关活动应该重点根据消费者的权利和利益要求进行。如果企业与社区关系出现摩擦,公关活动就应该主要针对社区公众进行。选择公关对象要注意两点:一是侧重点是相对的。企业在针对某类对象进行公关活动时不能忽视了与其他公众沟通。二是在某些时候(如企业出现重大危机等),企业必须加强与各类公关对象的沟通,以赢得各方面的理解和支持。

(3)选择公关方式。公关方式是公共关系工作的方法系统。在不同的公关状态和公关目标下,企业必须选择不同的公关模式,以便有效地实现公共关系目标。一般来说,供企业选择的公关方式主要有以下两类:

一是战略性公关方式。下列五种公关方式,主要针对企业面临的不同环境和公关的不同任务,从整体上影响企业形象,属于战略性公关。①建设性公关。主要适用于企业初创时期或新产品、新服务首次推出之时,主要功能是扩大知名度,树立良好的第一印象。②维系性公关。主要适用于企业稳定发展之际,用以巩固良好企业形象的公关模式。③进攻性公关。是企业与环境发生摩擦冲突时所采用的一种公关模式,主要特点是主动。④防御性公关。是企业为防止自身公共关系失调而采取的一种公关模式,适用于企业与外部环境出现了不协调或摩擦苗头的时候,主要特点是防御与引导相结合。⑤矫正性公关。企业遇到风险时采用的一种公关模式,适用于企业公共关系严重失调,从而使企业形象严重受损的时候,主要特点是及时。

二是策略性公关方式。下列五种公关方式,属于公共关系的业务类型,主要涉及公共关系的策略技巧,属于策略性公关。①宣传性公关。运用大众传播媒介和内部沟通方式开展宣传工作,树立良好企业形象的公共关系模式,分为内部宣传和外部宣传。②交际性公关。通过人际交往开展公共关系的模式,目的是通过人与人的直接接触,进行感情上的联络。其方式是开展团体交际和个人交往。③服务性公关。以提供优质服务为主要手段的公共关系活动模式,目的是以实际行动获得社会公众的了解和好评。这种方式最显著的特征在于实际的行动。④社会性公关。利用举办各种社会性、公益性、赞助性活动开展公关,带有战略性特点,着眼于整体形象和长远利益。其方式有三种:以企业本身为中心开展的活动,如周年纪念等;以赞助社会福利事业为中心开展的活动;资助大众传播媒介举办的各种活动。⑤征询性公关。以提供信息服务为主的公关模式,如市场调查、咨询业务、设立监督电话等。

(4)实施公关方案。实施公关方案的过程,就是把公关方案确定的内容变为现实的过程,是企业利用各种方式与各类公众进行沟通的过程。实施公关方案是企业公关活动的关键环节。

实施公关方案,需要做好以下工作:①做好实施前的准备。任何公共关系活动实施之前,都要做好充分的准备,这是保证公共关系实施成功的关键。公关准备工作主要包括公关实施人员的培训、公关实施的资源配备等方面。②消除沟通障碍,提高沟通的有效性。公关传播中存在着方案本身的目标障碍,实施过程中语言、风俗习惯、观念和信仰的差异以及传播时机不当、组织机构臃肿等多方面形成的沟通障碍和突发事件的干扰等影响因素。消除不良影响因素,是提高沟通效果的重要条件。③加强公关实施的控制。企业的公关实施如果没有有效的控制,就会产生偏差,从而影响到公关目标的实现。公关实施中的控制主要包括对人力、物力、财力、时机、进程、质量、阶段性目标以及突发事件等方面的控制。

(5)公共关系评估。公共关系评估,就是根据特定的标准,对公共关系计划、实施及效果进行衡量、检查、评价和估计,以判断其成效。需要说明的是,公共关系评估并不是在公关实施后才评估公关效果,而是贯穿于整个公关活动之中。

公共关系评估的内容包括:①公共关系程序的评估。即对公共关系的调研过程、公关计划的制订过程和公关实施过程的合理性和效益型作出客观的评价。②专项公共关系活动的评估。主要包括对企业日常公共关系活动效果的评估、企业单项公共关系活动(如联谊活动、庆典活动等)效果的评估、企业年度公共关系活动效果的评估等方面。③企业需要从企业内部和外部两个角度对企业的舆论状态和关系状态进行评估。

第三节 旅游促销实训

一、实训目的

掌握旅游营销过程中的旅游促销组合的影响因素、促销策划的步骤、不同促销工具的选择等知识点。熟悉促销策划的一般步骤和各种促销工具的基本内容,能够独立完成旅游企业或产品促销方案策划书。

二、实训要求

假设你是某企业的策划人员,在中国情人节"七夕"到来之际,×××景区决定组织一次促销活动,请以小组为单位有组织地开展前期的基础调研与分析工作以及设计策划方案,借助 Word 完成活动策划方案撰写,借助 PowerPoint 完成促销活动实施方案的汇报。

三、实训背景资料

(一)×××景区基本资料调研搜集

1. 基本情况

2. 门票政策

(二)策划方案提纲参考

1. 市场现状分析

    1.1 近三年市场变化情况

    1.2 客源结构分析

    1.3 消费行为分析

    1.4 销售渠道分析

    1.5 促销效果评估

2. 促销策划总纲

    2.1 促销策划思路

    2.2 促销策划目标

3. 促销策略

    3.1 促销主题定位

    3.2 促销信息设计

    3.3 促销渠道选择

    3.4 促销工具组合

    3.5 促销行动计划

四、实训组织与过程

(一)组建实训小组

为了便于各地师生方便开展此项实训,可就近选择相应的旅游景区或合作单位。

1. 指导老师

建议设置校内专业指导老师 1～2 名,企业指导老师 1～2 名。其中,校内专业指导老师具体负责促销策划的技术操作流程,企业指导老师负责帮忙实地调研、分析促销的影响因素等。

2. 学生分组

建议将全班划分为若干个实训小组,每个小组设项目组长 1 名,成员 4～6 名。项目组成员宜随机分配,不宜把同寝室、同地区、同性格的同学划归一组。

（二）实训的具体过程

1. 现场调研考察与讨论交流

由校内专业指导老师带队,至景区现场与企业指导老师汇合,并由企业指导老师及其助手带领学生实训团队对景区历史游客接待情况、促销情况等进行专题性调研与考察,以尽可能多地搜集资料。

2. 促销策划与论证

由小组成员共同确定年度促销主题、促销目标以及促销的核心内容,并完成策划方案的编制与论证。

3. 实训成果的评价与总结

由校内专业指导老师、企业指导老师及学生代表组成实训成果评价小组,对每个实训小组的成果进行综合评价;事后,每个实训小组形成最终的总结报告,提交校企双方。

五、实训成果评价细则

（一）评价主体及其权重

本次实训成果的评价建议由校内专业指导老师、企业指导老师及学生代表(每个实训小组各选 1 名代表)参加,权重分别为 40%、40% 和 20%。

（二）评分细则(见表 6-2)

表 6-2　旅游促销策划方案评价标准

任务名称:_____　　汇报人:_____　　第___组　　指导老师:_____

评价内容		评价分值	评价标准	评价得分
策划内容	内容完整性	25 分	包括旅游地或旅游企业市场现状、历年促销措施评估、促销主题、促销目标、促销渠道选择、促销行动计划、促销保障措施等,每缺一项扣 3 分	
	促销策划内容	25 分	策划内容吻合特定旅游企业或景区实际得 21～25 分;基本吻合得 10～20 分;不甚吻合或不吻合得 0～9 分	
	促销策划合理性、准确性	15 分	方案设计合理准确得 12～15 分;基本合理准确得 6～11分;不甚合理准确得0～5 分	

续表

评价内容		评价分值	评价标准	评价得分
表现方式	PPT演示稿	15分	PPT演示稿条理清晰、表现到位得12~15分;条理基本清晰、表现基本得体得6~11分;其他方面得0~5分	
	现场演讲	10分	演讲者形象气质佳、演讲流利、条理清晰得8~10分;形象一般、演讲一般得5~7分;其他方面得0~4分	
	现场答辩	10分	现场答辩流利、回答内容准确得8~10分;答辩一般、内容基本准确得5~7分;其他方面得0~4分	
评委签名:			合计得分:	

本章重点提示

促销是企业通过人员和非人员的方式把产品和服务的有关信息传递给顾客,以激起顾客的购买欲望,影响和促成顾客购买行为的全部活动。促销的实质是信息的传播和沟通。广告、公关、人员推销、销售促进和新媒体营销等是促销的基本方式;确定目标受众、确定沟通目标、设计促销信息、选择信息沟通渠道、制定促销预算和确定促销组合是促销的基本步骤。

在当代社会,广告既是一种重要的促销手段,又是一种重要的文化现象。广告对企业、对消费者和社会都具有重要作用。确定广告目标、设计广告信息、选择广告媒体、制定广告预算和评估广告效果是企业的主要广告决策。人员推销是一种非常有效的促销方式。企业进行人员推销,必须确定合理的推销目标、选择恰当的推销方式、建立有效的推销队伍并加强对推销队伍的管理。营业推广是企业刺激消费者迅速购买商品而采取的各种促销措施。进行销售促进,企业必须确定明确的促进目标、塑造适宜的商业氛围、选择恰当的推广工具、制定科学的推广方案并保证方案的实施。公共关系是企业利用各种传播手段,沟通内外部关系,从而为企业的生存和发展创造良好环境的经营管理艺术。企业在公关活动中,必须明确公关目标、选择合适的公关对象和公关方式,有效地实施公关方案并重视对公关效果的评估。

影响促销工具选择的因素有很多,旅游企业应该充分考虑这些因素,选择有效的促销组合。

【思考与训练】

1. 旅游产品促销组合策划中应根据什么选择促销方式和工具的组合?
2. 旅游促销组合中有哪些工具?各有什么优缺点?
3. 请简述促销、营销、推销的区别。

第七章　旅游数字营销策划

第一节　旅游数字营销

一、旅游互联网营销

(一)互联网营销

　　互联网营销主要是指借助联机网络、计算机通信和数字交互式媒体的力量,实现企业的营销目标。互联网营销的产生是科技发展、消费者价值变革、商业竞争等综合因素促成的。

　　对互联网营销的理解,每个人可能都会不同,比如,有些人认为互联网营销就是在网上卖东西,也有些人认为在网上发布一些供求信息或者向潜在用户发送电子邮件就是互联网营销。一些学者或互联网营销从业人员对互联网营销的研究和认识也往往侧重某些不同的方面:有些人偏重网络本身的技术实现手段;有些人注重网站的推广技巧;也有些人将互联网营销等同于网上销售。当然,这些活动都和互联网营销有着直接的关系,在某些方面反映了互联网营销的思想,但并不是互联网营销的全部内容,也不可能反映出互联网营销的全貌。在互联网发展的不同阶段,互联网营销的内容和手段也有所不同。

(二)旅游互联网营销

　　旅游互联网营销是旅游业与互联网营销相结合的产物,主要是指旅游业借助互联网、计算机通信和数字交互式媒体的功能,最大限度地满足目标顾客对旅游信息和旅游产品的需求,从而传播旅游目的地形象,推介旅游产品,促成和引导(线上和线下)交易实现,最终达到提高旅游业知名度,开拓市场,增加地区旅游业收入和促进旅游业持续稳定发展的目的。

因此,可以将"旅游互联网营销"定义为:旅游业通过各种形式的网络来分析、计划、执行和控制关于旅游商品、服务和创意的观念、定价、促销和分销,以创造能符合个人和组织目标的交换的管理过程。

（三）旅游互联网营销的类型

互联网的价值和影响在不断延伸和扩展,它已经不单纯只是一种新的媒体形态,更是具有无限包容性和延展性的新型集聚社区。而互联网营销也不仅仅是最初作为网络广告的形式,它是建立在信息技术手段上的,以信息共享为基础,以互动和对话为传播形态的一种实践操作中的营销手段,表现形式上呈现多样化的趋势。

1. 网站营销

网站营销是以国际互联网络为基础,利用数字化信息和网络媒体的交互性来实现营销目标的一种新型的市场营销方式,是企业营销实践与现代信息通信技术、计算机网络技术相结合的产物。数字营销是指企业以电子信息技术为基础,以计算机网络为媒介和手段进行的各种营销活动的总称,它包括网络调研、网络产品开发、网络促销、网络分销、网络服务、网上营销、互联网营销、在线营销、网路行销。

根据在整个营销战略战术中扮演的角色不同,网站可以分为以下三种类型:①企业信息网站,这是发布企业的产品、服务、支持、介绍等信息的网站;②营销活动网站,为某一次营销活动制作的专题网站,其生命周期较短;③营销型网站,是具备营销推广功能的网站,以营销推广为目的和出发点,并贯彻到网站制作的全过程,使网站一上线即具备营销功能或有利于优化推广。电子商务网站就是典型的营销型网站。

2. 搜索引擎营销

搜索引擎营销是指通过具有在线检索信息功能的网络工具进行网站推广营销,采用新型的付费排名推广等方式,为营销主体带来大量点击量。搜索引擎营销在互联网营销领域已经成为应用最广泛、发展最快的一种手段。搜索引擎营销涉及搜索引擎、分类目录等多种方式,但其基本原则都是营销主体付费换取搜索结果页面上的显示位置或优先排名。

与传统媒体广告最大的不同点是,用户在互联网上通过搜索引擎告诉广告主和代理商:"这是我想要的,你们有这个产品吗?"搜索引擎营销不是在说服用户,而是用户主动寻找相关的信息和服务。搜索引擎营销极大地改变了传统交易的模式。"推销"的界线变得模糊,因为搜索引擎在恰当的时候、恰当的位置,尽力把最贴近你想要的产品和信息提供给你。搜索引擎营销通常有付费排名、付费收录以及最近新增加的上下文广告三种方式。

在互联网时代,用户不再单纯满足于被动接受信息,而会根据个人需求主动查找信息。而用搜索引擎借助关键词或检索条件是最常用、最方便的一种方式。这就是搜索引擎营销发展迅速的原因。我国在搜索引擎营销领域的发展与互联网发达的美国相比还有很大差距。根据 CNNIC 发布的《2018 年第 42 次中国互联网络发展状况统计报告》显示,截至2018 年 6 月,在线旅行预订用户规模达到 3.93 亿人,较 2017 年末增长 1707 万人,增长率为 4.5%;网上预订机票、酒店、火车票和旅游度假产品的网民比例分别为 23.8%、25.7%、40.1% 和 12.1%。其中,预订旅游度假产品的用户规模增速最快,半年度增长率为 9.7%。旅游营销网站的访问量越大,网站的价值也就越大。因此,旅游企业开展搜索引擎营销的重点就是如何让网民通过搜索引擎找到旅游营销网站。

3. 许可邮件营销

许可邮件营销是邮件营销的一种,是指营销主体得到用户许可后,向目标客户发送带有相关信息的电子邮件。许可邮件往往是由收件人主动加入邮件列表(Maillist)而收到的,一般是以新闻资讯为主的新闻邮件(Newsletter),附带有广告内容。邮件营销分为许可邮件营销和未许可邮件营销。未许可邮件营销是指未经过收信人的许可就向其发送的电子邮件,其绝大部分被看待成垃圾邮件被有关部门制止。

许可邮件营销一直是效果最好的互联网营销手段之一,甚至超越搜索引擎广告。未来纯粹的商业性邮件广告将越来越少,许可邮件营销将以整合"信息附加型"的邮件为主。许可邮件营销更大的作用不是销售产品,而是客户关系管理和服务。

二、旅游社会化媒体营销

社会化媒体是区别于传统主流形式(报纸、杂志、电视、广播)的一种新型的媒体方式,主要是通过互联网技术实现信息的分享、传播,通过不断交互和提炼,对观点或主题达成深度或广度的传播,其影响力往往是传统媒体无法达成和不能赶超的。社会化媒体营销就是利用社会化网络、在线社区、博客、百科或者其他互联网协作平台和媒体进行营销、销售、公共关系处理和客户服务维护及开拓的方式。社会化媒体营销工具一般包括论坛、SNS社区、微博、微信等。

1. 网络社区营销

目前很多旅游企业开展的互联网营销无非是各种形式的广告,没有认识到网络不仅仅是一个媒体,更是一个平台,提供了整合、互动、参与功能。网络社区营销的核心是"让用户参与",注重网民间的交流互动,在情感交流中形成口碑效应,从而体现出品牌的核心价值。网络社区的内容正在更加集成,图片、文字、声音甚至视频都会融合在网络社区中。

网络社区营销能够在以下几方面体现价值:由于网络社区能够在熟人之间进行传播,用户之间更倾向于深度浏览和频繁互动,运用其进行旅游目的地营销传播,信息的实用性和易获取性使得旅游者愿意接受和促使网络社区内的信息传播,降低了其获取信息的成本;网络社区的共通性特点使得旅游目的地企业能利用网络社区获取用户数据,有效地锁定目标群体,便于有效地进行数据库营销,提高用户定制水平。网络社区各用户之间容易产生信任和口碑,更扩展了其影响力,对广告传播公信力的导入有利,便于营销主体培养忠实用户群。

社交媒体最典型的特征体现在内容来源方面,即用户生产内容(UGC),用户的特质将会直接影响网站的风格和品位。高学历用户往往构成了社交媒体中的领袖用户或中坚用户,他们之间的互动交流产生的话题及引发的分享,代表了白领这一群体的关注点与品位。而较低学历用户往往热衷于各类贴图和分享,在话题的探讨及互动上较弱。国外一些精明的旅游营销方已经将热门的网络社区网站,如Facebook、YouTube、Twitter、MySpace等,作为重要的互联网营销计划的一种选择。国外旅游组织在网络社区营销方面有很多值得借鉴的地方。

2. 微博营销

微博是微型博客(Microlog)的简称。微博是一种允许用户及时更新简短文本(通常少

于 140 字)并可以公开发布的微型博客形式。随着发展,这些讯息可以被很多方式传送,包括短信、即时讯息软件、电子邮件或网页。

微博营销就是利用微博这一平台进行的包括品牌推广、活动策划、形象包装、产品宣传等一系列的营销活动。企业或个人以微博为营销平台,每一个听众/粉丝都是潜在的营销对象,每个企业或个人利用更新自己的微博向网友传播企业、产品的信息,树立良好的企业(个人)形象和产品形象。

相关数据显示,Twitter 每天有 102322 个问题出现,有 66% 的内容与商业有关。问得最多的有产品建议、意见、技术支持等。与普通粉丝的回答相比,80% 受访者更相信企业账号的答案;超六成提问者会因为企业账号的回答而去关注这个企业,甚至进行购买。

这是社交媒体赋予企业的巨大商机,也是无数电商企业在苦苦寻找的、转化率最高的用户群体,社交媒体上的活跃用户是帮助企业启动口碑传播的关键人群。如何发现他们,并在第一时间把企业相关的信息传递给他们,在互动中与他们建立情感连接和信任关系,是社交媒体赋予企业的下一座"金矿"。

微博和旅游目的地营销在受众基础、体验共性和信息需求三个方面有契合点。旅游是一种体验过程,旅游产品的购买是一种体验的购买。此外,微博信息生成群体庞大、传播速度快,可以在第一时间告诉大家最新动态,时效性强,抢鲜度高,能够满足旅游者对目的地信息的需求。随着微博的传播效益逐步显现,微博已经成为推广旅游的利器。越来越多的旅游目的地开始重视微博营销的作用,通过应用微博这一社会化媒体营销平台提升自身的影响力和竞争力。

3. 微信营销

这里的微信营销主要指微信公众平台营销。微信公众平台是腾讯公司在微信的基础上新增的功能模块。通过这一平台,个人和企业都可以打造一个微信公众号,可以实现和特定群体的文字、图片、语音的全方位沟通与互动。

微信公众平台于 2012 年 8 月正式上线,是主要面向名人、政府、媒体、企业等机构推出的合作推广业务。微信公众平台的主要价值在于提升企业的服务意识。在微信公众平台上,企业可以更好地提供服务,可以实现群发推送(公众号主动向用户推送重要通知或趣味内容)、自动回复(用户根据指定关键字,主动向公众号提取常规消息)、一对一交流(公众号针对用户的特殊疑问,为用户提供一对一的对话解答服务)等功能。

微信公众号的用途非常广泛,是一种利用公众平台进行自媒体的活动,即一对多的媒体性行为活动,政府、媒体、企业、明星等都可以建立独立的微信公众号。在平台上可以进行个人、企业等文化活动的宣传营销,如商家通过基于微信公众平台对接的微信会员云营销系统展示商家微官网、微会员、微推送、微支付、微活动,已经形成了一种主流的线上线下微信互动营销方式。

三、旅游互联网营销的特征

(一)无形化

互联网作为传播媒介已是不争的事实,其跨时空、覆盖全球、以多媒体形式双向传送信息和信息实时更新等特点,是其他媒体所无法比拟的。信息时代给传统市场营销带来了发展的契机,其无形化的特点尤其突出,主要表现在:书写电子化、传递数据化、经营规模不受场地限制、支付手段高度电子化。

（二）标准化

互联网营销行为的标准性包括:商品信息标准化,商品交易标准化,市场建设标准化,市场监督标准化。

（三）低成本

互联网营销给交易双方带来的经济利益上的好处是显而易见的,主要表现在:没有店面租金成本,没有商品库存压力,很低的行销成本,极低的结算成本。

要注意的是,互联网营销不是网上销售,也不是电子商务。网上销售是互联网营销发展到一定阶段产生的结果,互联网营销是为实现网上销售目的而进行的一项基本活动,但互联网营销本身并不等于网上销售。互联网营销是企业整体营销战略的一个组成部分,无论传统企业还是互联网企业都需要互联网营销,但互联网营销本身并不是一个完整的商业交易过程,而只是促进商业交易的一种手段。可以说,互联网营销是电子商务的基础,开展电子商务离不开互联网营销,但互联网营销并不等于电子商务。

四、旅游互联网营销的功能与意义

（一）旅游互联网营销的功能

互联网营销可以在以下八个方面发挥作用:网络品牌、网址推广、信息发布、销售促进、销售渠道、顾客服务、顾客关系、网上调研。这八种作用也就是互联网营销的八大功能。

1. 网络品牌

网络品牌是互联网营销的重要任务之一,即如何在互联网上建立并推广自己企业的品牌。知名企业的网下品牌可以在网上得以延伸,一般企业则可以通过互联网快速树立品牌形象,并提升企业整体形象。网络品牌建设是以企业电子商务网站建设为基础,通过一系列的推广措施,达到顾客和公众对企业的认知和认可。从一定程度上说,网络品牌的价值甚至高于通过网络获得的直接收益。随着技术的进步和互联网的发展,不仅给品牌带来了新的生机和活力,而且推动和促进了品牌的拓展与扩散。实践证明,互联网不仅拥有品牌、承认品牌,而且对于重塑品牌形象、提升品牌的核心竞争力、打造品牌资产,具有其他媒体不可替代的效果和作用。

2. 网址推广

网址推广是互联网营销最基本的职能之一。网址推广指的是企业在网上利用网络的各种服务和功能,向新老顾客推广本企业的网址,以便让更多的人来访问该企业的网站,了解企业的各种信息,达到互联网营销之目的。

3. 信息发布

信息发布是互联网营销的主要方法之一。网站是一种信息载体,通过网站发布各种信息资源,同时信息发布也是互联网营销的基本职能。所以也可以这样理解,无论哪种互联网营销方式,结果都是将一定的信息传递给目标人群,包括新老顾客、媒体、合作伙伴、竞争者等。互联网营销可以将信息发布到全球任何一个地方,既可以实现信息的广覆盖,又可以形成地毯式的信息发布链;既可以创造信息的轰动效应,又可以发布隐含信息。信息的扩散范

围、停留时间、表现形式、延伸效果、公关能力、穿透能力等都是最佳的。特别要提出的是,在互联网营销中,网上信息发布以后,可以能动地进行跟踪,获得回复,可以进行回复后的再交流和再沟通。因此,信息发布的效果明显。

4. 销售促进

销售促进是互联网营销的基本目的之一,大部分互联网营销方法都与直接或间接促进销售有关,但促进销售并不限于促进网上销售。事实上,互联网营销在很多情况下对于促进网下销售十分有价值。

5. 销售渠道

销售渠道是互联网营销的一个重要的场所。一个具备网上交易功能的企业网站本身就是一个网上交易场所,网上销售是企业销售渠道在网上的延伸,网上销售渠道建设也不限于网站本身,还包括建立在综合电子商务平台上的网上商店,以及与其他电子商务网站不同形式的合作等。网络具有极强的进击力和穿透力,传统经济时代的经济壁垒、地区封锁、人为屏障、交通阻隔、资金限制、语言障碍、信息封闭等,都不能阻挡互联网营销信息的传播和扩散。新技术的诱惑力,新产品的展示力,图文并茂和声像俱显的昭示力,网上路演的亲和力,地毯式发布和爆炸式增长的覆盖力,将整合为一种综合的信息进击能力,快速地打通封闭的坚冰,疏通种种渠道,打开进击的路线,实现和完成市场的开拓使命。这种快速、坚定、神奇、生动,是任何其他手段都无法比拟的。

6. 顾客服务

顾客服务是互联网营销效果的重要手段。互联网营销提供的不是一般的服务功能,而是一种特色服务功能,服务的内涵和外延都得到了扩展和延伸。互联网提供了更加方便的在线顾客服务手段,顾客不仅可以获得形式最简单的 FAQ(常见问题解答)、邮件列表、BBS、聊天室等各种即时信息服务,还可以获取在线收听、收视、交款等选择性服务;无假日的紧急需要服务和信息跟踪、信息订制直到智能化的信息转移、手机接听服务,以及网上选购、送货到家的上门服务等。这种服务以及服务之后的跟踪延伸,不仅极大地提高了顾客的满意度,使以顾客为中心的原则得以实现,而且客户成了商家的一种重要的战略资源。

7. 顾客关系

顾客关系是互联网营销能否取得成效的必要条件之一。通过网站的交互性、顾客信息反馈表、用户调查表、对顾客的承诺以及顾客的参与等方式,在开展为顾客服务的同时,也增进了与顾客的情感关系。在传统的经济模式下,由于认识不足或自身条件的局限,企业在管理客户资源方面存在着较为严重的缺陷。针对这种情况,在互联网营销中,通过客户关系管理,将客户资源管理、销售管理、市场管理、服务管理、决策管理等融为一体,将原本疏于管理、各自为战的计划、销售、市场、售前和售后服务与业务统筹协调起来。这样既可跟踪订单,帮助企业有序地监控订单的执行过程,规范销售行为,了解新老客户的需求,提高客户资源的整体价值;又可以避免销售隔阂,帮助企业调整营销策略,收集、整理、分析客户的反馈信息,全面提升企业的核心竞争能力。客户关系管理还具有强大的统计分析功能,可以为我们提供"决策建议书",以避免决策失误而造成的损失,能为企业带来可观的经济效益。

8. 网上调研

网上调研是互联网营销的主要职能之一。通过在线调查表或者电子邮件等方式,可以完成网上市场调研,相对传统市场调研,网上调研具有高效率、低成本的特点。在激烈的市场竞争条件下,主动地了解商情、研究趋势、分析顾客心理、窥探竞争对手动态是确定竞争战略的基础和前提。通过在线调查或电子询问调查表等方式,不仅可以省去大量的人力、物力、财力,而且可以在线生成网上市场调研的分析报告、趋势分析图表和综合调查报告。其效率之高、成本之低、节奏之快、范围之大,都是以往其他任何调查形式所做不到的,这就为广大商家提供了一种对市场的快速反应能力,为企业的科学决策奠定了坚实的基础。综上所述,开展互联网营销的意义就在于充分发挥各种职能,让网上经营的整体效益最大化,因此,仅仅由于某些方面效果欠佳就否认互联网营销的作用是不合适的。互联网营销的职能是通过各种互联网营销方法来实现的,互联网营销的各个职能之间并非相互独立的,同一个职能可能需要多种互联网营销方法的共同作用,而同一种互联网营销方法也可能适用于多个互联网营销职能。

（二）旅游互联网营销的意义

互联网营销出现之前,大部分旅游目的地的营销活动都是单向的——首先通过各种调查和调研来了解旅游者的需求,然后依靠各种媒体和广告宣传,促进旅游者对目的地的接受。大多数情形下这两个过程是完全分离的。而互联网满足了旅游者与旅游目的地之间的双向沟通,构建了信息交流的桥梁,一方面使得旅游目的地在了解旅游者需求的基础上对旅游产品进行营销成为现实,另一方面提高了旅游者的消费理性,同时旅游者也表达了自身的消费需求。

1. 满足市场的个性化需求

传统的市场营销手段,如宣传册、画报等,只能为旅游者提供旅游目的地最基本的信息。在互联网时代,旅游者的信息需求更加个性化和多元化,与众不同的旅游经历日益成为旅游者的追求,仅仅依靠传统的市场营销手段已经无法满足旅游者了。互联网信息存储量庞大,信息传递速度飞快,信息更新和维护方便快捷,信息处理能力强大,信息表现形式多种多样——文字、图片、声音、视频等多种媒体结合。毫无疑问,互联网的发展和应用满足了个性化旅游实现的前提条件。以互联网为载体,旅游者可以通过以下步骤为自己量身定制旅游产品和路线:首先查询感兴趣的单个旅游产品,如景区景点、宾馆酒店、地方饮食、机票火车票、购物广场、娱乐场所等,然后依个人喜好,结合预算、交通、天气等实际情况进行规划,设计自由行行程安排。此外,对于旅游目的地营销方而言,互联网为旅游目的地信息内容提供了丰富多彩的表现形式,提高获取和处理市场信息的能力,迅速了解旅游者的需求变化,掌握市场动态,对市场变化做出及时的反应,可以制作出更加丰富和全面的目的地产品及服务,从而为旅游者高效率的提供需求信息,增加对旅游者的吸引力,扩大对旅游者做决策的影响。

2. 提高营销活动的效率

互联网为旅游决策提供了更多的信息,改变了旅游目的地传统市场营销手段的弊端——旅游者在选择旅游产品和服务时无法独自获取充足的信息。从消费者角度看,旅游产品体现为一种经历;从供给者角度看,旅游产品最终体现为一种服务。旅游的产品与服务是一个统一体。新媒体技术可以将无形的旅游产品有效地有形化。利用全景透视技术能够使旅游者产生身临其境的感觉;多媒体技术能够使声、光、色、形等都全力为展示某旅游产品而服务……这些都决定了旅游者从互联网上获得的信息将比静止的图片和讲解员的描述更加生动。简言之,互联网营销可以使无形性的旅游产品有形化。

3. 降低营销成本

从旅游者的角度,通过网络只需花费较低的成本和较少的精力即可获得大量的旅游信息,完全能够较全面地了解旅游目的地的产品、价格和口碑,作为行程安排最终决策的可靠依据,从而大大提高营销的精准性和有效性。从旅游营销主体的角度看,互联网营销从两方面提高了营销活动的效率。一方面,互联网营销使旅游目的地减少了对收费高昂的相关媒体(如电视)的依赖,为旅游者降低了成本。旅游目的地营销主体能够用较低的成本在网上开展多种形式的在线调查。网络广告"互动式"的创新运作手段彻底转变了传播者和受众之间的关系,双向互动的交流方式拉近了旅游供给者和消费者之间的距离。相对来说,在网络上发布信息费用更低,效果更高,信息受众更精准,还避免了大量的无用信息的传递。旅游目的地营销主体通过互联网营销可以节约巨额的广告宣传费,还降低了市场调研费用,节约了推广费用,且不必支付佣金,降低了售后服务费用。因此,能够以最低的营销成本达到营销效益的最大化。另一方面,旅游目的地互联网营销可以减少分销环节,产品直销开创了直接对客营销的时代。旅游目的地互联网营销解决了旅游目的地在细分市场营销中面对的高成本难题,为旅游目的地节省了营销费用,从而削减成本,增加价值,获得竞争优势。

第二节　旅游数字营销策略与技术方法

一、旅游数字营销策略

(一)建"网"

实施网络营销是提升旅游企业知名度、美誉度的一个重要手段,关系到旅游企业的进一步发展,需要企业高度重视,做好前期的准备工作。

1. 完善管理体系

旅游企业要想更好地开展网络营销,需要设置专门机构负责此项工作,由企业高层担任负责人,机构人员除网络营销人才外,还应有熟悉企业的传统营销人员、专业的信息技术人员。要完善管理,建立一流的经营管理体系、网络营销体系和现代服务体系,全方位提高管理效率和经营效益,使企业发展成为高信息含量、知识密集的现代旅游企业。要转变营销观念,不仅景区领导要转换观念,景区各级管理者和全体员工也要统一认识,通过宣传、培训,提高员工对网络营销优势的认识水平,增强员工信心,使员工自觉地投入到景区网络营销建设中来。

 扩展阅读

旅游目的地营销/管理组织(DMO)

世界各国,几乎所有的旅游目的地都设有旅游目的地管理机构(Destination

Management Organization)，并设有与政府旅游管理机构合为一体的或相对独立运作的旅游目的地营销组织。在中国，各级政府旅游局承担了相关职能，在此，统一简称为"DMO"。

DMO 的目标：通过维持社会的、文化的、经济的和环境的基本准则来提高目的地的旅游业绩。DMO 必须以一种平等的、毫无偏袒的方式来代表目的地的所有旅游企业，并特别对当地的中小旅游企业负有支持责任。

DMO 的信息职能：收集当地的、区域的或国内的旅游产品信息并在全世界范围内传播；为当地的旅游企业提供信息，让旅游企业了解当前旅游业发展趋势、旅游市场形势和国内外竞争情况。面向旅游者，还有提供信息咨询的职责——一个公正可信的机构为旅游者提供可观的旅游产品信息，以及一些有用的建议。

欧美各国建立 DMO 的历史较早，一直到 20 世纪 90 年代以前，这些国家的 DMO 主要通过遍布各地的旅游咨询中心、旅游问讯网络（以电话、信函为通信工具）、海外办事处等宣传旅游目的地形象。这一阶段基本没有建立以计算机网络为中心的旅游营销/管理系统，通常每年或每半年组织编写一次旅游宣传资料。由于没有一体化的信息技术，其提供的旅游信息只能尽量简单化，效率也不高，不能全面反映旅游产品的种类和价格的变化。旅游业提供预订服务的历史很早，但是基本上以电话为主要工具，由于电话这种媒体工具本身的局限性，导致电话预订服务不能令消费者满意。

随着计算机网络技术的成熟，DMO 开始应用网络技术来建设功能齐全的"旅游目的地信息系统"，其一般模式如图 1 所示。

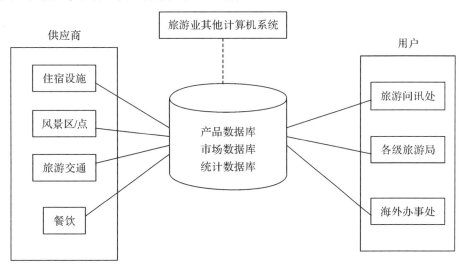

图 1　旅游目的地信息系统一般模式

目前世界各国基本都建立了本国的旅游目的地信息系统，如丹麦、芬兰、新加坡、中国等。这些目的地信息系统既有以国家为中心的，也有以主要旅游名胜地为中心的，我国的一些旅游大省（如海南省）也纷纷建立了以本地为中心的旅游目的地信息系统。

当互联网在世界逐渐普及后,旅游目的地信息系统迅速适应了这一变化,各国的 DMO 纷纷在互联网上建立网站,互联网将 DMO 的营销能力扩大到全球范围内,同时也通过网络增强其管理的效率。

2．建立企业内部网

网络营销的基础是企业信息化建设。企业只有建立了内部管理信息网络,并具有一定的应用水平后,才具备实施网络营销的条件。因此,旅游企业要想开展全面的网络营销,就要以企业数字化和景区数字化为支撑,以管理智能化和服务现代化为立足点,以互联网、移动互联网、物联网等现代信息技术为基础,建立强大的旅游数据库和信息共享交流平台,实现旅游营销、经营、管理、服务全过程的数字化与智能化,有力提升景区管理服务水平。在建设信息化过程中,需要与专业网络公司合作来共同建设及维护,以保障内部信息网络的正常运行。

3．有效整合上下游资源

旅游企业要想通过网络营销吸引更多的游客,实现更大的经济社会效益,从而带动当地经济发展,就必须有效整合上下游资源。要将食、住、行、游、购、娱六大旅游要素,旅游产品、渠道、价格、促销等旅游营销要素,网络公关、网络广告、网络促销等促销要素,进行有效整合,实现信息共享,并以统一的口径向旅游消费者传递,避免因传播中的不一致而造成消极影响。

4．大力培养复合型网络营销人才

实现旅游企业由传统营销向网络营销的转型,需要一批综合素质过硬的人才,其从业人员不但要具备较高的网络技术、电子商务知识,同时还应具备较熟练的旅游专业知识,以及市场营销、管理等方面的知识。旅游企业目前非常缺乏这种复合型人才,因此要结合企业不同层次、不同岗位人员的具体情况,进行有针对性的培训,强化网络营销意识,制定具有吸引力的人力资源开发和管理政策,加强人才培养力度,从根源上提高旅游企业网络营销从业人员的素质,以适应景区网络营销开展和进一步发展的需要。

（二）联"络"

单一网络营销已经不能满足市场的需求,整合将是网络营销的核心制胜法则。网络整合营销不是简单的组合,而必须以品牌为核心,构建一个有序的整合营销体系。旅游企业要在对目标市场的需求和特点进行充分分析和了解的基础上进行整合网络营销。将网络整合营销传播应用到旅游业中,是将与旅游目的地产品和服务相关的信息加以整合的过程,其本质是旅游目的地管理者对旅游者认可的价值的整合,以网络整合营销传播手段推动旅游目的地发展。通过与旅游者的沟通,满足旅游者的需求,协调采取不同传播方式,确定旅游目的地营销策略,从而使旅游目的地的营销达到低成本、高效益。

1．整合媒体资源

随着信息科学技术的飞速发展,现代传播工具越来越多。我国目前采用的旅游信息传播工具包括旅游目的地信息系统（Destination Information System，DMS）、各种媒体广告、大蓬车宣传、旅游商品交易会等。旅游产品是一种综合性产品,涉及食、住、行、游、购、娱等多个方面,内容繁杂。旅游目的地进行旅游产品信息传播时,需要广泛调动各职能部门、新闻媒介和社会团体的积极性,根据不同的营销目的、不同的目标客户接受旅游信息的途径不同,全面评价和综合考虑各种媒体进行组合搭配。传统媒体如电视、广播、报纸等可保存、信息质量高、醒目,受众对其信息质量的信任程度远远超过新媒体,但传统媒体时效性差。传统媒体在很长一段时间内,仍然难以取代。只有深入了解和继承传统媒体,并在此基础上,结合新媒体的特质,才可能将其用于旅游目的地营销。各种传播途径都有其优劣势,要发挥各自优势。有些客户需要以传统媒体为先导,互联网和移动媒体随后跟上;而有些客户,则可以网络为切入点,通过 WAP 等较个性化的方式实现营销沟通。还有些客户,几乎不接触互联网,那么就要按传统媒体的方式进行营销。总之,寻求最有效的营销传播组合,从而达到营销效果的最优化,节省成本开支,形成前后连线、纵横成网的营销体系,对旅游目的地进行整体营销。

2. 整合产品内容

随着旅游者闲暇时间越来越多,可自由支配收入不断增加,旅游市场的需求日趋个性化、多样化、复杂化。为了适应旅游市场的需求与变化,不被旅游市场所淘汰,需要重新审视旅游目的地自身资源的价值,再结合市场情况明晰其发展的优劣势,加强旅游产品开发类型、层次结构与功能定位的整合。任何一位旅游者,从规划行程开始,到在旅游目的地与当地居民、相关机构和企业接触的过程中,再回到居住地结束行程,整个过程无时无刻不在接触信息、接收信息。如果旅游者在目的地获得的信息与之前收集的信息相差悬殊,情绪自然会一落千丈。网络整合营销传播要对旅游目的地的产品内容进行充分整合,给旅游者传递客观真实、清晰一致的信息。

3. 整合品牌形象

网络整合营销是要整合各种资源,广泛调动一切积极因素以达到营销目标,它是构筑旅游目的地品牌形象的最直接有效的方式。网络整合营销传播强调与受众进行多方位接触,从每个接触点向受众传播一致、连贯的品牌形象,继而与受众建立长期稳定的关系。在旅游市场竞争日趋白热化的今天,旅游市场的竞争就是旅游目的地品牌形象的竞争。网络整合营销传播的理念和方法,对于树立旅游目的地品牌形象不失为一种直接有效的方式。旅游目的地品牌形象是其宝贵的无形资产,它在一定程度上能反映旅游目的地的市场份额。旅游者在选择旅游目的地之前,一般都对该地有一定程度的了解,期望它能满足自身哪些需求,并对其持积极的态度。因此,树立积极的目的地品牌形象是旅游目的地整合营销传播的基本目标。需要注意的是,品牌形象设计需要对相关因素进行充分整合,是一项复杂的系统工程。其中最关键的一点就是让旅游者了解旅游产品的特性和核心价值,使其清楚地感知旅游目的地的特别之处,构筑起心目中的品牌形象。旅游目的地品牌形象整合体系包含品牌塑造、包装、传播和管理,在统一的旅游目的地营销诉求基础上,构建统一的旅游目的地品牌形象,寻求高效、最优的营销传播影响力。

4. 整合营销理念

无论旅游目的地网络营销从哪个角度来传递信息,一定要有一个统一的理念。不同的媒体、不同的活动,都要传达相同的理念。只有统一的理念,才能形成统一的形象。否则,多个营销活动各自为战,就会大大降低营销效果。因此,网络整合营销要为旅游目的地进行整体设计,整合营销理念。在营销诉求点的选择上,不能只是一厢情愿的想法,必须以用户为中心,分析旅游者心理。例如,"某某名城""某某故里"一类的宣传口号比比皆是。中国历史源远流长,仅仅用故里作宣传口号,号召力很有限,旅游者听多了这类口号,反而会不以为然。这类宣传口号缺乏从旅游者角度考虑他们真正需要什么。与之相比,乌镇的口号"来过,就不曾离开",虽只是淡淡的一句,却给人温暖眷恋的感觉,使人无限回味。

综上所述,旅游目的地网络整合营销传播并非单纯地使用各种营销传播工具,它还有更深层次的含义。鉴于此,笔者综合前面对整合营销传播所作的界定,将旅游目的地网络整合营销传播定义为:一种由旅游目的地营销主体利用网络环境整合各类营销传播的工具、方法、策略和过程。该过程起始于旅游者,即旅游目的地营销主体需以了解市场为基础,整合多种传播工具协同发挥作用,形成全方位、多渠道的宣传体系,向旅游者传播一致、连贯的信息,从而塑造良好的旅游目的地品牌形象,最终达到影响旅游者行为的目标。

二、旅游数字营销策划技术方法

(一)旅游地网络营销策划内容

1. 目标定位

一个旅游目的地通过网络来宣传自己时,首先要确定的是:旗帜鲜明地突出目的地的旅游形象。英国旅游局的"历史文化主题"、苏格兰的"彩虹"和"苏格兰,我的天堂",我国香港的"动感之都"、武汉的"水上动感之都"等,都为这些目的地在品牌建立和识别方面贴上了独具特色的标签。设计成功的形象并有效地通过网络展现出来,需要进行详尽的调研,需要对目的地固有的旅游资源有创造性的了解。

2. 信息内容确定

旅游目的地常常会在网络上全方位地展示关于该旅游目的地的信息,一般包括以下内容:旅游目的地常规介绍;根据旅游中间商在回答旅游者咨询时可能遇到的问题,提供关于旅游地的详细而实用的问题解答(内容可涉及签证、货币兑换、语言、当地习俗、宗教、商店或者银行营业的时间、保健常识、小费等);旅游交通信息(包括主要航班、航船、火车、汽车班次和公路网情况);官方旅游咨询中心的名录和地址,以及他们提供的服务;预订功能(让旅游中间商能通过网站订购旅游产品);旅游产品数据库查询(使旅游中间商能查到旅游地的饭店、景区点、餐厅、旅游活动等信息,最好能提供报价);发布旅游促销信息(当旅游地推出优惠活动、免费券时,告知旅游中间商并通过他们推向客源市场);出版物预订(使旅游中间商能通过网站向 DMO 预订年度旅游手册或培训资料);提供目的地旅游企业名录(使旅游中间商可通过企业名称、提供产品种类等查询目的地旅游企业,与之建立联系);提供旅游中间商注册成为会员的机会(注册时提供的全部资料将纳入客户关系管理数据库中);向本地旅游企业出售网站广告位(因为本地旅游企业希望吸引旅游中间商的注意,通过他们代售旅游产品);公布 DMO 参加旅游展销会、交易会的计划和安排;公布旅游目的地开放新景点、推出新型旅游产品的信息(这些信息是代理目的地旅游产品的旅游中间商所关注的);提供不限版权的旅游目的地风景图片、介绍文字和旅游文学作品、多媒体影像资料(使旅游中间商能从网站下载并自由地用于他们自己编制的宣传资料中)。

3. 预算决策

营销任务必须与目标结合在一起,而开展网络营销的预算规模和成本又制约着目标的选择。旅游目的地网络营销的预算包括开发费用和运行费用。全国性旅游目的地营销系统一般由政府独资开发,地区性的旅游目的地营销系统开发费用来源多样。例如,瑞士阿彭策尔旅游目的地信息系统的开发基金由当地私营企业提供;奥地利蒂罗尔旅游目的地信息系统的开发基金由蒂罗尔州旅游部门和国家旅游局提供。还有许多公私合营的情况。

运行费用一般由 DMO 承担。如果提供预订、广告则可酌情收费。一般不会要求查询信息的浏览者交费。如果能为浏览者提供增值服务(如旅游短信),则可收费。

(二)旅游互联网营销策划技术方法

1. 旅游网站营销

旅游网站首要的工作就是吸引旅游者个人和同业旅游企业的访问。站点访问者的数量取决于现有的旅游目的地品牌形象的吸引力,网站推广的力量投入和实施技巧。使旅游目的地网站提高知名度和访问量的方式包括:与其他网站(电子商务合作伙伴)建立合作关系、交换链接、投入有偿广告或加入搜索引擎;在每一种旅游目的地的宣传资料和印刷品上都印上网站网址;通过网上和网下的各种宣传方式提高目的地旅游网站知名度。

与电子商务合作伙伴(传媒公司、电信公司、网络服务提供商、相关网站等)建立合作关系将为目的地旅游网带来大量的访问者。应挑选在主要国内客源市场地区相当活跃并富有成效的电子商务合作伙伴。大部分国际知名旅游网站要在 DMO 网站付费的情况下才与它们建立链接或提供横幅广告(或其他类型的广告)。一些国际旅游组织网站建设成门户网站,提供目的地网站的导航。另外,一些国际知名的搜索引擎,如 Google、Alta Vista 可以免费登录,效果较好。

2. 搜索引擎营销

搜索引擎营销的基本思想是让用户发现信息并通过搜索引擎搜索点击进入网站/网页进一步了解他所需要的信息。搜索引擎营销策略设计的基本目标有 2 个层次:一是被搜索引擎收录;二是在搜索结果中排名靠前。SEM 的方法包括竞价排名、关键词广告、搜索引擎优化(SEO)、按照点击收费(Pay Per Click,PPC)的付费广告。

(1)关键词的研究和选择。运用 Google 关键词工具和百度指数等关键词分析工具可以分析出关键词在一定时期的搜索量;要以浏览者的身份考虑关键词,关键词不能由自己主观创造;分析同行业竞争对手,力求模仿、超越对手或避开竞争;单靠一个关键词是不够的,要根据网站内容衍生选择 2～3 个长尾关键词;用统计软件观察关键词,获知浏览者是搜索什么关键词找到网页的。

(2)网站标题、描述优化。网站标题、描述是网站优化的核心因素。搜索引擎对网站标题和描述的字符数量是有一定限制的,标题的中文字符应当限制在 45 个以内、英文字符应当控制在 75 个以内。描述限制在 200 个字符以内,不能有关键词堆积现象。

(3)文本命名优化。文本命名优化的权重是非常高的。文本命名会直接影响搜索引擎能否正常读取网页的信息。文本命名是直接影响网站的二级域名的地址,文本命名应当标准化,可以采用汉语拼音或英语直接命名。

(4)网站图片优化

图片大、数量多的确可以增加网站的美观性,但会影响网站打开的速度。对网站图片的优化方式是对图片进行切割,把图片分割成不同大小的方块,这样可以加快图片的打开速度,而又不影响网站的读取。提高图片的打开速度可以优化体验。对图片带有关键词内容的注释用以增加关键词密度,使搜索引擎读取图片。

3. 许可邮件营销

许可邮件营销有三个基本因素:用户许可、电子邮件传递信息和信息对用户有价值。三个因素缺少一个,都不能视为有效的电子邮件营销。

(1)选择邮件地址。要针对营销的产品选择电子邮件用户,比如一家做亲子游的旅游公司,应该选择什么样的电子邮件用户群呢?一般来说,母亲是最关心自己孩子的,所以首先要锁定女性电子邮件用户群;而一般有宝宝的女性年龄为25～35岁,所以最终锁定年龄为25～35岁的女性电子邮件用户群是最合适的。当然,还要根据自己公司的产品定位来精细化用户群,比如地域、收入、文化背景、个性偏好等,以便达到最高宣传率。

(2)撰写邮件内容。邮件内容的撰写包括标题(主题)、正文、链接等。标题的设计要让接收者能够认可邮件并有兴趣打开邮件,所以标题要醒目、吸引人,或关乎收件人自身利益,满足其好奇的心理,让人看到标题后会有打开邮件的欲望。如果标题不够吸引人也缺乏新意,邮件就容易遭到目标客户群的忽视或被删除。

(3)发送电子邮件。正常的营销活动邮件,不要隐藏发件人。隐藏发件人,其内容的可信度会大打折扣。也不要使用免费邮件地址(免费邮箱)发送邮件,最好使用区别其他公司和部门的专用企业邮箱来发送邮件,这样显得更正规,也能得到收件人的尊重。由于邮件系统会过滤附件或限制附件大小,以免带来病毒,因此,发送电子邮件时不要将邮件内容放在附件中。由于操作系统、应用软件有所不同,所以收件人未必能打开附件内容,更不要为图省事将一个甚至多个不同格式的文件作为附件插入邮件内容,而应该使用链接的形式引导客户进入营销的页面。还要掌握发信频率,频率过高会使客户反感。研究表明,同样内容的邮件,每个月发送2～3次为宜。不要错误地认为发送频率越高,收件人的印象就越深。

(4)处理反馈信息。邮件发送出去后,若有客户回应,应当及时回复。现实生活中,4～6小时内收到回复邮件会让人感觉棒极了;8～12小时内收到回复邮件会让客户感觉受重视;24小时内收到回复邮件说明未被遗忘;48小时后才收到回复邮件或邮件得不到回复,客户就会失去耐心或成为竞争对手的客户。对客户反馈的好的信息应加以利用,对不好的反馈信息应尽早将坏影响控制在尽可能小的范围内。做好后续的服务与跟踪,细致认真地分析用户反馈的资料,才能有针对性地为每个客户提供信息或服务,这也是许可邮件营销的价值所在。

三、旅游社会化媒体营销策略

(一)网络社区营销

Web 2.0时代,新兴的网络社区逐渐显示出强大的营销功能。通过网络社区这个平台,企业可以更大范围地搜索消费者和传播对象,将分散的目标用户和受众精准地聚集在一起,利用新的网络手段扩大口碑传播,并且在日趋明显的消费模式(需求搜索行动共享)中实现及时的信息传输和回馈。

选择网络社区进行宣传营销,虽然需要花费精力,但是效果非常好。网络营销要选择有企业或产品潜在用户的网络社区或者人气比较好的网络社区。网络营销策略总结如下:

(1)不要直接发广告。随着网络社区逐步走向规范,往往不欢迎发布广告信息,广告信息很容易被当作广告帖删除。即使有专门的广告发布区,浏览者通常也比较少。

(2)用好头像、签名。头像可以专门设计一个,宣传自己的品牌,签名可以加入自己网站的介绍和链接。发帖要求质量第一。帖子不在乎数量的多少,以及发的地方有多少,帖子的质量力获得较好的效果才最重要。发帖的目的是追求最终流量。所以,专注地发高质量的帖子,可以花费较小的精力获得较好的效果。

(二)微博营销

要正确使用微博进行目的地营销,必须先了解微博。微博实际上是一个极端平等又极端不平等的矛盾体。140字的字数限制简单易满足,但也容易辞不达意,效果不佳。相对于社区、博客,微博的门溢是非常低的,只要会发短信,便可使用微博。因此,微博的影响力与普及度才会一夜飞涨。而微博带来的信息碎片化也对旅游目的地营销起着重要的作用。

1. 实名加V

在进行目的地微博营销时,首先要进行实名注册。如在为李时珍LOHAS主题旅游区进行宣传时,可注册李时珍LOHAS主题旅游区官方微博,名称准确方可获得VIP资格,V字加上,是扩大影响力和获得粉丝的必要保障。

2. 精选站点

在目的官方微博的选择上,切忌到处撒网,而应当具有针对性的精选一到两个网站进行注册。时下一些主流的微博列举如下:新浪微博(http://weibo.com)、腾讯微博(http://t.qq.com)、网易微博(http://t.163.com)和搜狐微博(http://t.sohu.com)。从人气角度上来说,腾讯微博群众基础最广泛,只因直接沟通了腾讯QQ这一即时通讯工具,但转播和讨论的热度略显不足;相对来说,新浪微博发展最为成熟,相对与腾讯微博用户繁杂的成分来说,新浪微博与其美名远播名人聚集的博客一样,用户大多是互联网较为精英和富有代表性的人群。同时,微博并不像博客那样,适合到处撒网开播,而应当精选开播,注重互动性,而不是单一的发布。纵观其他站点的微博,特点并不明显,有点也并不突出。在进行微博营销的媒介选择时,开设腾讯和新浪微博为上上之选。通过腾讯微博打通草根阶层展开营销活动,而新浪微博则可和精英层面以及各类媒体做好精准推广,在此基础上可以让自身的广告信息由微博而辐射到传统意义上的媒体。

3. 邀请名人

在目的地官方微博注册成功后,应即时关注在该站点注册微博的旅游界名人,并要求名人为自身进行宣传。

(三)微信营销

微信营销可以微信营销组合进行营销。微信营销组合有朋友圈、微信群、公众账号、微店等,形成一个完整的微信营销体系。

1. 朋友圈营销

(1)编辑好个人信息。例如个性签名、微信名称,这些能让好友在朋友圈看到的头像、名称签名,能完善而清晰地反映出营销的诉求,使人非常清楚在营销什么。

(2)对微信朋友圈要有清晰的定位,坚持"内容为王"。内容一定要让目标好友感兴趣,内容最好做到图文并茂,如果只发文字,要避免文字折叠(80个字符或6行以内文字不会折叠）。可以精心编辑文字内容,尽可能让信息在朋友圈完全展示,而更多的内容则在"评论"中发表。

（3）增加个人微信好友。比如主动将自己的好友加为微信好友、主动手机通讯录的人加为好友,也可把个人微信二维码、微信号与其他媒体渠道（微博、QQ 空间等）相结合进行宣传,让更多的人添加你为好友。

（4）个人微信朋友圈需要互动。经常给微信好友点赞或评论,让你的好友对你产生好感并记住你。

2. 微信群营销

微信群可以"被加入、可选择、随时退、随时进",在微信群中往往可能就某个问题达成共鸣从而产生有效的营销价值。触击微信界面右上角的"＋"图标,可以"发起聊天":选择要添加到群里的好友,然后触击"确定",一个"微信群"就建立了。在微信群里同样可以发送语音、文字或图片。微信群可以增删好友,也可以修改微信群名称。

3. 微信公众平台营销

微信公众平台无法主动添加好友,只能被他人添加为好友,通过认证的用户可以在微信公众平台被搜索到。粉丝关注企业公众号的动机之一就是获得优惠。如果企业运用微信公众平台及时推送优惠、打折信息,或者以抢优惠券、抢红包、抽奖、派发优惠券或会员卡玩刮刮卡这种游戏的方式让利给粉丝,吸引粉丝到店消费,一定会收到显著的营销效果。例如,苏宁在微信上的刮刮乐抽奖活动就曾让人眼前一亮,粉丝通过手机划屏就可以体验真实的刮奖感受,刮到大奖的粉丝欢欣鼓舞,没刮到奖的也乐在其中,这种娱乐化的微信营销推广方式,巧妙结合了微信的平台优势和功能优势,让粉丝在娱乐的过程中被进行了产品营销。

4. 微店营销

微店类似于移动端的淘宝店,主要就是利用社交分享、熟人经济进行营销。它不同于移动电商的 App,主要利用 HTML5 技术生成店铺页面,更加简便,商家可以直接装修店铺上传商品信息,还可通过自主分发链接的方式与社交结合进行引流完成交易。

四、其他自媒体营销

除了前述社会化媒体营销外,常见的自媒体营销工具还包括抖音短视频、小红书、哔哩哔哩、今日头条等。运营自媒体的核心和关键在于优质内容,只有品质优良的内容才会受到人群的追捧、关注及转载,而流量变现也就变得更加容易。同时自媒体人要与受众互动——通过互动才能了解受众的真正需求,才能真正为你的内容找到灵魂。

自媒体内容的主要表现形式有文字、图片、音频、视频等,根据内容的特点可选择合适的自媒体平台推送以满足不同旅游需求。内容是自媒体的核心,对自媒体营销者自身素质的要求较高,制作自媒体内容的目标是为了获得浏览量,从而获得流量,最终实现流量变现的目的。侧重点在于分享具有精神内涵的新鲜事物,通过新鲜真实有内涵的事物吸引用户的注意力,将自媒体营销的品牌信息以图文形式适当植入内容,可起到"润物细无声"的效果,增强自媒体营销的影响力、加快传播速度。

第三节　旅游数字营销策划实训

一、实训目的

掌握不同的旅游网络营销类型,熟练使用各种网络营销手段,能够独立完成旅游企业网络营销方案策划书,并能够使用其中一种或几种手段开展有效的旅游网络营销。

二、实训要求

以团队合作的形式开展旅游网络营销策划实训。以杭州宋城景区为例,对其网络营销现状进行分析,在此基础上,针对选定的目标市场选择一种或几种网络营销手段制定网络营销策划方案,在规定时间内进行实际操作并检验网络营销效果。

三、实训组织与过程

（一）组建实训小组

为了便于各地师生开展此项实训,可就近选择相应的旅游景区或合作单位。

1. 指导老师

建议设置校内专业指导老师 1~2 名,企业指导老师 1~2 名。其中,校内专业指导老师具体负责网络营销策划的技术操作流程,企业指导老师负责帮忙展开调研、分析网络营销现状等信息。

2. 学生分组

建议将全班划分为若干个实训小组,每个小组设项目组长 1 名,成员 4~6 名。项目组成员宜随机分配,不宜把同寝室、同地区、同性格的同学划归一组。

（二）具体实训过程

1. 调研考察与讨论交流

由校内专业指导老师带队,至景区现场与企业指导老师汇合,并由企业指导老师及其助手带领学生实训团队对景区的数字营销现状进行调研、考察,以尽可能多地搜集资料。

2. 数字营销的策划与论证

由小组成员共同商定数字营销的目标、明确数字营销的渠道、设计具体的数字营销活动,完成数字营销策划方案的编制。

3. 实训成果的评价与总结

由校内专业指导老师、企业指导老师及学生代表组成实训成果评价小组,对每个实训小组的成果进行综合评价;事后,每个实训小组形成最终的总结报告,提交校企双方。

四、实训成果评价细则

（一）评价主体及其权重

本次实训成果的评价建议由校内专业指导老师、企业指导老师及学生代表（每个实训小组各选 1 名代表）参加，权重分别为 40%、40% 和 20%。

（二）评分细则（见表 7-1）

表 7-1　旅游数字营销评价标准

任务名称：＿＿＿＿＿＿＿　　汇报人：＿＿＿＿＿　第＿＿组　指导老师：＿＿＿＿＿＿＿

评价内容		评价分值	评价标准	评价得分
策划内容	内容完整性	25 分	包括景区数字营销现状分析、目标市场行为特征分析、数字营销渠道、具体方案论证等，每缺一项扣 5 分	
	数字营销手段的科学合理性、可行性	15 分	科学合理性、可行性高得 12～15 分；基本合理可行得 6～11 分；不甚科学合理可行得 0～5 分	
	数字营销方案策划有效性	25 分	策划内容吻合旅游地或旅游企业需求得 21～25 分；基本吻合得 10～20 分；不甚吻合或不吻合得 0～9 分	
表现方式	PPT 演示稿	15 分	PPT 演示稿条理清晰、表现到位得 12～15 分；条理基本清晰、表现基本到位得 6～11 分；其他方面得 0～5 分	
	现场演讲	10 分	演讲者形象气质佳、演讲流利、条理清晰者得 8～10 分；形象一般、演讲一般得 5～7 分；其他方面得 0～4 分	
	现场答辩	10 分	现场答辩流利、回答内容准确得 8～10 分；答辩一般、内容基本准确得 5～7 分；其他方面得 0～4 分	
评委签名：			合计得分：	

本章重点提示

旅游数字营销是旅游业与数字营销相结合的产物，主要是指旅游业借助国际互联网、计算机通信和数字交互式媒体的功能，最大限度地满足目标顾客对旅游信息和旅游产品的需求，从而传播旅游目的地形象，推介旅游产品，促成和引导（线上和线下）交易实现，最终达到提高旅游业知名度、开拓市场、增加地区旅游业收入和促进旅游业持续稳定发展的目的。旅游数字营销可以在八个方面发挥作用：网络品牌、网址推广、信息发布、销售促进、销售渠道、顾客服务、顾客关系、网上调研。做好旅游数字营销不仅要掌握娴熟的网络技术，更要学会根据旅游企业的特点来建"网"联"络""营"造氛围以实现"销"售。

　　不断改进营销策略,在执行数字营销计划时,需要建立一套比较科学的评价体系,包括:确定评价目标和内容、制定评价指标、评价并撰写评价报告等。然后在执行过程中,对数字营销的过程、效果不断进行评估,总结其中效果比较好的部分,找出存在的主要问题,并不断纠正,使数字营销能发挥出更大的作用。总之,数字营销是一个周而复始、螺旋式上升的周期过程,只有通过不断地完善和改进,才能更好地发挥出作用。

【思考与训练】

　　1. 旅游数字营销和传统营销方式有何不同？是否可以取代传统营销方式？

　　2. 旅游数字营销的渠道有哪些？是不是所有的旅游企业都适合采用数字营销？

第八章　景区项目策划

第一节　景区项目策划

一、景区项目策划概念和实践

（一）景区项目策划的概念体系

1. 景区

　　景区,又称旅游区、旅游景区(点),一般指具有一定自然或人文景观,可供人们进行旅游活动的相对完整的空间或地域。根据国家标准《旅游景区质量等级的划分与评定》(GB/T 17775-2003),旅游区是以旅游及其相关活动为主要功能或功能之一的空间或地域。标准中旅游景区是指具有参观游览、休闲度假、康乐健身等功能,具备相应旅游服务设施并提供相应旅游服务的独立管理区。该管理区应有统一的经营管理机构和明确的地域范围。其包括风景区、文博院馆、寺庙观堂、旅游度假区、自然保护区、主题公园、森林公园、地质公园、游乐园、动物园、植物园及工业、农业、经贸、科教、军事、体育、文化艺术等各类旅游景区。

2. 景区项目

景区项目,又称旅游景区项目,应该是一个长久性的旅游吸引物,其主要目的是让旅游者得到休闲消遣的机会。景区项目不仅应该吸引严格意义上的旅游者或一日游游客,而且还要对当地居民具有一定的吸引力。马勇等(2005)认为,旅游项目是指借助于景区的旅游资源开发出的,以旅游者和当地居民为吸引对象,为其提供休闲消遣服务,具有持续旅游吸引力,以实现经济、社会、生态环境效益为目标的旅游吸引物。

3. 景区项目策划

项目策划是指以具体项目为对象进行的策划活动。旅游景区项目策划是指对旅游景区战略工作的思考和安排,是为了实现景区特定发展目标而采取的一系列行为。依据旅游资源类型的不同,景区项目策划可划分为自然景区项目策划、人文景区项目策划和人造景区项目策划等;依据活动类型的不同,景区项目策划可划分为餐饮项目策划、娱乐项目策划、住宿项目策划、交通项目策划等;依据策划深度的不同,景区项目策划可划分为整体项目策划和局部项目策划等。

(二)景区项目策划的实践

1. 实践历史

景区项目策划的起源很难说清楚确切时间。许多现在的旅游项目最早的功能并不在于旅游,包括万里长城、故宫等物质遗产以及各民族的文化节庆活动等非物质遗产。有意识地建设起来的旅游项目可追溯至古代达官贵人修建的园林、避暑山庄、狩猎场以及围绕这些场所进行的活动。

1872年3月1日,美国国会通过的《黄石公园法案》是景区项目策划的一个里程碑,它确立了旅游景区项目的一些基本性质:将具有优美景观的土地保护起来,以方便人们进行旅游活动。根据该方案,黄石公园设立的主要目的有两个:一是"此地区应致力于建设成为一处可提供民众享受福祉及快乐的公园及愉悦之地"。二是"保护所有的树木、矿产、自然珍品或奇景,使其避免受到伤害或掠夺,并使其在最接近原始的状态下提供现代及后世子孙游憩、教育、文化及科学的价值"。

20世纪初,我国建设了第一批面向公众的公园。中华人民共和国成立后,我国又有意识地建设了一批城市公园、公共绿地、风景名胜区、旅游度假区等。改革开放以来,随着各类旅游景区的发展特别是市场化发展,现代旅游景区项目策划也被引入旅游景区经营管理之中,促进了旅游景区和旅游业的发展。2003年,国家标准《旅游规划通则》(GB/T 18971-2003)的颁布实施,是我国旅游景区项目策划实践史上的重要节点;2006年,《风景名胜区条例》正式颁布实施,结束了我国长达几十年的风景名胜区管理的"暂行"印记。2013年10月1日,《中华人民共和国旅游法》正式颁布实施,对旅游景区策划与区域旅游规划作了明确的规定,使得景区项目策划步入了新里程。

2. 存在问题

(1)景区项目策划的普及度不高。很多旅游景区的建设没有进行项目策划,完全依靠管理者或建设者的"拍脑袋",而管理者或建设者从自身利益出发,往往倾向于建设大项目、洋项目,缺乏统盘考虑。建设性破坏已经成为普遍影响我国景区可持续发展的严重问题。

(2)景区项目策划的科学性不足。盲目跟风、一哄而上是我国景区项目建设中的一个重要弊端。影视城的泛滥就让一个本来很好的项目变成了"面目可憎"的东西。缺乏对市场的详细调研,不了解客源市场的真正需求,一厢情愿地进行市场预测,使策划出来的项目难以取得很好的效果。项目的空间布局又不以生态环境的保护为前提,不适宜建设的地方也遭到了过度开发。

(3)景区项目策划的专业性不强。人才制约是影响旅游景区项目策划质量的重要原因。众所周知,我国旅游规划、旅游策划行业正处于"千军万马混战"的阶段,不同专业、背景、学历的人都在做规划和策划。但是真正对景区项目策划有深刻了解、具备雄厚专业知识与技能的人才则寥寥无几。

(4)景区项目策划的理论性滞后。迄今为止,景区项目策划还没有系统的理论支撑。相关的景区项目策划理论探讨还停留在非常粗浅的层面。旅游景区项目策划的雷同、贪大求洋、媚俗、粗劣等现象,与理论性滞后不无关系。

二、景区项目策划的功能和特征

(一)景区项目策划的意义

社会的发展造就了策划的历史,而策划又促进了社会的发展。旅游业已然是当今世界上最大的产业之一,而旅游景区则是旅游业发展壮大的核心载体。因此,旅游景区项目策划,有利于更好地提升旅游景区产品的质量,更好地实现景区资源的价值,促进旅游景区的快速发展,并更好地满足旅游者的需要,促进人们的身心健康和社会文明发展。

(二)策划与规划的差异

景区项目策划与旅游规划之间存在诸多异同点。一般而言,项目策划的对象相对比较单一,侧重创意而不是规范。

1. 概念差异

旅游规划,是一个地域综合体内旅游系统的发展目标和实现方式的整体部署过程。规划经政府相关部门审批后,是该区各类部门、企业进行旅游开发与建设的法律依据。规划要求从系统的全局和整体出发,着眼于规划对象的综合、整体优化,正确处理旅游系统的复杂结构,从发展和立体的视角来考虑和处理问题。因此,规划必须是高屋建瓴、统领全局,为旅游实践提供指导性的方针。

旅游策划,是依托创造性思维,整合旅游资源,实现资源、环境、交通与市场的优化拟合,实现旅游业发展目标的创造过程。策划强调的是通过创造性思维,找出资源与市场间的核心关系,建构可采取的最优途径,形成可实施的明确方案,并对近期的行动进行系统安排。

2. 理念差异

旅游规划是一套法定的规范程序,是对目的地或景区长期发展的综合平衡、战略指引与保护控制,从而使其实现有序发展的目标。规划是为旅游发展设计的一个框架,这个框架必须是长期的、稳定的和必要的。

策划是从创造性思维的角度出发,以资源与市场对接为目标,用独树一帜的方法解决旅游吸引力、产品、开发过程、营销等方面的独特性与操作问题;围绕解决旅游吸引力、商业感召力、游憩方式、营销方式、商业模式等问题,旅游策划必须具有创新性和可操作性。

3．任务差异

旅游规划的基本任务是：通过确定发展目标，提高吸引力，综合平衡游历体系、支持体系和保障体系的关系，拓展旅游内容的广度与深度，优化旅游产品的结构，保护旅游赖以发展的生态环境，保证旅游地获得良好的效益并促进地方社会经济的发展。

策划的基本任务则是：针对明确而具体的目标，通过各种创造性思维和操作性安排，形成游憩方式、产品内容、主题品牌、商业模式，从而形成独特的旅游产品，或全面提升和延续老旅游产品的生命力，或建构有效的营销促销方案，并促使旅游地在近期内获得良好的经济效益和社会效益。

（三）景区项目策划的功能

1．规划前的策划——总体概念与思路

规划前的策划，主要解决三个问题：一是进行深度的市场研究，准确定位市场、定位主题、定位形象，确立核心目标与吸引力；二是整合资源与市场，大胆创意，形成有吸引力的产品形态；三是运用韬略，建构战略，并落实为战术和行动计划。在旅游规划之前，需要有策划的介入，才能形成总体的概念、框架与思路，为后期规划的编制提供指导。

2．规划后的策划——深度策划与落实

一个好的规划，必然要高屋建瓴，但由于规划的任务在于把握规划地块的长远发展目标，涉及产业配套、用地控制与平衡等方向性的大问题，存在操作性上的欠缺。在当前景区的实践中，往往存在规划完成了，但没有形成具体可进行招商引资的项目，没有形成营销的具体战略战术及行动计划，没有开发运作的具体步骤等问题。这时就需要进一步进行策划，来将规划的大理念转变为具体的产品和行动计划。依托后期的策划，可以进一步编制详细规划并进行建设。

一般而言，旅游景区发展规划应侧重于景区发展的战略目标与方向、空间布局、战略重点、产业配套、用地控制与平衡等方面，而作为深度策划的景区项目策划则应侧重于具体项目的安排和资源的调配。景区项目策划以景区发展规划为指导，景区发展规划以景区项目策划为支撑。但是，由于我国旅游景区很少单独做项目策划，往往与景区发展规划融为一体，导致景区发展规划陷入琐碎的资源安排当中，迷失了发展方向和重点，又影响了景区项目策划的深入，制约了项目策划的科学性，导致景区项目策划缺乏独立发展的环境。

（四）景区项目策划的特征

与一般项目策划相似，景区项目策划也拥有功利性、社会性、创造性、时效性和超前性等特征，并拥有综合性、空间性和体验性等独有的特征。

1．综合性

旅游活动是一种涉及社会、经济、文化等多方面的综合性活动；旅游者的旅游活动也涉及"吃住行游购娱"等多方面的综合性需要。旅游景区作为相对独立的旅游经营单元，以满足人们游览游憩活动需要为主要工作，不必囊括旅游活动的所有要素，但是旅游活动的综合性，决定了景区项目策划也必须考虑到旅游者的多方面需要。尤其是随着景区的转型升级，其综合性趋势日益明显，旅游综合体不断涌现，也日益受到市场的欢迎与青睐。

2．空间性

旅游景区具有固定的地域范围，也是一个空间的概念。因此，景区项目策划也必然建立

在一定的地域范围之内,受到自然、人文等综合环境的制约或影响。景观建设和旅游活动都必须依赖空间进行。因此,景区项目策划必须对空间环境和活动场所进行策划。

3. 体验性

旅游景区是关于人及其情绪与喜好的行业。旅游产品不是以物质形态表现出来的劳动产品,而是主要以多种服务表现出来的无形产品。对于旅游产品的重要组成部分——旅游景区而言,更是如此。旅游者只有通过体验,才能感受到景区的使用价值。景区产品的这种体验性质使得景区项目策划必须充分考虑到景区项目的文化内涵,以使旅游者从景区的旅游活动中获得更大的精神享受。

三、景区项目策划的内容

景区项目策划的内容主要包括项目名称、项目风格、项目布局、产品体系及实施管理等内容。具体阐述如下:

(一)项目名称

策划设计景区项目名称是景区项目策划的一个重要内容。景区项目名称是连接旅游景区项目与旅游者的桥梁。在对旅游景区项目命名时要仔细揣摩旅游者的心态,力争通过一个有创意的名称,来吸引广大旅游者的眼球。如某私企联合某中医药大学,共同投资开发"杭州径山中医养生谷"景区项目,既涵盖了景区所在地及其禅茶文化内涵(径山寺是杭州西郊的著名寺庙,也是日本茶道的起源地,茶圣陆羽在此著书),又突出了以中医为核心特色的养生产品体系,迎合了当前城镇居民追求健康、养生的需求。

(二)项目风格

在景区项目策划中,要将该项目的特色或风格表现出来,使其中所蕴含的民风、民俗和文化氛围较易为人们所掌握,并以此来控制景区的发展方向。具体而言,包括:景区主体建筑物的规模、形状、外观、颜色和材料;建筑物的内部装饰风格,如建筑内部的分隔、装修和装饰的材料;旅游项目相关辅助设施和旅游服务设施的外观、形状和风格,如道路指引牌、垃圾箱、停车场、洗手间、景观庭院等。

(三)项目布局

景区项目具有一定的空间特征。景区项目策划时要明确给出每一个子项目或设施的占地面积及建设的大致地理位置,这两个内容必须具体到在实际操作过程中可以在空间上进行落地的程度,包括:项目具体的地理位置;建筑物的整体布局,各建筑物的位置及建筑物之间的距离;开放空间的大小和布局。

(四)产品体系

景区项目策划中必定要形成一个综合性的产品体系,可能是关于民风、民俗的节庆活动,也可能是一些参与性较强、娱乐性较强的游乐产品。但是,不管是哪一类产品,都不可能是单一的,必定是多种多样产品的组合。因此,在景区项目策划中,要明确表明什么是该项目的主导产品。

(五)实施管理

景区项目策划应该具有全程性的特征,即交接了项目策划的文本和图纸并不是策划结束的标志,它还应涉及项目建设后的日常经营管理以及项目在新的市场环境下如何调整等问题。因此,景区项目的策划设计还应对景区项目的工程建设管理、日常经营管理、服务质量管理以及经营成本控制等内容加以明确规定。

第二节　景区项目策划的技术方法

一、景区项目策划的组织和调研

组织和调研是景区项目策划的基础工作。组织为项目策划提供人才准备和机制保障,调研为项目策划提供信息准备。只有组织和调研两方面的工作都做好了,策划工作才可能顺利地进行。

（一）景区项目策划的组织

1. 旅游景区项目策划的团队构成

（1）人员素质要求。与一般策划相比,景区项目策划涉及的内容更广、更全面,对人才素质的要求更高。国内现在有很多人在从事旅游策划工作,因此并不缺懂得一般操作程序的策划人士,缺的是基础厚、复合型、勇于创新的策划大师。真正能适应未来发展的旅游策划师,应该是多门学科的集大成者,是"创新型"综合人才。因此,要求旅游策划人员应具备素质全面、知识渊博、善于沟通、充满激情,具有良好的审美观,富有责任感、合作精神、科学精神与人文精神等基本素质。

（2）团队构成要求

从广义上说,进行一项景区项目策划工作,课题组应包括甲、乙（委托方和策划方）双方人员。因此,完整的课题组织通常包括策划指导组、策划顾问组、策划工作组。策划指导组（或称策划领导组）,一般由甲方上级主管领导任组长,由甲方上级分管领导出任副组长,有时下设办公室,由甲方主管领导出任办公室主任。指导成员由甲方各权力机关以及相关部门人员组成。指导组的作用主要是在策划编制时提供协调,并为策划实施打下良好基础。策划顾问组有时可以与指导组合并,也可以邀请行业知名专家担任。策划工作组由甲乙双方人员共同组成,由策划负责人出任组长（或由甲方主管领导出任组长,由策划负责人出任副组长或执行组长）,主要承担策划的实际工作。策划工作组可下设策划编制组,负责策划的具体编制事务。

（3）知识构成要求。我国旅游策划或规划人员来自各个学科、各个部门,表面上能够满足旅游策划或规划的需求。但在实际操作过程中,项目组人员的构成往往被大大简化,通常是以项目负责人所在单位或其所学学科方面的专家为主,很少能有其他学科的专家参与。学科之间、专家之间和部门之间缺少实际的交流和合作,相互间的"本位主义"现象非常突出。策划队伍本身应有各方专家的参与,不同学科的人员、中外专家融通,优势互补,彼此借鉴,根据景区性质不同,需要的学科人员亦有所不同。一般一个完善的策划团队应该包括旅游地理、景区管理、产业经济、园林设计、市场调查、专业策划、建筑工程、财务分析、美术设计等专业人员。

2. 景区项目策划的工作日程安排

景区项目策划的工作非常烦琐,需要较多的时间,策划时限常以月计。影响策划工作时限的因素有很多,主要包括策划方的能力和时间安排、委托方的安排和协调、景区规模大小、景点数量多少、策划内容范围、策划详细程度等。当然,景区因为某种特殊目的,可能要求策划方在较短时间内完成。景区项目策划工作时限是委托合同中的重要条款。

以一个半年期限的策划为例,参考日程安排如下:第一个月,开展实地考察、资料收集、调研等工作;第二个月,开展调研总结、资料整理分析、内部研讨工作,制定总体框架,并交流汇报;第三和四个月,细化总体框架,书面汇总初期成果向甲方汇报,征求意见;第五和六个月,根据甲方的反馈意见对文本进行修改并完成最终成果。

(二)景区项目策划的调研

项目调研就是利用各种手段了解和项目相关的各种信息,作为项目策划的依据。项目调研是否翔实,将直接影响到项目策划成果的科学性与可操作性。具体调研的内容,通常如下。

1. 景区资源的调研

一是景区资源的赋存特征,涉及观赏价值、游憩价值、美学价值、历史价值、科学价值、经济价值;二是景区资源开发特征,包括空间规模、景点数量、集中度、区位、区域经济背景、可进入性等。

2. 景区市场的调研

一是景区目前市场的占领情况,包括市场份额、市场特性与消费者特征;二是景区可能进入的市场情况,包括市场潜力、市场特性、消费者特征、市场壁垒;三是行业和市场的发展趋势;四是景区竞争对手的情况,包括目前的竞争对手和潜在的竞争对手。

3. 景区管理机构调研

熟悉景区管理机构已经进行、正在进行和将要进行的工作。景区管理机构是项目策划的委托人,了解它们的想法和意图非常重要,这关系到策划是否能够通过,以及能否得到认真实施。在实践中有时会碰到委托人和策划机构意见不一致的情况,这时专业策划机构不应一味迎合委托人,而应在考虑委托人意见的前提下,经过充分调研,表明自己的意见,争取说服委托人。这也是体现职业道德的重要内容。

4. 利益相关者的调研

首先是相关企业的调查,包括景区内外的企业,主要是指饭店、旅行社、游览娱乐场所、旅游商店等旅游企业,也包括影响景区项目经营的其他企业。通过对这些旅游企业的调查,一是可以了解部分市场情况;二是可以了解他们对景区项目的想法。其次是景区邻近社区或内部社区的调研,包括社区的人员结构特征、素质发展状况、旅游发展意愿、收入来源组成等。第三是政府部门的调研,因为景区项目的后续建设,必然需要多个政府部门的支持。

5. 景区环境的调研

景区环境的调研主要包括景区项目策划需要了解的其他因素,如人口因素、经济因素、生态因素、科学技术因素、政治法律因素、社会文化因素等。

二、景区项目的综合评价分析

在组织好策划团队和收齐相关资料以后,接下来的工作是对已有信息进行梳理、分析与评价,最重要的是项目背景分析和综合条件分析。

(一)项目背景分析

项目背景分析是景区项目策划的重要工作。通过项目背景分析,可明确景区项目立项的背景、总体发展思路以及策划接受的具体任务。

1. 立项背景分析

景区提出进行项目策划的背景存在很大差异。策划委托单位是景区管理机构、上级单位还是投资商,这对景区项目性质有着重要影响。景区管理机构、上级单位和投资商关注的内容各不相同,策划所体现的内容也应有所差别。景区的发展位于生命周期的哪一阶段对景区项目的性质也有重要影响,项目策划的目的是迅速打开市场,还是提升景区品质,或者避免景区效益下滑,这影响到策划的主题定位与目标。景区项目是总体策划,还是对某一项具体产品的开发、景观设施建设项目的策划,这自然限制了策划的内容和范围。景区项目策划的主要目的可能是解决某一具体问题,比如游客分布的不均衡问题、突破景区形象问题、产品升级换代问题、特定市场开拓的问题。所以,策划时应该将委托方最关注的问题作为重点。有时景区发展中存在的问题需要策划者系统诊断,比如为什么景区最近几年效益下滑?这需要策划者根据各种信息进行判断。经济收益通常是委托方最关注的,但有时景区项目策划的目的可能是其他效益,比如社会效益、文化效益、环境效益,当然还有政治效益。旅游景区发展的目的是增加旅游者人数,还是增加旅游收入,或者控制旅游者数量、提高景区效益,不同的目的将影响整个策划的思路。

通常,在甲方与乙方签定的委托编制合同中,会有明确的策划任务,具体可从三个方面进行分解:一是技术性任务,包括项目策划进展,策划方必须保证如期向委托方提交策划成果,以及项目策划的最终成果是通过内部论证还是外部评审;二是原则性任务,即项目策划必须遵循的工作准则;三是目标性任务,也就是项目策划必须解决的问题,是项目策划的主体内容。

2. 宏观背景分析

在明确项目自身立项背景的基础上,策划团队还需要系统分析项目所在地的宏观背景,大至国内外经济发展形势与党的大政方针,小至地方上级规划的目标地块定位等。只有充分摸透了区域产业经济发展的总体趋势与要求,所策划景区项目才能在所在区域内生存,否则就可能不合时宜的。

(二)景区项目策划的条件评价

1. 景区资源条件

旅游资源是旅游景区项目建设的重要依托。因此,对旅游景区的资源作出正确的评价是景区项目策划的重要内容。一个全面的旅游资源评价主要包括:旅游资源数量、类型、品位、人文景观和自然景观结合度,在全国同类景区中的地位;从旅游资源类别角度进行具体分析,知道哪种类别旅游资源具有优势;旅游资源相互之间的空间关系;旅游资源分布的密度、形状;旅游资源的开发利用程度以及开发潜力;旅游资源的美学价值、科学价值、旅游价值、经济利用程度以及开发潜力;旅游资源的美学价值、科学价值、旅游价值、经济价值等。

2. 景区区位条件

景区区位主要是指景区与比较成熟的旅游客源地之间或依托城镇、交通干线的相对位置。旅游区位可从市场角度对景区的优劣作出评判。

(1)客源区位。景区游客的多少并不主要取决于资源的吸引力,而更多的是由于位置的吸引,这是因为多数游客的"钱""闲"有限,只能选择近地域游览或休闲。例如,上海周边大大小小的景区都"人满为患",并不全是因为那儿的资源价值高,而是因为它们紧邻上海市区,满足了城市居民双休日休闲游览的需求。这也是为什么大都市附近都能形成"环城游憩带"的重要原因。因此,进行景区客源区位评价时一定要分析客源市场距离景区的远近。

(2)交通区位。一个景区游客的多少,除了取决于资源的优劣和客源市场的远近之外,还取决于交通线路的数量、等级和通畅程度。交通不便、可进入性差往往是不少景区发展的制约因素,例如,不少"老、少、边、穷"地区虽然有绝佳的旅游资源与环境,但却因位置偏僻、地形阻隔、经济落后而缺"路"少"线",造成难以进入,致使旅游业发展缓慢。四川九寨沟、西藏拉萨、云南西双版纳、新疆天池、陕西延安等就是例证。

然而,还有一些景区并非因地处"天涯海角",却因交通线路不畅而影响或制约了旅游发展。进出困难或进去容易出来难,这使不少旅游者望而却步。相反,那些交通区位良好,飞机直航、高铁直达或者拥有旅游直通车的旅游景区,则可以吸引众多的远方旅游者,如北京、上海、广州、成都、杭州、昆明等。

(3)资源区位。一个景区能否健康、快速发展以及发展的程度如何,不仅取决于资源的绝对价值,更取决于资源的相对价值,即取决于景区在空间位置中与邻近区域资源的组合结构。同一地区内,地位较低的景区一般难以发挥出应有的价值,倘若再与他处雷同,则更会"雪上加霜"。这种先天不足,是位于阴影区内的资源区位难以有较大发展的根本原因。反之,资源不为同一类别且相互补充,则会产生叠加效应,对旅游者具有综合吸引力。倘若两地资源价值又都很高,则更会"锦上添花",令旅游者"喜上加喜"。最突出的例子莫过于泰山和曲阜了,两地均为世界遗产,一处是山岳风景,一处是儒家文化的发源地,且两地有高速公路相通,游人来山东,两地一起游,觉得特别划算。放眼神州大地,青岛与崂山、洛阳与嵩山、西安与华山、都江堰与青城山、黄果树瀑布与安顺龙宫、苏州与无锡等也都是具有叠加效应的旅游地域。

3. 景区社会经济条件

(1)景区微观社会经济条件。一是资金。景区可以用来进行项目建设的资金、资金来源渠道、成本以及可能性。广义上的资金也包括物资储备情况。二是人才,包括景区的人力资源状况,引进与培训途径、成本及可能性。三是技术条件,引进的途径、成本及可能性。四是制度环境,主要分析景区项目开发有哪些优惠政策和制约因素。

(2)景区宏观社会经济条件。景区所在地的社会经济条件对景区项目开发具有重要影响。如景区所在地的经济发展水平既影响旅游投资能力,又影响旅游需求的形成;景区所在地交通、通信等基础设施的完善与否,不仅影响景区的项目建设,而且影响旅游者生活的便利程度。而景区所在地对旅游开发的支持程度、居民好客度、社会治安状况等同样是构成景区产品吸引力的重要组成部分。

4．项目建设条件

（1）土地使用性质。目前,国内土地利用规划基本上已经详细到乡镇（街道）。因此,在开展景区项目策划之前,首先要先明确景区所在地块的土地使用性质,哪些属于建设用地、哪些属于基本农田等。在进行项目策划及空间布局上,应充分考虑到可建设用地的空间位置,否则至少会延缓项目的建设审批。

（2）建设适宜性分析。通过对景区项目策划范围的地质、地貌、水文、气象、植被、土壤等综合条件的分析,可将景区内部土地划分为宜建设用地、基本适宜建设用地和不适宜建设用地三类。不适宜建设用地通常属于生态脆弱区,应严格禁止各类旅游开发与观赏活动,并确保生态安全;基本适宜建设用地可重点布置各类观光、休闲类旅游项目设施;宜建设用地则重点布置住宿、餐饮、游乐类旅游项目设施。

5．市场需求分析

对景区市场现状的分析主要包括现有市场的人口特征,如地区构成、性别构成、年龄构成、文化构成、职业构成、家庭结构、收入构成等;现有市场的行为特征,如影响出游决策的因素、休闲方式的选择、景点偏好等;现有市场的感知和期望,如感知形象、影响满意程度的因素、重游意向、推荐意向、期望和建议等。

21世纪是体验经济时代,旅游者的消费和需求已发生巨大的变化,认识这些对于策划旅游景区项目非常重要。

（1）旅游消费结构。从旅游消费结构看,产品中情感要素的比重逐渐增加。旅游本身所追求的就是能够消除疲劳,获得一种心理上的愉悦。在体验经济时代,旅游者在注重旅游产品质量的同时,更加注重情感的愉悦和满足。旅游业的发展也表明,近年来随着人们旅游消费理念的改变,越来越多的人认为现代旅游不完全在于我到过哪里,更多的是一种生活方式的体验,一种旅游心情的分享。体验旅游已经成为现代旅游最具开发潜力的部分。"到农民家里体验田园生活""像职业探险家一样穿越西部无人区""去国外入住当地人家"……已经成为许多旅游者共同的心声。

（2）旅游消费内容。从旅游消费内容看,人们越来越追求那些能够促成自己个性化形象、彰显自己与众不同的产品或服务。传统的"走马观花"式旅游已难以适应人们追求个性和自我的需求,参与性与互动性强的特色旅游成为最受旅游者喜爱的旅游产品形式,诸如野外生存训练、挑战极限等项目吸引了越来越多的游客。

（3）旅游者价值取向。从游客追求的价值目标看,消费者从注重产品本身转移到注重接受产品时的感受。现代旅游消费者不仅仅关注得到什么样的旅游产品,而且更加关注在哪里,如何得到这一产品。也就是说,旅游者不仅仅重视旅游的结果,而且更重视旅游过程中的感受。

（4）旅游产品接受方式。从接受旅游产品的方式看,人们已经不再满足于被动地接受企业的诱导和操纵,而是主动参与到旅游产品的设计中。旅游者参与旅游活动设计的程度进一步增强。其主要表现在旅游者从被动购买整体产品发展到自己组织旅游产品和旅游路线,在旅游过程中,更愿意选择散客旅游而非团队旅游。

（5）旅游动机。游客的旅游终极目标是为了追求快乐的体验,也就是追求新鲜感、亲切感与自豪感。新鲜感,即新奇与鲜活;亲切感也就是希望相互交流、相互理解;自豪感是对自己价值的肯定,是一种对自己满足的感觉。

三、景区项目的总体策划与布局

名称、主题、定位、布局是景区项目策划的核心灵魂,相应产品体系的设计与配套服务设施策划,则是景区项目策划能最终实现的有力保障。

（一）主题选择与总体定位

1. 景区项目策划的目标制定

（1）景区项目策划目标体系。景区项目策划的目标包括总体目标和阶段目标。总体目标是对景区项目策划的远景目标或愿景进行描述;阶段目标是对景区项目策划在各个阶段所要达到的目标进行描述,一般较为细致和具体。通常,景区项目策划可划分为近期、中期和远期三个部分。从表述方式来说,景区项目策划的目标通常包括概念性目标（目的）和数值性目标（指标）两个部分。如杭州市萧山区浦阳江生态旅游区策划的概念性目标是"以低碳旅游为特色,集生态游憩观光、生态人文体验、生态品质人居、生态养生休闲、生态创意产业、生态科考探险于一体的,国内知名、华东地区首位的休闲旅游小镇集群区,大杭州的生态产业高地、休闲城市建设的新驱动与休闲旅游产业统筹发展的典范区,与大江东新城、湘湖新城（主城）并肩推动萧山整体和谐发展",而其数值性目标则包括具体的游客接待量、旅游总收入、直接创造的就业岗位数等指标。

（2）景区项目策划目标内容。目标内容一般包括:一是技术性内容,对旅游景区项目建设进度进行说明;二是效益性内容,对旅游景区项目所要达到的效果进行说明。效益性内容一般又包括经济水平目标、社会效益目标、环境保护目标和文化发展目标等。在制定目标内容时,要秉承目标的可接受性、可检验性、可分解性、可实现性和挑战性原则,避免流于形式。

2. 景区项目策划的主题选择

景区项目主题是指旅游景区项目的核心内容和基本思想。景区项目的主题选择是对旅游景区项目核心内容和基本思想的确定。主题选择对旅游景区项目策划具有非常重要的意义。当你看到大禹开元主题酒店、雨林咖啡厅、蓝精灵蘑菇村等名称就知道它们的真正内容是什么,因为它们都点出了明确的主题。制定明确的主题可以说是项目策划、经营体验的第一步。主题就如同一篇文章的中心思想,一支乐曲的主旋律,缺乏主题的策划设计,难以给游客留下深刻印象,甚至会事与愿违地造成负面体验。目前,我国不少旅游景区缺乏个性与特色,或"翻版克隆"其他旅游景区,或张冠李戴、生搬硬套,或杂烩拼凑、凌杂散乱,给游客千篇一律的感觉。如何确定一个明确的主题呢？一般而言,主题的确定应根植于本地的地脉、史脉与文脉,结合目标细分市场的需求,突现个性、特色与新奇,避免与周边邻近景区的雷同。景区项目策划的主题选择思路可以从下面几个方面入手。

（1）情感体验。具有诱惑力的主题必须要能调整人们的现实感受。人们到某一景区游览,是为放松自己或者寻求平常生活中缺乏的特殊体验。景区体验必须提供或强化游客日常所欠缺的现实感受。比如人们游览雷峰塔,可能是为了感受经典爱情或甜蜜气氛,所以雷峰塔景区应提供类似的体验才能吸引更多的游客。

（2）穿越时空。景区的主题,能够通过影响游客对空间、时间和事物的体验,彻底改变游客对现实的感觉。比如,美国的肯尼迪航空中心,为游客创造了从火箭升空到太空漫步的全程体验;《宋城千古情》将杭州发展历史的经典场景或元素予以了真切展现,正所谓"给我一天,还你千年"。

(3)身临其境。美是人类永恒的追求,优美的自然风光永远不会没有访问者。但在旅游项目策划中,为游客创造审美的体验并非一定要依托优美的自然风光,因为审美体验的实质就是为游客创造一种身临其境的氛围,所以体验的审美愉悦可以完全是自然的,也可以主要靠人工营造。例如,阿联酋迪拜海滨的棕榈岛海滩度假区,就是通过填海工程,在海上建造了一座棕榈叶形状的岛屿型度假区,阳光、沙滩、海水等自然景观与人工营造的棕榈岛完美地结合在一起。

(4)寓教于乐。尽管教育是一件严肃的事情,但并不意味着教育的体验不能充满快乐。实际上,求知与旅游是一种完美的结合。在中国古代便有"游学"。18世纪,修学旅游是英国贵族的必修课,直到今天修学旅游依然是旅游市场上受欢迎的产品。2013年11月,国家旅游局正式授予浙江旅游职业学院为国家4A级旅游景区,其主题就是国际教育旅游体验区,以景区开发与管理专业为核心,将学院烹饪专业的中西方美食DIY、休闲专业的茶艺茶道与高尔夫休闲、酒店管理专业的酒窖体验、外语专业的日韩文化体验馆等教育资源与旅游休闲、娱乐相结合。

(5)营造梦想。对大多数人来说,现实的工作和生活年复一年,千篇一律,每个人内心深处都有逃避现实的渴望。科幻小说和童话故事中的情景使人憧憬不已,人们会梦想已能够成为故事中的主人公,体验冒险之旅。事实上,目前在成功的旅游项目中,逃避现实的体验主要来自于对一些科幻式、冒险式电影和故事的模拟。欢乐谷的"美国西部淘金之旅"、美国加利福尼亚的荒野体验公园无不如此。也有对知名游戏或动画片或卡通人物的模拟,如迪士尼乐园、HelloKitty乐园等。

3. 景区项目名称的确定

景区项目名称要用精确、简练的语言表述项目的主题,要具有独特性和新颖性,能够在众多旅游景区项目中让人耳目一新,并对旅游者产生吸引力。具体要求则可参照本章第三章关于旅游节事活动名称的确定。

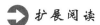 扩展阅读

"杭州径山中医养生谷"的主题选择与定位

1. 规划思路

紧紧围绕杭州市建设"国际重要的旅游休闲中心""东方休闲之都"的战略定位,以共建共享最适宜居住的"品质之城、美丽之洲"为总指引,紧跟大杭州与区域十大特色潜力行业的发展格局,深刻挖掘禅茶文化与养生文化,坚持以生态低碳、市场导向、分期建设、互补共享、规模集聚为原则,积极实施"产业融合、品牌发展、精细发展、高端引爆"四大战略,合力聚焦"培育生态环境资源、推进项目设施建设、创新经营管理理念、拓宽旅游营销渠道"四大路径,助推径山生态度假旅游区的建设,使之成为打造杭州"东方休闲之都"的首选休闲养生基地和杭州国际旅游访问目的地、中华中医养生第一谷。

2．目标定位

以产业融合为创新动力,以禅茶文化为特色内涵,以中医养生度假为核心功能,兼具文化体验、运动健身、农业观光、乐活休闲、特色美食等功能,具有强吸力的、最具本土元素的名副其实的"中医养生谷"。

3．分期目标定位

(1)近期目标

深入项目规划设计与论证,加快推进交通、游览、安全、环境卫生、邮电、购物、能源等基础设施的建设,分期推进各类服务管理与接待设施建设;项目初步成型,并具备一定的市场竞争力;同步做好经营管理文章,全面启动与相关单位的合作关系;力争至 2015 年,年接待量达到 3.0 万人次,年过夜人天数超过 6 万。

(2)中远期目标

加强相关产业业态的培育,促进相关产业融合,增强项目的综合实力;着力提升服务质量水平,努力提高满意度与养生理疗效果,积极推进营销导向发展机制的建立,不断扩大中医养生谷的品牌影响力,构建中华第一"中医养生谷"品牌。力争至 2020 年、2025 年,年游客接待量分别达到 4.0 万人次和 4.5 万人次,年过夜人天数分别超过 11 万和 15 万。

(二)空间布局与项目创意

1．空间布局与项目选址

(1)影响景区空间布局的因素。在实际的景区项目策划过程中,影响景区空间布局的因素很多,既有自然地理环境等客观因素,又有道路交通、人文遗迹及发展愿景等主观因素。一般来说,食宿、购物等商业项目应该建在景区核心功能区以外;在地理条件方面,如土地、水文、风向等因素对于建筑项目具有重要影响;在景观格局方面,旅游建设必须考虑景观之间的协调,既要考虑建筑物和景观环境之间的协调,也要考虑筑物之间的协调;在生态环境方面,旅游项目建设要尽量避免对生态环境的损害,特别是要避开生态脆弱区;在游览路线方面,旅游项目是为旅游者进行游活动而建设的,因此要特别考虑旅游者的需要。

(2)景区的功能分区与布局。为满足游客"吃住行游购娱"等各方面的需求,旅游景区要拥有游乐区、休闲区、服务区三个基本功能区,然后根据不同旅游景区的类型,再设置相应的观赏区、体验区或产品区。功能分区时,既要便于景区管理者进行针对性的管理、经营者实施针对性的营销和旅游者进行选择性的游览,又要适应实际环境的要求。

进行了合理的功能分区以后,还需要对不同的功能区进行合理的空间布局。在进行空间布局时一般要把握以下三条原则:首先,集中功能单元;其次,协调功能分区;最后,保护环境以保障旅游景区的可持续发展。具体而言,游乐活动设施采用集中与分散相结合的布局方式,在注重惊险刺激的同时,也要考虑情感化与环境化;住宿、餐饮、观景、商业和环境艺术设施,一般布置成一个综合服务接待区和若干个服务接待点,以突出整体优势和形成规模效益;后勤服务和技术供应设施,包括给排水、供电、通信等一般采取集中布局的方式,同时与其他设施联系,以保证旅游景区的正常运转。

"杭州径山中医养生谷"的功能分区与布局

1. 指导思想

紧紧围绕项目发展目标,综合考虑自然地理环境、经济社会发展条件等要素,以中医药养生为主题划区布景,以阴阳动静相结合谋划项目,以现代都市亚健康群体为主要消费市场,力争将本项目打造成为我国"中医养生第一谷"。

2. 功能分区与布局

本规划将项目划分为"一心、四区"(见图 8-1):

图 8-1　杭州径山中医养生谷功能分区

一心:指综合服务接待中心,即整个中医养生谷的综合服务接待中心。

四区:指度假养生区、运动健身区、参禅问道区与生态农业区。

2. 景区项目与设施的创意策划

当确定了景区项目策划的名称、主题以及总体功能分区与布局后,接下来的重点工作就是围绕主题,展开项目与设施的创意策划。

（1）景区项目的创意策划。景区项目的创意策划主要围绕既定主题展开相应的景观游赏、娱乐体验、美食餐饮、商品购物等内容，可以根据确定主题的属性特征及其纵向历史变化予以演变。如以竹子博览园为例，就美食餐饮而言，就可以划分为以竹笋为原料的美食和以竹子为工具的美食。竹笋又可以分为冬笋、春笋、鞭笋等种类，有直接食用、罐头食用、笋干食用等，还可叠加其他相关素材从而研发出成千上百种竹笋美味，而竹笋又对肥胖、高血压、冠心病、糖尿病、动脉硬化等现代社会的"富贵病"拥有一定疗效，因而可开展养生美食项目。

（2）景区设施的创意策划。作为一个主题鲜明、特色突出的旅游景区，除了在上述核心项目予以重点表现外，景区内部的各类配套服务设施、软环境装饰等均需要彰显主题。仍以竹子为例，景区内部特色餐厅的菜单可以是竹简的形式，桌子、凳子、碗筷等均可以竹子为原料，更显得生态与有机。假如要注重养生文化，则碗筷、桌子、墙壁上还可以镶嵌或装饰相关的字画等。

▶ 扩展阅读

"杭州径山中医养生谷"核心项目与设施策划

1. 综合服务接待中心

于现引水沟渠最南端（标高 42.4m）设置综合服务接待中心，承担接待咨询、交通换乘、器材租赁、特色购物、广场游憩等功能，总占地面积约 0.6 公顷，具体设置养生文化广场、服务接待中心、生态停车场等项目设施。

（1）养生文化广场

于服务接待中心南侧、颐和湿地公园北侧设置养生文化广场。广场总体按照道教八卦图形设计，四周设置景观绿地与游憩凳椅，八卦图形分割以花草类中草药材为主。广场总占地面积约为 2500m²。

（2）服务接待中心

于养生文化广场南侧建造服务接待中心，木结构，2 层；其中 1 层设置电子信息屏、电脑触摸屏、咨询服务中心、购物体验区等设施或内容，2 层作为行政办公中心，总建筑面积约 1800m²。1 楼内设四星级生态厕所，以中医养生为装饰主题，建筑面积约 150m²。

（3）生态停车场

于服务接待中心北侧建造生态停车场，占地面积约 2000m²，停车场设有出入口、值班岗亭，地面采用植草砖铺装，四周列植景观绿篱及庇荫乔木，营造生态停车场的效果。

2. 度假养生区

为充分挖掘文化内涵、延拓产业消费链条，策划于休闲养生谷与农耕养生谷及其中间的颐和湖（大同坞水库）建设度假养生区，承担禅茶疗养、休闲游憩、文化体验、分时度假等功能，占地面积约 16.0 公顷。具体有国医馆、茶艺馆、养生馆、药膳馆、中医养生大酒店、农耕休闲小屋、中医文化广场、颐和湿地公园（颐和湖）、滨湖休闲文化长廊等项目设施。

（1）国医馆（金）

于休闲养生谷北侧建设国医馆，总建筑面积约 900m²，3 层，外观整体以五行中的"金"对应"白"色为主。其中，一层为中草药博物馆，主要包括中药标本博览、中药认知识别、中药加工体验与销售、智能互动游戏等内容；二层为疗养问诊区，常年邀请中医名家坐堂问诊，为客人提供保健咨询，设计个性化养生方案，设立最现代化的养生体验中心；三层为中医药文化馆，主要包括中医药文化展示、中医养生名人展示、名医书画展、名医珍贵药房展等，应时开展中医养生文化精修班、中药养生大讲堂、禅茶养生讲座等活动。

（2）茶艺馆（木）

于国医馆东侧建设茶艺馆，总建筑面积约 900m²，3 层，外观整体以五行中的"木"对应"青"色为主，以彰显茶的清新淡雅。其中，一层为国际茶文化博物馆，介绍茶的历史与相关文化，重点介绍茶圣陆羽和径山茶的历史渊源，展销国内外名茶及自制各类保健养生茶品；二层为茶艺展示与品茗区，定期表演茶宴、功夫茶，举办中医茶饮养生讲座、茶文化论坛、国际禅茶文化创意交流会及文雅文艺表演等活动；三层为音乐养生中心。

（3）养生馆（水）

于颐和湖西侧岸线、国医馆与茶艺馆南侧建设养生馆，总建筑面积约 900m²，3 层，外观整体以五行中的"水"对应"黑"色为主。养生馆为宫廷式建筑，作为园林景观的标志性建筑。其中，一层为水疗区，主要提供各类药浴、药熏、足疗、冷泉等水疗项目，开设补气健脾池、活血通络池、强心益脑池、美容健肤池、冷泉疗养池等；二层为康复区，主要提供刮痧、拔罐、按摩、针灸、减肥、导引等服务；三层为禅疗区，开展禅修、静功、冥想等活动，附设拳操教练馆。

（4）药膳馆（火）

于国医馆西南侧建设药膳馆，承担整个区块的养生餐饮服务功能，总建筑面积约 1500m²，3 层，外观整体以五行中的"火"对应"赤"色为主，中西结合建筑。其中，一层为药膳文化展示区，重点展示药膳文化；二层与三层设置主题包厢，内部装饰均以中医养生为主题。在具体的膳食策划中，可引进国内知名的中医养生膳食谱系、四季养生膳食谱系、分类人群养生膳食谱系、主题素材养生膳食谱系等。

（5）中医养生大酒店（土）

于药膳馆和养生馆的西南侧建设中医养生大酒店，主要承担住宿、养生、娱乐、会议等功能，总建筑面积约 15000m²，外观整体以五行中的"土"对应"黄"色为主。总房间数约为 150 间，主楼 1 栋为 3～5 层，裙楼 8 栋养生度假小屋，含国际养生酒馆。每个房间布置标准化（基本设施）和个性化（装饰修饰）相结合，各成特色，突出强烈的中医养生文化主题。国际养生酒馆建筑面积约 600m²，2～3 层，地下为 500m²×2.5m（约 1250m³）的酒窖，可承担红酒展销、高峰论坛、品酒养生等相关活动。

（6）休闲养生屋

于农耕养生谷东侧山坡建设约 50 栋休闲养生屋，平均每个单元占地面积 300～350m²，层数控制在 2～3 层（不含地下层）。为真正烘托整个区块的养生氛围，每个度假单元宜充分利用地下空间,拥有独立的农耕菜地、景观水池、健身房、庭院小筑等设施,景观绿化宜以红豆杉等具有养生价值的树种为主,以营造茂林修竹、鸟语花香、泉水流畅的天然氧吧与养生氛围。

(7)颐和湿地公园(颐和湖)

将现大同坝水库进行整体改造升级,并命名为颐和湖,即颐养和悦之意,总面积约1.4公顷。一是将水库坝址加宽加高,做好水库大坝的防漏防渗与溢洪工程;二是将库尾向上游延拓,以增加库容面积与水面面积;三是在水库大坝上修建游憩长廊,以小型灌木在大坝北侧种植成"颐和湖"字样;四是颐和湖西侧修建游步道,并种植若干水生景观植物,以减弱水位高低引来的空间落差,增强亲水性与观赏性;五是于颐和湖大坝与服务接待中心之间利用水库的渗水资源设置生态环保湿地公园,以种植各类湿地水生树种或花卉为主,内部构建相应的生态游步道,以供游客近距离体验良好的生态湿地环境。

(8)临湖休闲文化长廊

于颐和湖东侧修建木栈道与亲水平台,并沿木栈道设置垂钓亭、休闲慢吧、养生美食吧、饮料吧、水果吧、咖啡吧、书吧等慢生活休闲设施,供住宿客户游憩消磨时光。整个临湖休闲文化长廊均采用悬空建筑,不占用耕地,总建筑面积约1200m²。

(9)仙隐茶楼

于颐和湖东南侧岸上与竹林之间修建悬空式仙隐茶楼。结合区内茶园,可设置种茶、育茶、采茶、炒茶、品茶、购茶等系列体验活动。茶楼采用竹木悬空结构,1层,总建筑面积约300m²。

(10)中医文化广场

规划于颐和湖南侧山谷建设中医文化广场,总面积约800m²。广场整体由圆形广场与景观通道两部分组成:圆形广场中间设计黄帝内经浮雕,四周配设小型喷泉;景观通道两侧分设黄帝、扁鹊、华佗、张仲景、李时珍等中国历代中医名家,旁设"书"型景观小品,镌刻其生平事迹。

3.运动健身区

充分利用项目区优良的自然环境条件与山地资源,积极开展各类山地型运动健身项目,以增强亚健康群体的体质为主要途径来实现养"身"的目的。运动健身区总面积约42.5公顷,有山地自行车道、登山健身步道、竹林健身基地、山地小球运动中心、景观游憩亭、生态厕所等项目设施。

(1)山地自行车道

分别于休闲养生谷西侧与农耕养生谷东两侧山地修建自行车道,以利用其良好的负氧离子环境与山水自然景观,实现身心愉悦。东侧山地自行车道北起于休闲养生屋南侧,南止于化城寺,长约1100m,宽约2m;西侧山地自行车道北起于服务接待中心,南止于南入口主干道,总长约900m,宽约2m。东西两侧各于相对平缓地带建一休憩场地,要求具有良好的视觉效果;车道两侧应具有良好的视觉通透效果,确保空气流畅。车道路面可采用板石路面或柏油路面。

（2）登山健身步道

分别于农耕养生谷东侧、休闲养生谷西侧及两谷之间修建 3 条登山健身步道，以利用其良好的负氧离子环境与山水自然景观，实现养"身"的功能。东侧登山健身步道起于树艺盆景园，往东绕经运动健身区，长约 1300m，宽约 1.8m；中间登山健身步道起于服务接待中心与颐和湿地公园，往南止于参禅问道区，长约 1000m，宽约 1.8m；西侧登山健身步道起于山地小球中心，长约 1500m，宽约 1.8m。健康步道每 100～200m 建一相对平坦的观景平台或观景亭，要求具有良好的视觉效果，并标记相关高程与里程、求助电话等信息；步道两侧应具有良好的视觉通透效果，确保空气流畅；路面可用相对原始的块石或竹木铺设。

（3）竹林健身基地

于山地小球运动中心与中医养生大酒店之间建造竹林健身基地，总体划分为三个功能区：室内综合服务教学区、动态健身基地、静态健身基地。室内综合服务教学区以场地租赁、教练培训、更衣沐浴等功能为主，建筑面积约 500m²，竹木结构；动态健身基地则以中小型广场为主，定期开展太极拳、五禽戏、易筋经等拳术健身活动；静态健身基地则以山体竹林为背景，开展竹林瑜伽、森林浴等健身活动。

（4）山地小球运动中心

于度假养生区北侧缓坡地修建山地小球运动中心，总占地约 2.0 公顷，具体设置管理房、森林网球区、篮球区、羽毛球区、门球区等。

（5）景观游憩亭

分别于标高 150.6m、108.7m、166.8m、140.3m 处设置景观游憩亭，以供登山健身游客登高揽胜休憩之用。所有景观游憩亭可采用四边或六边形木结构，每个亭子的占地面积为 9～12m²。

（6）生态厕所

分别于竹林健身基地和东侧登山健身步道修建两处三星级公共厕所，平均每个厕所的占地面积约 50m²。厕所内部应注重老年人、残疾人设施以及男女厕位比例的配置，外部应重视顶部及四周的绿化设计。

4. 参禅问道区

将养生谷最南端设为参禅问道区，区块总面积约为 4.0 公顷。本区以化城寺遗址为中心，有效整合禅茶文化、养心文化资源，重点建设放生池、药师殿、天皇阁、南入口等项目设施。

（1）放生池

于标高 75.3m 处水塘设为放生池。为确保环境的原真性，规划将对放生池四周进行简易的驳岸处理，游步道旁立碑上书"放生池"。

（2）药师殿

化城寺主要供奉药师殿，大殿内放置药师佛及日光菩萨、月光菩萨，两侧及后面放置十二生肖。药师殿占地面积约 500m²，建筑面积约 150m²。

（3）天皇阁

于标高 152.3m 处修建天皇阁，作为中医养生谷的制高点，既可作为化城寺的辅助建筑，又可作为整个景区的登高揽胜点。天皇阁总高约 4 层，占地面积约

200m²,建筑面积约 300m²。

（4）南次入口

为有效组织景区内部客流、方便景区综合管理,于化城寺西南山坳建设景区南次入口,主要供度假住宿客户进出。入口建安全管理用房,占地约 20m²,一层砖混结构,外观仿木处理。入口石柱镌刻"中医养生谷",整体做生态效果处理。

5. 生态农业区

为切实增强项目的综合竞争力与中医养生的氛围,将引水沟渠北侧(含羊角山)、休闲养生谷西侧和农耕养生谷东侧山体开辟为生态农业区,主要承担珍贵中草药与珍稀果蔬的观赏、认知、体验、养生、购物等功能,总占地面积约为 19.0 公顷,具体有百草观光园、养生美食吧、生态厕所、莲花池、主入口与西入口等项目设施。

（1）四季花果采摘大棚

于羊角山东侧方形区域内建设四季花果采摘大棚,总占地面积约 3.5 公顷,采用钢架玻璃结构,内有服务接待中心(采摘服务部)、四季花果超市、自助养生餐厅等设施。内部宜根据区块种植国内外著名特色水果,确保每季有新鲜养生水果。

（2）荷花池

于项目区最北侧、双洞线南侧(项目区最北侧海拔最低的三角形区域)地块建造生态水池,占地面积约 1700m²。内部种植莲花等水生植物。同时,在水中建一"荷花仙子"像,不锈钢结构,可升降、开合,周围设置喷泉景观及背景音乐。池边建游客休憩六角亭等景观设施,以供休闲游憩。

（3）主入口(景石)

于双洞线与东侧主干道(黄帝路,暂名)交叉口设置主入口,配套建设入口景石和管理用房,入口景石上书"中医养生谷",配设小型跌水景观,以凸显养生谷的灵气与主题。

（4）台湾农科园

将莲花池、四季花果采摘大棚及主入口之间区域开辟为台湾农科园,总占地面积约 2.86 公顷,重点引进香芋等台湾地区的、具有养生作用的精细农作物,使之成为中医养生谷重要的药膳来源。

（5）树艺盆景园

于综合服务接待中心北侧设置树艺盆景园,总占地约 2.7 公顷,主要种植、培育五针松、罗汉松、榆树、梅桩、粽叶竹、天目兰花等名贵盆景,既可衬托中医养生谷的养生氛围,又可供养生客户自行挑选购买。

（6）太空果蔬园

规划于羊角山区域建造太空果蔬园,总占地面积约为 6.6 公顷。为凸显生态、有机、养生且神奇的主题,建议以现代农业科技技术与太空农业技术,培育种植各类新奇瓜果蔬菜。园内可依山势与地块建观赏游步道或景观长廊,构建巨星果蔬、异色果蔬、奇星果蔬等板块,配套建设神奇果蔬超市和自助果蔬吧。

（7）西次入口

为方便综合管理,于羊角山西南侧引水渠(与双洞线相接)处建设西次入口。

入口建造安全管理用房,占地约 50m²,一层砖混结构,外观仿木处理。入口石柱镌刻"中医养生谷",整体做生态效果处理。

(8)珍稀树木园

于农耕养生谷内建设珍稀树木园,总占地约 0.92 公顷,主要栽培红豆杉、银杏、杪椤等珍稀养生树种,亦可以盆栽形式进行培育。这里既可供园内绿化造景使用,又可供客户购买或外销。

(9)百花观光园

于树艺盆景园东侧、农耕养生谷南部山坡建设为百花观光园,总占地面积约 2.1 公顷。内部设计宽约 0.6m 的游览木栈道,供消费者近距离欣赏识别中草药。每一片中草药种植区均配景物说明牌,标明物种、特性、药用价值及典型特征。可与中医养生谷内相关设施开展深度合作,展开食疗、花茶制作以及精油提取等活动,并配套相关养生理疗产品。

(10)百草观光园

于休闲养生谷西侧山坡建设百草观光园,总占地面积约 2.5 公顷,总体设计成流线型,结合《神农百草经》中关于中草药的阴阳特性、中草药的景观应用价值与生长习性来选择中草药物种,内部设计宽约 0.6m 的游览木栈道,以供消费者近距离欣赏识别中草药。每一片中草药种植区应均配景物说明牌,标明物种、特性、药用价值及典型特征。

(11)生态厕所

分别于太空果蔬园与四季花果采摘大棚之间、树艺盆景园和百草观光园之间建造生态厕所。该厕所按照二星级厕所标准建设,总占地面积约 50m²。厕所内部应注重老年人、残疾人设施的配置,外部应重视顶部及四周的绿化设计;装饰风格宜以中草药为主题,以烘托养生氛围。

(三)市场定位与产品体系

1. 景区项目市场定位

(1)景区项目市场细分

景区项目策划亦需要对目标市场进行细分。市场细分有利于集中使用资源,优化资源配置,避免分散力量;有利于提高项目的成功率,产生一定的社会效益;有利于增强项目企业的适应能力和应变能力;有利于提高项目的市场竞争力;也有利于挖掘更多的市场机会。

市场细分是一个连续的过程,具体要经过划分细分范围、确认细分依据、权衡细分变量、实施小型调查、评估细分市场、选择目标市场、设计项目策划等步骤。事实上,目标市场的细分与项目的策划往往是同时进行的,也可能边"细分"边"调整"。但是,值得注意的是,往往是先确定目标细分市场,才会有最后确定的项目策划以及后续的产品体系设计。

(2)项目市场选择策略

项目市场细分之后,存在着众多的子市场,如何在子市场中选出自己的目标市场,主要有以下几种策略:一是集中性策略,是指以追求市场利润最大化为目标,项目不是面向整体市场,而是将主要力量放在单个子市场上,为该市场开发具有特色的系列项目活动,进行广告宣传攻势。这种策略主要适合于短期项目策划,成本小,能在短期中取得促销的效果。二是无差异策略,是指项目活动不是针对某个市场,而是面向各个子市场的集合,以一种形式在市场中推广开来。这种策略应配以强有力的促销活动,使用大量统一的广告宣传,但是成本比较大,时间比较长,一般适合于大型项目策划。三是差异性策略,是指项目策划面对已细分后的市场,从中选择两个或多个子市场作为目标市场,分别向每个子市场提供有针对性的策划项目。这种策略配置的促销活动应有分有合。在不同的子市场,广告宣传应有所不同,从而调动各个子市场消费者的消费欲望,实现消费行为。

(3)项目市场定位的内容

一是建立市场分级评估。通常按照市场的重要性可分为基础核心市场、重点开拓市场以及外围机会市场;按所在区域可分为本地市场、国内市场以及国际市场;按目的可分为观光市场、度假市场、商务旅游市场、购物旅游市场等。基础核心市场是指能够为景区提供最基本、最多的旅游者人数、最大份额的收入、具有较高重游率的市场,是景区目前重点关注的生存市场;重点开拓市场往往是新项目策划后,景区将重点开拓的新市场,也是景区未来盈利的重要保障与品牌影响力提升的重要载体。外围机会市场是指所占份额较小,通常要依托于所在城市旅游或更大型的旅游景区、知名旅游线路而带来一些游客。

二是确定项目市场范围。市场范围可以用距离、人数、收入水平等指标来衡量,相应的在市场区划图上用等人口数线、等距离线、等收入线等来表示景区市场的圈层结构。但通常还是以距离作为市场范围的衡量。对一般的4A级景区而言,以景区为圆心,300~400公里为半径的范围为基础核心市场,400~800公里的为重点开拓市场,超过800公里的均为外围机会市场。值得注意的是,这些并不是绝对的。市场的范围与交通条件、景区吸引力大小等变量有关,当上述变量发生变化时,市场的范围也会产生相应的变化。因此,在划定目标市场范围时要将未来交通条件的改善和旅游景区知名度提升等因素考虑在内。

三是确定项目市场形象和品牌。项目形象是景区项目在旅游市场中的生动表征,是市场识别最为有效的工具之一。项目品牌是项目形象的集中体现。因而,确立项目形象和品牌构成是景区项目策划的重要内容。项目形象和品牌的确定,包括提出具有吸引力的项目名称、独特的宣传口号、鲜明的形象标志等。

▶ 扩展阅读

"杭州径山中医养生谷"市场定位与开拓策划

1. 总体定位

基于本项目所处地域的社会经济发展状况,以及目前疗休养及休闲度假产品发展趋势,同时根据径山中医养生谷各项产品开发的吸引力和认知程度,以及自身对客源的选择取向,其总体客源市场定位是:立足杭州、上海、苏州等长三角重要城市,放眼湖州、嘉兴、绍兴等周边城市;以中医疗休养产品为主要吸引物,以亚健康人群尤其是其中的高端成功人士、具有一定经济基础的银发群体、都市白领为主打的中高端疗休养度假市场。同时,逐步开发与培育国际市场,弘扬中医药文化,推进中医药进一步向现代化、国际化发展。

2．客源市场细分

（1）高端成功人士

从年龄结构讲这类群体大多处于35～55岁，事业有成，但平时工作（公务）繁忙，社会、商业活动较多，对生活品质有一定的追求，并且比较注重对身体的保健、保养。这类群体是径山中医养生谷内分时度假产品和疗休养产品主要的目标市场。

（2）银发群体

根据相关资料显示，人口老龄化的趋势将进一步加重。在经济发达的长三角地区，有相当一部分的离退休干部，高级技术职称的退休人员，他们有一定的经济实力，有能力过上高品质的老年生活。该类群体是径山中医养生谷内疗休养产品的重要目标市场。"以房养老"群体也可以成为本项目的目标市场之一。

（3）都市白领

从年龄结构讲，该类群体普遍在25～35岁，他们工作时间长、压力大、强度高，但是却懂得享受生活，喜欢旅游和异地度假，容易接受新鲜事物，并且随着年龄的增加，已经有相当部分的人开始注重身体的保健、保养（亚健康率最高）。该类群体是径山中医养生谷休闲度假、运动健身产品的重要目标市场之一。

3．主题形象策划

中医药养生、休疗养度假是本项目区的主要吸引物，"养生""康体""运动""长寿"等关键词贯穿始终。较区域内其他相关产品，如径山的禅茶文化、双溪漂流的乡村旅游、塘栖古镇的运河文化，本项目的最大亮点也在于这八个关键词。因此，从径山中医养生谷的资源和产品特色角度出发，并结合主要目标市场受众群体的需要，课题组将本项目的总体形象定位为：

选项一：逍遥世界·养生福地

选项二：长寿自在地·中医养生谷

选项三：中华第一中医养生谷

4．营销策略与手段（略）

2．景区项目产品体系设计

（1）景区项目形成的局部旅游产品。其是指通过某一项目的建设，旅游景区自身能够提供的旅游产品和服务。即使是同一个旅游景区项目，也可以形成不同类型或主题的旅游产品。除了类型以外，产品的规模、价格及档次等也是要考虑的问题，结合景区项目产品体系建设，最重要的一点是项目的目标和主题，结合旅游景区项目的市场定位，确定景区项目主导产品。主导产品在项目产品体系中处于最主要的地位，是项目核心吸引力所在。

（2）景区项目形成的整体旅游产品。其是指通过某一项目的建设，旅游景区能够通过与外部产品和服务特别是与其他景区结合在一起，向旅游者提供的区域性旅游产品。通过项目建设形成区域性旅游产品对于景区的发展来说也是非常重要的，同时也是极易受到忽视的。旅游景区产品可能单独构成区域性旅游产品最主要的部分。在多数情况下，某个旅游景区往往不是唯一的吸引物，因此必须考虑和其他景区之间的竞争和合作关系，同一旅游目的地不同景区之间最好形成内容互补、共同发展的产品体系。

➡ **扩展阅读**

"杭州市浦阳江生态旅游区概念性策划"的产品线路设计

1. 区内（浦阳江）经典品牌线路

➤ 山水生态观光一日之旅：义桥渔浦小镇（三江口）云石生态旅游区东方文化园返回

➤ 历史人文追溯二日之旅：进化欢潭凰桐江三江口之浦阳新镇桃花源风情小镇（住宿）临浦北岸特色古镇义桥渔浦小镇杭甬运河临浦浣纱小镇返回

➤ 宗教文化体验二日之旅：东方文化园义桥老街三清园（住宿）云门寺城山寺大岩寺返回

➤ 生态科考探险三日之旅：义桥三江湿地公园云峰山生态旅游区（住宿）石牛山森林公园响天竹风云石生态旅游区（住宿）大岩山风景区青化山风景区杨静坞森林公园返回

2. 杭州（萧山区）经典品牌线路

➤ 黄金水上通道一日之旅：杭甬运河浦阳江义桥三江口钱塘江湘湖新城（外景）钱塘江大桥（六和塔）京杭运河返回

➤ 浦阳古道探秘二日之旅：浦阳江义桥渔浦古埠杭甬运河萧绍运河（浙东运河）鉴湖（住宿）镜湖湿地曹娥江返回

➤ 运动休闲拓展三日之旅：杭州乐园水上大冲关静坞小镇户外拓展（住宿）河上紫东休闲小镇仙岩山篮球小镇富阳常绿球拍产业基地富阳永安山高山滑翔基地（住宿）富春江运动休闲节富阳市东洲岛游艇之旅返回

➤ 户外登山健身自选之旅：杭州城北半山杭州城西十里银铛富阳黄公望森林公园石牛山森林公园萧山大岩山（青化山、杨静坞森林公园）返回

3. 区域（长三角）经典品牌线路

➤ 吴越文化寻踪三日之旅：绍兴越王峥古越遗址（诸暨西施故里）茅洋岗古越文化创意产业园（中国美丽文化创意产业园）湘湖新城越王城山遗址公园（住宿）德清嘉善（住宿）苏州吴中区返回

四、景区项目的评估与实施

（一）景区项目的融资与投资估算

1. 旅游景区项目融资

（1）旅游景区项目投资概算

项目投资包括建设资金和运营费用两个方面，都是影响项目投资的效益和可行性的重要因素。

建设资金是指项目工程建设所需的资金。建设资金概算应根据项目分期计划，对各期主要工程投资做出一个估算。作为一个粗略的估算，可以参照同期类似项目进行调整。更

严格的估算,应根据工程预算标准,按照项目建设所需的工程类型以及工程量逐一计算并加总。根据项目要求,可以给出高标和低标两种方案。

运营费用是指项目投资除工程项目建设投资外的相关费用,通常是指项目开发建设后的运营费用。运营费用的估算应根据项目经营种类、规模、档次和面积等指标进行计算。同样可以给出高标和低标两种方案。

(2)旅游景区项目融资计划

景区项目的资金来源首先要考虑自有资金,除此之外,可以采用的融资方式主要有政府支持、银行贷款、招商引资、集资、借债、发行股票、捐赠或支持特殊的旅游景区项目。

一是政府支持。旅游业是典型的政府主导经济,各级政府均非常重视旅游景区项目的投资建设。重要的旅游景区项目,应争取进入政府财政预算,或申请其他政府支持项目,获取旅游发展专项资金的扶持。如浙江省在全国率先建设旅游经济强省战略的实施过程中,每年均会确定一批旅游景区项目作为年度重大投资项目,给予相应的资金与政策支持。

二是银行贷款。银行贷款是项目开发最常用、几乎是必不可少的融资方式。值得注意的是,国内在旅游景区项目建设贷款审批上依然存在较大的阻碍。虽然《国务院关于加快发展旅游业的意见》(国办发 2009〔41〕号)文件中明确要求金融系统要创新举措,要"拓宽旅游企业融资渠道,金融机构对商业性开发景区可以开办依托景区经营权和门票收入等质押贷款业务"。但在实际操作过程中,尚未普遍推广实施,存在较大难度。

三是招商引资。目前各地几乎都有涉旅的优惠投资政策。旅游景区项目可以借此在海内外进行招商引资。为实现招商引资的目的,必须做好投资项目的策划工作。如果策划项目不注重市场效益,就无法引起投资商的兴趣。投资商看中的是有丰厚回报的项目。招商引资的具体方式包括 BOT 方式、工程项目业主制和股份合作制等。

四是集资或借债。集资是指可以在景区内部或面向社会吸纳资金。作为一些集体所有制景区,通常会采用集资的方式解决资金短缺问题;部分难以通过银行贷款的景区,也会通过内部集资的方式予以解决。

五是发行股票,通常是上市旅游景区公司通过发行股票的方式筹集资金。

六是捐赠或支持特殊的旅游景区项目。特别是社会效益、文化效益、生态效益较为突出的项目,可以争取海内外组织机构及个人的捐赠。有些项目可以争取国际组织的支持,尤其是一些世界文化遗产或非物质文化遗产类项目的开发。

(3)项目融资注意事项

一是要加强项目管理。项目融资不是有资金就要,项目开发不能损害人们的利益,不能损害生态环境,不能违背党和国家政策方针,更不能违法。应对开发的项目进行统一规划,所有项目必须符合规划精神。在吸收投资以后,必须加强对各方行为的监管,对筹集和引入的资金也必须加强监管,以使资金使用符合节约和高效的原则,严禁贪污浪费,要将资金使用在具有最佳、最高回报的项目上。

二是要节约使用资金。①严格进行规划和设计以节约资金。值得注意的是,规划策划浪费是最大的浪费。同样,规划策划节约也是最大的节约。因此,应总结本地及外地景区项目策划的经验教训,紧紧把握住规划、策划和设计关,防止贪大求洋、盲目效仿、不切实际的规划策划,使规划设计本土化、特色化。可建可不建的项目不要建,能改建的项目不要新建。②深入挖掘文化内涵以节约资金。如现代大型建筑,工程装修费用与工程建设费用几乎是同等投资,如果走文化装修之路,装修资金就可以节约将近一半,而且可以取得同样甚至更好的效果。③发挥项目多重功能以节约资金。依托当地产业基础,尽可能建设具有多重功能的项目,不能仅仅依靠旅游门票的收入。④联合开发项目以节约资金。联合开发是采取合作开发方式。

三是要滚动开发。对于建设工程浩大的项目,应本着先急后缓、先主题后配套的原则分出一、二、三期工程,逐步建设、滚动开发,缓解资金矛盾。一部分建成的项目先投入运营,所得收入可以用来再投资。

(4)景区项目的效益评估

项目投资效益包括经济效益、社会效益、生态效益、文化效益等几个方面。项目效益评估是指对项目在上述几个方面的收益进行综合评估。

一是经济效益评估。在衡量项目经济效益时不仅要考虑项目的直接经济收益,也要考虑项目所带来的间接经济效益,如项目开发后带动旅游景区形象的改善、产品的丰富,从而带动客流量和旅游收入的增加等。衡量经济收益方面的指标除了旅游收入和旅游者人数以外,还包括旅游创汇、人均旅游花费、投资回收期、投资收益率等指标。

该景区的营业税及其他相关税收按其营业收入的6%缴纳;固定资产按15年折旧,残值率为10%;企业所得税按其税前利润的25%缴纳,税后利润不计提三项基金。

请根据上述条件,计算该旅游投资项目的投资回收期,并判断分析该项目的经济效益如何?是否可行?

二是社会效益评估。社会效益是指旅游景区项目开发带来的社会效果,包括提供的就业机会、对地方经济增长的贡献率、地方居民的支持率、社会风气、旅游者的满意度、从业人员服务质量等指标。

三是生态效益评估。生态效益是指旅游景区项目在环境和资源方面体现出的效益,包括自然风景资源保护、历史文化资源保护、环境综合整治指标、绿色覆盖率、水资源环境、大气资源环境等内容。

四是文化效益评估。文化效益体现旅游景区项目开发对当地文化的影响和对文化互动结果的预期,包括当地文化的完整性、文化个性、文化整合的程度、交叉文化的吸引力强度等指标。

(5)旅游景区项目可行性分析

项目可行性分析包括技术、经济、法律与政策、社会文化和生态环境等各个方面。

一是技术可行性分析。技术可行性分析至少要考虑以下几个方面的因素:①项目策划创意是否能够得到现有技术的支持。如果在项目开发过程中遇到难以克服的技术问题,轻则拖延进度,重则断送项目。②项目策划创意是否能够依靠现有技术做好、做精,达到的效果能否让各相关利益群体满意。有时仅仅因为完成得有欠缺,一个好的创意反而成为败笔。③在现有技术条件下,完成项目所需的时间。时间就是金钱,如果项目进度慢了,不仅很可能被其他旅游景区抢先占领市场或者市场需求发生新的变化而导致项目难以获得预期的收益,而且可能会引起投资方的资金链紧张甚至破产。

二是经济可行性分析。经济可行性分析主要应做好成本收益分析,如果成本高于收益则表明项目不可行。对收益的分析基于对市场需求的预期,要考虑人们的收入水平、休闲时间、行为偏好、审美情趣等方面的因素。对景区项目可能形成的吸引力做出充分的评估,收益分析必须谨慎,人们在预估产品销售额时常常因过分乐观而犯下大错。对成本的分析同样应该全面、细致,并且考虑到机会成本因素和供给方面可能的变化。成本收益分析要综合考虑短期收益和长期收益。短期利益容易把握,风险较低,但长期利益往往是决定旅游景区未来能否生存的重要因素。成本收益分析往往涉及投资回收期的计算,国外旅游市场对旅游景区的投资回收期一般设计为6～8年,虽然时间较长但符合市场规律,有利于延长旅游景区的生命周期,获得持续性收益。国内不少旅游景区把投资回收期锁定在2～3年内,通过抬高门票和提高景区内其他消费价格的办法强行回收,短期内让企业获得了收益,长远看却阻碍了行业的持续发展与获利,加速了景区生命周期的衰竭。在进行成本收益分析时,往往要对客流量、收益价格、成本价格等上下浮动10%做敏感性分析,分别给出高、中、低三套可行性分析数据,以供投资商最后确定是否投资项目。

三是法律与政策的可行性分析。景区项目策划必须遵循各种法律法规。一个项目即使能够产生非常大的经济收益,如果违背了有关法律法规,同样是不可行的。政策对旅游景区项目是否可行影响非常大。国家或地方政府是鼓励还是限制该类项目的发展,以及在招商引资、工商注册、土地指标、规费税收、人才等方面的配套政策,也将影响项目的审批及实施。

四是社会文化和生态环境可行性分析。当前旅游景区项目策划有一种不良的倾向——喜欢打法律的擦边球,如策划隐含一些"色情"或"赌博"的项目,可能并没有违反法律,但对社会风气起着不好的影响,因而是不可行的。此外,目前国家已经明确要求对旅游项目进行环境影响评价,如果不符合生态环保规定,同样也是不可行的。

(二)景区项目的管理与实施

1. 景区项目管理

景区项目管理可以从狭义和广义两个角度来理解。广义的景区项目管理包括工程建设管理、日常经营管理、服务质量管理和成本控制管理;狭义的景区项目管理是指以高效率地实现项目目标为最终目的,运用系统工程的观点理论和方法,按其内在的运行规律对项目建设的全过程进行有效的计划、组织、协调、监督和控制的管理系统。

(1)项目计划管理

对旅游景区项目进行计划管理能使项目的开发建设有计划,按顺序有条不紊地开展。这就是说通过使用这个动态计划管理,将工程项目全过程和全部开发活动纳入计划轨道,使项目有序地达到预期总目标。

(2)项目组织管理

项目的组织管理是指通过职责划分授权、合同的签订与执行,以及根据有关法律法规,建立各种规章制度,形成一个高效率的组织保障体系,使项目的各项目标得以最终实现。

(3)项目协调管理

项目的协调管理的意义是为开发项目提供和谐的公共环境,保证项目开发建设顺利进行。协调管理的主要任务是对开发项目与外部环境、项目各子系统之间以及项目不同阶段、不同部门之间、不同层次之间的关系进行沟通与协调。这种沟通与协调将更有利于睦邻公共关系、吸纳融通资金、寻找材料设备供货渠道、广揽优秀设计人才和施工队伍、获得市场竞争优势、促进产品销售。

(4)项目控制管理

项目控制管理的意义是有利于对项目的质量、工期和成本进行控制,并获得最大的综合效益。控制管理主要是通过计划、决策、反馈和调整等手段,采用项目分解各种指标、定额和阶段性目标的贯彻执行与检验等措施,对开发项目的工程质量、施工工期、资金使用、成本造价等进行有效控制,以确保开发项目以最少的投入,获得最大的经济效益、社会效益和环境效益。

2. 景区项目的实施

(1)项目保障体系

旅游景区项目的成功实施,需要一定的保障。景区项目的保障体系包括营销、管理、资金、政策、人力资源、基础设施等方面。

(2)项目实施

项目策划通过之后,应制定相应的实施细则,以保证项目活动的顺利进行。要保证策划方案有效,应做好三方面的工作:①监督保证措施。科学的管理应从上到下环环相扣,责、权、利明确,只有监督才能使各个环节少出错误,以保证项目活动的顺利开展。②防范措施。事物在其发展过程中有许多不确定因素,只有根据经验或成功案例进行全面预测,发现隐患、防微杜渐,把损失控制在最小程度内,从而推动项目活动的开展。③评估措施。项目活动发展的每一步都应有一定的评估手段以及反馈措施,从而总结经验、发现问题、及时更正,以保证策划的事后服务质量,提高策划成功率。

第三节　旅游项目策划实训

一、实训目的

掌握景区项目策划的关键步骤与技术环节;能在现状调研的基础上,讨论确定景区未来发展的主题与名称,并围绕景区项目策划的主题划分功能区,完成项目创意策划与空间布局,设计相应的旅游产品体系,提出相应的市场开拓策略,分析判断项目投资的可行性。

二、实训要求

请就近选择相应的待开发旅游景区或校企合作单位(可以是旅游景区,也可以是规划设计单位)。根据景区背景材料的介绍,并自主查询相关网站与资料,结合周边旅游景区的综合开发情况,完成其概念性策划方案,具体要求包括:①科学、合理地划定旅游区的红线范围,充分论证项目名称;②全面、系统地调查与分析旅游区的旅游资源、基础设施、生态环境、客源市场、建筑形态、管理制度、开发程度等现状要素,明确提出旅游发展的优势与动力、矛盾与制约因素;③明确未来10~15年旅游区发展的指导思想、发展战略、目标定位与指标体系,提出相应的主题形象与宣传口号;④依托战略定位与布局,结合景区综合自然地理环境、乡村社区人文要素,科学合理地提出功能分区;⑤紧扣当前国内外旅游休闲消费的趋势与热点,创新设计各个功能区的具体项目与设施;⑥以创建4A级景区为标准,完成旅游交通、游览设施、旅游安全设施、环卫设施、邮电服务、旅游购物、综合管理、资源和环境保护等专项规划;⑦提出项目分期建设规划,完成项目投资的可行性分析;⑧提出项目未来实施与运营的相关保障措施。

三、实训背景材料

（一）背景材料

背景材料应该包括地理位置、资源现状、旅游资源分类及项目策划依据等。

（二）策划案提纲参考

1. 项目背景分析

    1.1 宏观背景分析

    1.2 微观背景分析

2. 开发条件分析

    2.1 景区资源条件分析

    2.2 景区交通条件分析

    2.3 景区社会条件分析

    2.4 景区市场条件分析

    2.5 景区建设条件分析

3. 策划总纲

    3.1 项目策划的范围

    3.2 项目策划的名称

    3.3 项目策划的依据

    3.4 项目策划的思路

    3.5 项目策划的目标

4. 功能分区与项目策划

    4.1 景区功能分区及发展思路

    4.2 分区项目创新设计

5. 产品设计与线路组织

    5.1 景区产品体系设计

    5.2 景区旅游线路组织策划

6. 市场开拓策划

    6.1 市场开拓思路

    6.2 市场定位

    6.3 市场开拓措施

7. 支撑体系策划

    7.1 旅游交通设施策划

    7.2 旅游服务设施策划

    7.3 旅游娱乐设施策划

    7.4 旅游购物设施策划

    7.5 旅游游览设施策划

8. 分期建设策划与可行性分析

    8.1 项目分期建设策划

    8.2 项目可行性分析

9. 策划实施的保障体系

四、实训组织与过程

（一）组建实训组织机构

为了便于各地师生方便开展此项实训，亦可就近选择相应的待开发旅游景区或合作单位（可以是旅游景区，也可以是规划设计单位）。

1. 指导老师

建议设置校内专业指导老师 1～2 名，企业指导老师 1～2 名。其中，校内专业指导老师具体负责景区项目策划的技术操作流程，企业指导老师负责帮忙资料搜集、市场分析、实地调研等工作。

2. 学生分组

建议将全班划分为若干个实训小组，每个小组设项目组长 1 名，成员 4～6 名。项目组成员宜随机分配，不宜把同寝室、同地区、同性格的同学划归一组。

（二）实训的具体过程

1. 现场调研考察与讨论交流

由校内专业指导老师带队，至景区现场与企业指导老师汇合，并由企业指导老师及其助手带领学生实训团队对景区进行专题性调研、考察，以尽可能多地搜集资料。此过程可视实际情况采用二手材料分析得出相关结论。条件允许的话，还可以与地方社区居民、旅游主管部门召开座谈会。

2. 景区项目的策划与论证

由小组成员共同划定项目红线范围，确定名称与主题，划定功能分区，创新设计相应的旅游项目及配套设施，并完成策划方案的编制与论证。

3. 实训成果的评价与总结

由校内专业指导老师、企业指导老师及学生代表组成实训成果评价小组，对每个实训小组的成果进行综合评价；事后，每个实训小组形成最终的总结报告，提交校企双方。

五、实训成果评价细则

（一）评价主体及其权重

本次实训成果的评价建议由校内专业指导老师、企业指导老师及学生代表（每个实训小组各选 1 名代表）参加，权重分别为 40%、40% 和 20%。

（二）评分细则（见表 8-1）

表 8-1　景区项目策划方案评价标准

任务名称：_____　　　　汇报人：_____　　　第_____组

评价内容		评价分值	评价标准	评价得分
策划内容	内容完整性	25 分	包括项目主题、名称、功能分区、项目策划、形象口号、产品设计、总平面图、功能分区图及其他，每缺一项扣 3 分	
	产品主题及内容策划	25 分	策划内容吻合度达 80% 以上得 21～25 分；吻合度达 60% 以上得 10～20 分；不甚吻合或不吻合得 0～9 分	
	产品设计的科学合理性、准确性	15 分	项目策划科学、合理准确得 12～15 分；基本科学合理准确得 6～11 分；不甚科学合理准确得 0～5 分	
表现方式	PPT 演示稿	15 分	PPT 演示稿条理清晰、表现到位得 12～15 分；条理基本清晰、表现基本到位得 6～11 分；其他方面得 0～5 分	
	现场演讲	10 分	演讲者形象气质佳、演讲流利、条理清晰者得 8～10 分；形象一般、演讲一般得 5～7 分；其他方面得 0～4 分	
	现场答辩	10 分	现场答辩流利、回答内容准确得 8～10 分；答辩一般，内容基本准确得 5～7 分；其他方面得 0～4 分	
评委签名：			合计得分：	

本章重点提示

根据国家标准《旅游景区质量等级的划分与评定（GB/T 17775-2003）》，旅游区是以旅游及其相关活动为主要功能或功能之一的空间或地域。旅游项目是指借助于景区的旅游资源开发出的，以旅游者和当地居民为吸引对象，为其提供休闲消遣服务、具有持续旅游吸引力，以实现经济、社会、生态环境效益为目标的旅游吸引物。旅游景区项目策划是指对旅游景区战略工作的思考和安排，是为了实现景区特定发展目标而采取的一系列行为。

国内现代景区项目策划基本始于改革开放后，迅速发展于《旅游规划通则》和《旅游资源分类、调查与评价》两个国家标准颁布实施后。但依然存在景区项目策划的普及度不高、景区项目策划的科学性不足、景区项目策划的专业性不强、景区项目策划的理论性滞后等的问题。

景区项目策划与旅游规划之间存在诸多异同点。一般而言，项目策划的对象相对比较单一，侧重创意而不是规范。规划前的策划，可为后期规划提供总体概念与思路；规划后的策划，可实现规划的落实与操作。与一般项目策划相似，景区项目策划也拥有功利性、社会性、创造性、时效性和超前性等特征，并拥有综合性、空间性和体验性等独有的特征。

景区项目策划的内容主要包括项目名称、项目风格、项目布局、产品体系及实施管理等内容。组织和调研是景区项目策划的基础工作。调研的内容包括景区的资源、市场、管理机构、相关利益者的态度以及景区的周边环境。然后展开综合评价分析,包括项目的背景分析与综合条件分析。

名称、主题、定位、布局是景区项目策划的核心灵魂,相应产品体系的设计与配套服务设施策划,则是景区项目策划能最终实现的有力保障。根据综合调研与评价,可确定景区项目策划的名称与主题以及相应的发展目标。综合考虑多方面的因素,对不同的功能区进行合理的空间布局,并深入具体项目、设施的策划,设计相应的产品体系与线路。最后需明确项目的分期建设计划及经济、社会、文化、环境效益的可行性分析。

【思考与训练】

1. 景区项目策划前期需要调研哪些资料? 可以从哪些途径获取?

2. 景区项目策划与开发的条件评价包括哪些内容? 请以具体景区说明。

3. 影响景区功能分区、项目空间布局的因素有哪些? 请以具体景区说明。

4. 该如何确定景区的游客接待量?

5. 某企业共投资5000万元开发了一个风景旅游区,预计每年可吸引游客15万人次。该景区每年营业收入主要包括门票收入、住宿收入、餐饮收入、娱乐收入及旅游纪念品销售收入。其中门票价格为50元;游客当中约有80%的人在景区用餐,人均餐饮消费约30元;另约有60%的人在景区使用大型娱乐设施,人均消费约为40元;约有20%的游客会在离开景区时购买旅游纪念品,人均消费约为150元。此外,景区内有一处规模为200间客房的住宿接待设施,年均客房利用率为65%,平均房价为200元/间,按年可游天数300天计算。

景区的营业成本构成因收入来源不同也各有差异,其中门票收入的营业成本约占其收入的20%;住宿收入的营业成本约占其收入的15%;旅游餐饮成本占其收入的40%;娱乐收入的营业成本约占其收入的15%;旅游纪念品收入的营业成本按其收入的45%计算。除此之外,景区的营业费用主要包括员工工资、市场营销费、维护保养费、水电燃油费、保险费、企业管理费等,总计约占营业总收入的15%。

该景区的营业税及其他相关税收按其营业收入的6%缴纳;固定资产按15年折旧,残值率为15%;企业所得税按其税前利润的25%缴纳,税后利润不计提三项基金。

请根据上述条件,回答下列问题:

(1)计算该旅游投资项目的投资回收期、投资收益率,并判断分析该项目的经济效益如何? 是否可行?

(2)景区在今后的运营管理过程中,需要注意哪些问题?

参考文献

[1] 陈剑文.智策十年新疆旅游策划的实践与研究[M].广州:广东旅游出版社,2018

[2] 陈扬乐.旅游策划原理、方法与实践[M].武汉:华中科技大学出版社,2009

[3] 陈世才.玩家杂谈旅游策划的理论与实务[M].北京:北京理工大学出版社,2009

[4] 陈放.中国旅游策划[M].北京:中国物资出版社,2002

[5] 方栋.休闲旅游策划与营销[M].北京:中国书籍出版社,2015

[6] 方法林.旅游策划实务[M].北京:中国旅游出版社,2017

[7] 傅建祥.旅游策划实录[M].北京:中国旅游出版社,2010

[8] 江金波,舒伯阳,等.旅游策划原理与实务[M].重庆:重庆大学出版社,2018

[9] 贾玉芳,姬晖.旅游策划[M].郑州大学出版社,2019

[10] 贾玉芳.旅游策划实务[M].北京:中国旅游出版社,2014

[11] 蒋三庚.旅游策划[M].北京:首都经济贸易大学出版社,2002

[12] 李苒.旅游策划与规划[M].天津:天津科学技术出版社,2019

[13] 李庆雷.旅游策划理论与实践[M].哈尔滨:哈尔滨工程大学出版社,2013

[14] 李庆雷.旅游策划论[M].天津:南开大学出版社,2009

[15] 梁文慧.义工旅游的策划与组织管理[M].北京:中国社会科学出版社,2017

[16] 卢良志,吴耀宇,吴江.旅游策划学[M].北京:旅游教育出版社,2009

[17] 吕志埔.中国旅游策划创意攻略[M].上海:文汇出版社,2009

[18] 李晓琴,朱创业.温泉体验旅游策划与规划——理论、方法与实践[M].北京:科学出版社,2010

[19] 李蕾蕾.旅游地形象策划:理论与实务.广州:广东旅游出版社,1999

[20] 欧阳斌.中国旅游策划导论[M].北京:中国旅游出版社,2005

[21] 孙晓霞.奖励旅游策划与组织[M].重庆:重庆大学出版社,2015

[22] 沈刚,吴雪飞.旅游策划实务[M].北京:清华大学出版社,2008

[23] 沈祖祥,张帆.旅游策划学[M].福州:福建人民出版社,2000

[24] 沈祖祥.旅游策划理论、方法与定制化原创样本[M].上海:复旦大学出版社,2007

[25] 沈祖祥,张帆等.现代旅游策划学[M].北京:化学工业出版社,2013

[26] 沈祖祥.世界著名旅游策划实战案例[M].郑州:河南人民出版社,2004

[27] 谭波.旅游策划与开发[M].青岛:中国海洋大学出版社,2017

[28] 田长广,王颖.现代旅游策划学新编[M].南京:南京大学出版社,2020

[29] 王玲.康养旅游策划[M].杭州:浙江大学出版社,2020

[30] 王鹏.文化与旅游策划十二堂课[M].石家庄:河北教育出版社,2020

[31] 吴水田,李晓莉.会奖旅游策划案例[M].广州:广东旅游出版社,2016

［32］郎富平,顾雅青.旅游策划实务［M］.上海:华东师范大学出版社,2015

［33］王缇萦.商务旅游策划与管理［M］.上海:上海人民出版社,2007

［34］王衍用,曹诗图.旅游策划理论与实务［M］.2版.北京:中国林业出版社,2016

［35］武彬,龚玉和.旅游策划文化创意河山·因我们的到来而改变［M］.北京:中国经济出版社,2007

［36］王颖,易兰兰.旅游线路设计［M］.北京:中国农业科学技术出版社,2004

［37］熊大寻.谁在策划旅游:熊大寻旅游策划全案［M］.广州:广东经济出版社,2011

［38］肖星.旅游策划教程［M］.广州:华南理工大学出版社,2005

［39］杨振之,周坤.旅游策划理论与实务［M］.武汉:华中科技大学出版社,2019

［40］杨力民.创意旅游:讲述旅游策划的故事［M］.北京:中国旅游出版社,2009

［41］(英)维克多·密德尔敦.旅游营销学［M］.向萍,等译.北京:中国旅游出版社,2001

［42］周作明.旅游策划学新论［M］.上海:上海文化出版社,2015

［43］张丽梅.冰雪旅游策划［M］.哈尔滨:哈尔滨工业大学出版社,2011

［44］张华兵,韩会芬.一个旅游策划人的“转山”修行［M］.北京:中国旅游出版社,2018

［45］钟晟.旅游策划理论、案例与实践［M］.上海:华东师范大学出版社,2017

［46］张忍顺,吴镕等.江苏沿海生态旅游策划与创意［M］.北京:中国科学技术出版社,2006